二级建造师继续教育系列教材

城市道路工程施工质量与安全管理

主　　编　王显根　庞京春
副 主 编　毕研超　韩翔宇
参编人员　李宝银　张秀丽

中国矿业大学出版社
·徐州·

内容提要

本书主要内容包括路基、基层、面层、人行道、附属构筑物及海绵工程等道路工程的施工质量管理，道路工程安全管理人员、制度及技术等方面的通用规定，以及路基工程、路面工程、道路附属构筑物、地下人行通道与挡土墙等道路工程的施工安全管理。

本书更新了相关标准规范，增加了一些城市道路施工新技术、新材料、新工艺，增加了道路工程质量控制实际案例以及安全管控等相关内容。

本书既可作为二级建造师继续教育培训用书，也可作为建设单位、施工单位和建设类大中专院校的教学及参考用书。

图书在版编目(CIP)数据

城市道路工程施工质量与安全管理／王显根，庞京春主编．—徐州：中国矿业大学出版社，2019.9

ISBN 978-7-5646-1002-9

Ⅰ.①城… Ⅱ.①王… ②庞… Ⅲ.①城市道路－道路施工－继续教育－教材 Ⅳ.①U415

中国版本图书馆 CIP 数据核字(2019)第 203437 号

书　　名　城市道路工程施工质量与安全管理
主　　编　王显根　庞京春
责任编辑　马晓彦
出版发行　中国矿业大学出版社有限责任公司
（江苏省徐州市解放南路　邮编 221008）
营销热线　(0516)83884103　83885105
出版服务　(0516)83995789　83884920
网　　址　http://www.cumtp.com　**E-mail**:cumtpvip@cumtp.com
印　　刷　日照报业印刷有限公司
开　　本　787 mm×1092 mm　1/16　**印张** 14.5　**字数** 362 千字
版次印次　2019 年 9 月第 1 版　2019 年 9 月第 1 次印刷
定　　价　51.00 元

出版说明

为了加强建设工程项目管理，提高工程项目总承包及施工管理专业技术人员素质，规范施工管理行为，保证工程质量和施工安全，根据《中华人民共和国建筑法》《建设工程质量管理条例》《建设工程安全生产管理条例》和国家有关执业资格考试制度的规定，2002 年中华人民共和国人事部和建设部联合颁发了《建造师执业资格制度暂行规定》（人发〔2002〕111 号），对从事建设工程项目总承包及施工管理的专业技术人员实行建造师执业资格制度。

注册建造师是以专业技术为依托、以工程项目管理为主业的注册执业人士。依据中华人民共和国住房和城乡建设部令第 32 号修订的《注册建造师管理规定》（自 2016 年 10 月 20 日起施行），按规定参加继续教育是注册建造师应履行的义务，也是申请延续注册的必要条件。注册建造师应通过继续教育，掌握工程建设相关法律法规、标准规范，增强职业道德和诚信守法意识，熟悉工程建设项目管理新方法、新技术，总结工作中的经验教训，不断提高综合素质和执业能力。

根据《山东省二级建造师继续教育管理暂行办法》，受山东省建设执业资格注册中心委托，本编委会组织具有较高理论水平和丰富实践经验的专家、学者，编写了“二级建造师继续教育系列教材”。在编纂过程中，我们坚持“以提高综合素质和执业能力为基础，以工程实例内容为主导”的编写原则，突出系统性、针对性、实践性和前瞻性，体现建设行业发展的新常态、新法规、新技术、新工艺、新材料等内容。本套教材共 15 册，分别为《建设工程新法律法规与案例分析》《建设工程质量管理》《建设工程信息化技术实务》《建筑工程新技术概论》《建设工程项目管理理论与实务》《工程建设标准强制性条文选编》《装配式建筑技术与管理》《城市轨道交通建造技术与案例》《城市桥梁建造技术与案例》《城市管道工程》《城市道路工程施工质量与安全管理》《安装工程新技术》《建筑机电工程新技术及应用》《智慧工地与绿色施工技术》《信息化技术在建筑电气施工中的应用》。本套教材既可作为二级建造师继续教育用书，也可作为建设单位、施工单位和建设类大中专院校的教学及参考用书。

本套教材的编写得到了山东省住房和城乡建设厅、清华大学、中国海洋大学、山东大学、山东建筑大学、青岛理工大学、山东交通学院、山东中英国际工程图书有限公司、山东中英国际建筑工程技术有限公司、中国矿业大学出版社等单位的大力支持，在此表示衷心的感谢。

本套教材虽经反复推敲，仍难免有疏漏之处，恳请广大读者提出宝贵意见。

二级建造师继续教育系列教材编委会

2019 年 8 月

前　言

近年来，随着新技术、新材料、新工艺、新设备在城市道路工程建设中的不断应用，工程参建各方质量意识、安全意识不断增强，工程整体施工水平得到较大提高，工程质量、施工安全得到进一步保障，高质量的精品工程和安全文明示范工地成批出现。但是也有不少城市道路工程在质量、安全方面存在较多问题，与“质量强国”“大国工匠”精神有一定差距。为全面提升城市道路工程的施工管理水平，建设更多、更好的精品工程和安全工程，促进城市道路工程施工技术又好又快发展，特编写了本书。本书通过对比现行标准和工程案例，生动地介绍了城市道路工程施工过程中的质量、安全控制要点，可供施工管理人员参考。

本书在编写过程中，参考了大量文献资料，谨对所引用文献资料的作者表示最诚挚的感谢；同时衷心感谢山东省住房和城乡建设厅、山东建筑大学等单位给予的大力支持。

由于编者水平有限，书中难免存在不足之处，希望广大读者批评指正。

编者

2019 年 2 月

目　录

第一篇　道路工程施工质量管理

第二篇　道路工程施工安全管理

第一篇

道路工程施工质量管理

第一章 路基

第一节 概 述

一、路基施工特点

(1) 市政道路路基工程施工属于露天作业,受自然条件影响大;工程施工区域内的专业类型多、结构物多,各专业管线纵横交错;专业之间及与周围环境之间配合工作多、干扰多,导致施工变化多。尤其是旧路改造工程,交通压力极大,地下管线复杂,行车安全、行人安全及树木和构筑物等保护要求高。

(2) 路基工程对工期影响大。在工程地质和水文地质条件复杂的路段,路基工程不但工程技术问题多、施工难度大、工程投资大,而且常成为影响全线工期的关键。

(3) 路基工程质量对道路的质量和运营具有十分重要的影响。路基质量差,将引起路面沉降变形和破坏,增加养护维修费用,影响行车舒适、安全和道路的服务水平。

(4) 路基施工以机械作业为主,人工配合为辅。人工配合土方作业时,必须设专人指挥,采用流水或分段平行作业方式。

二、路基分类

根据材料不同,路基可分为土方路基、石方路基和特殊土路基。路基断面形式有:路堤——路基顶面高于原地面的填方路基;路堑——全部由地面开挖出的路基(又分全路堑、半路堑和半山洞三种形式);半填、半挖——横断面一侧为挖方,另一侧为填方的路基。

三、路基填料

由于路基填料的强度直接影响路基强度,故应对填料质量进行严格控制。

(1) 进行加州承载比(CBR)试验,根据 CBR 试验结果确定路基填料强度是否符合要求。路基填料强度(CBR 值)的最小值如表 1-1 所列。

表 1-1 路基填料强度(CBR 值)的最小值

填方类型	路床顶面以下深度/cm	最小强度/%	
		城市快速路、主干路	其他等级道路
路床	>0~30	8.0	6.0
路基	>30~80	5.0	4.0
路基	>80~150	4.0	3.0
路基	>150	3.0	2.0

(2) 了解路基土物理力学性质指标，如土的容重、含水率、塑性指数、压缩模数和抗剪强度等，以确定路基土的承载力及沉降量等指标符合规范及设计要求。

(3) 高液限黏土、高液限粉土及含有机质的细粒土，不适合用作路基填料。因条件限制而必须采用上述类型土作填料时，应掺加石灰或水泥等结合料进行改善。

(4) 地下水位高时，宜提高路基顶面标高。在设计标高受限制，未能达到中湿状态的路基临界高度时，应选用粗粒土、低剂量石灰或水泥稳定细粒土作路基填料，同时应采取在边沟下设置排水渗沟等降低地下水位的措施。

(5) 岩石或填石路基顶面应铺设整平层。整平层可采用未筛分碎石和石屑或低剂量水泥稳定粒料，其厚度视路基顶面不平整程度而定，一般为 100～150 mm。

(6) 不应使用淤泥、沼泽土、泥炭土、冻土、有机土以及含生活垃圾的土等作路基填料。对液限大于 50%、塑性指数大于 26、可溶盐含量大于 5%、700 ℃有机质烧失量大于 8%的土，未经技术处理不得用作路基填料。填筑材料应符合规范要求。

四、路基基本要求

路基既为车辆在道路上行驶提供基础条件，又是道路的支承结构物，对路面的使用性能有重要影响。路基应稳定、密实、均匀，对路面结构提供均匀的支承，即路基在环境和荷载作用下产生均匀变形。其基本要求如下：

(1) 整体稳定性。

在地表开挖或填筑路基，必然会改变原地层(土层或岩层)的受力状态；原先处于稳定状态的地层，有可能由于填筑或开挖而引起不平衡，从而导致路基失稳。软土地基上填筑高路堤产生的填土附加荷载如超出了软土地基的承载力，就会造成路堤沉陷；在山坡上开挖深路堑使上侧坡体失去支承，有可能造成坡体坍塌破坏。在不稳定的地层上填筑或开挖路基会加剧滑坡或坍塌。因此，必须保证路基在不利的环境(地质、水文或气候)条件下具有足够的整体稳定性，以发挥路基在道路结构中的强力承载作用。

(2) 具有足够的强度。

道路上的行车荷载，通过路面传递给路基，对其产生一定压力，路基自重及路面的重力也给予路基和地基一定压力。这些压力都可使路基产生一定的变形，使路面因路基变形而遭到破坏，直接影响路面的使用。因此，要求路基具有足够的强度，以保证在外力作用下，其不致产生超过容许范围的变形。

(3) 具有足够的水温稳定性。

路基在地面水和地下水作用下，其强度将显著降低，特别是在季节性冰冻地区。由于水温状况的变化，路基将发生周期性冻融，使路基强度急剧下降。因此，不仅要求路基应具有足够的强度，而且还要求其应保证在最不利的水温状况下，强度不会显著降低，以使路面处于正常稳定状态，即要求路基应具有足够的水温稳定性。

(4) 变形量控制好。

基层及其下承的路基，在自重和车辆荷载作用下会产生变形，如地基软弱填土过分疏松或潮湿时，所产生的沉陷或固结、不均匀变形会导致路面出现过量的变形和应力增大，促使路面过早破坏并影响车辆行驶舒适性。因此，必须尽量控制路基、地基的变形量，才能给路面提供坚实的支承。

路基的强度和稳定性是保证路面强度和稳定性的基本条件，提高路基的强度和稳定性，可以减少路面厚度，降低路面造价。因此，为保证路基强度和稳定性，必须进行深入调查研究，细致分析各种自然因素与路基的关系，抓住主要问题，采取有效措施。保证路基强度和稳定性的措施如下：

(1) 合理选择路基断面形式，正确确定边坡坡度。

(2) 选择强度和水温稳定性良好的土（必要时换土）填筑路基，并采取正确的施工方法（如分层填筑和不同土质的层次组合）。

(3) 充分压实土方路基，保证达到规定的压实度，提高土方路基的强度和稳定性。

(4) 正确进行排水（包括地面排水、地下排水及地基的特殊排水）设计，保证水流畅通，防止路基过湿。

(5) 保证路基有足够高度，使路基工作区保持干燥状态。

(6) 设置隔离层（用于隔离毛细水上升）或隔温层（用于减少路基冰冻深度和水分累积），切断毛细水上升，阻止水分迁移，减少负温差带来的不利影响。

(7) 采取边坡加固与防护措施，并修筑支挡结构物。

五、路基施工基本流程

（一）准备工作

(1) 施工前，应根据现场与周边环境条件、交通状况，与道路交通管理部门研究制定交通疏导或导行方案，并实施完毕。

(2) 施工前，施工单位应按照合同文件、设计文件和有关规范、标准要求，根据建设单位提供的施工界域内地下管线等构（建）筑物资料、工程水文地质资料，组织有关施工技术管理人员深入沿线调查，掌握现场实际情况，做好施工准备工作。

(3) 开工前，施工项目技术负责人应依据获准的施工方案向施工人员进行安全技术交底，强调工程难点、技术要点、安全措施，使作业人员掌握要点，明确责任。

(4) 对已知的测量控制点进行闭合加密，建立测量控制网，再进行施工控制桩放线测量，恢复中线，补钉转角桩、路两侧外边桩等。

(5) 施工前，应根据工程地质勘察报告对路基土进行天然含水量、液限、塑限、标准击实、CBR试验，必要时应进行颗粒分析、有机质含量、易溶盐含量、冻胀和膨胀量等试验。

(6) 施工前，应根据工程规模和环境条件修筑临时施工道路。临时施工道路应满足施工机械调运和行车安全要求，且不得妨碍施工。

（二）路基（土、石方）施工

1. 施工过程

路基施工包括开挖路堑、填筑路堤、整平路基、分层压实路基、修整路床和修建防护工程等。

2. 附属构筑物施工处理

(1) 地下管线和涵洞（管）等构筑物是城镇道路路基工程中必不可少的组成部分。涵洞（管）等构筑物施工可与路基（土方）施工同时进行，但新建的地下管线施工必须遵循“先地下、后地上，先深后浅”的原则。

(2) 既有地下管线构筑物的拆改、加固保护。

(3) 修筑地表水和地下水的排除设施，为后续的土、石方工程施工创造条件。

3. 路基验收

(1) 土方路基质量检验要求。

① 主控项目。

a. 路基压实度应符合表 1-2 的规定。

检查数量：每 1 000 m^2、每压实层抽检 3 点。

检验方法：环刀法、灌砂法或灌水法。

表 1-2 路基压实度标准

填挖类型	路床顶面以下深度/cm	道路类别	压实度(重型击实)/%	检验频率		检验方法
				范围	点数	
挖方	0～30	城市快速路、主干路	≥95	1 000 m^2	每层 3 点	环刀法、灌水法或灌砂法
		次干路	≥93			
		支路及其他小路	≥90			
填方	0～80	城市快速路、主干路	≥95			
		次干路	≥93			
		支路及其他小路	≥90			
	>80～150	城市快速路、主干路	≥93			
		次干路	≥90			
		支路及其他小路	≥90			
	>150	城市快速路、主干路	≥90			
		次干路	≥90			
		支路及其他小路	≥87			

b. 路基弯沉值不应大于设计规定。

检查数量：每车道、每 20 m 测 1 点。

检验方法：弯沉仪检测。

② 一般项目。

a. 土方路基允许偏差应符合表 1-3 的规定。

表 1-3 路基允许偏差

项目	允许偏差	检验频率			检验方法
		范围/m	点数		
路床纵断高程	−20～10 mm	20	1		用水准仪测量
路床中线偏位	≤30 mm	100	2		用经纬仪、钢尺量取最大值
路床平整度	≤15 mm	20	路宽/m	<9	1	用 3 m 直尺和塞尺连续量两尺，取较大值
				9～15	2	
				>15	3	

表 1-3(续)

项 目	允许偏差	检验频率				检验方法
		范围/m	点数			
路床宽度	不小于设计值＋B	40	1			用钢尺量
路床横坡	±0.3%且不反坡	20	路宽/m	<9	2	用水准仪测量
				9～15	4	
				>15	6	
边坡	不陡于设计值	20	2			用坡度尺量，每侧1点

注：B 为施工时必要的附加宽度。

b. 路床应平整、坚实，无显著轮迹、翻浆、波浪、起皮等现象，路堤边坡应密实、稳定、平顺等。

检查数量：全数检查。

检查方法：观察。

(2) 石方路基质量检验要求。

① 挖石路基(路堑)质量检验要求。

a. 主控项目：

上边坡必须稳定，严禁有松石、险石。

检查数量：全数检查。

检验方法：观察。

b. 一般项目：

挖石方路基允许偏差应符合表 1-4 的规定。

表 1-4 挖石方路基允许偏差

项 目	允许偏差	检验频率		检验方法
		范围/m	点数	
路床纵断高程	−100～50 mm	20	1	用水准仪测量
路床中线偏位	≤30 mm	100	2	用经纬仪、钢尺量取最大值
路床宽	不小于设计值＋B	40	1	用钢尺量
边坡	不陡于设计规定	20	2	用坡度尺量，每侧1点

注：B 为施工时必要的附加宽度。

② 填石路堤质量检验要求。

a. 主控项目：

压实密度应符合试验路段确定的施工工艺，沉降差不应大于试验路段确定的沉降差。

检查数量：每 1 000 m^2 抽检 3 点。

检验方法：水准仪测量。

b. 一般项目：

(a) 路床顶面应嵌缝牢固，表面均匀、平整、稳定，无推移、浮石。

检查数量:全数检查。

检验方法:观察。

(b) 边坡应稳定、平顺,无松石。

检查数量:全数检查。

检验方法:观察。

(c) 填石方路基允许偏差应符合表 1-3 的规定。

第二节　路基施工要点

一、试验段

(1) 在正式进行路基压实前,有条件时应做试验段,以便取得路基施工相关的技术参数。

(2) 试验目的主要有:

① 确定路基预沉量值。

② 合理选用压实机具。选用机具考虑因素有道路不同等级、工程量大小、地质条件、作业环境和工期要求等。

③ 按压实度要求,确定压实遍数。

④ 确定路基宽度内每层虚铺厚度。

⑤ 根据土的类型、湿度、设备及场地条件,选择压实方式。

(3) 试验段施工后,应及时总结,总结报告应包括下列内容:

① 试验段检测报告;

② 原始记录、过程记录;

③ 试验段总体效果评价;

④ 施工关键参数的推荐值;

⑤ 确定每一作业段的合适长度。

(4) 试验段不满足技术要求时,应重新铺设试验段。试验段各项指标合格后,方可正式施工。

(5) 优化施工组织方案、工艺,及对施工设计图的修改建议。

二、填土路基

当原地面标高低于设计路基标高时,需要填筑土方(即填土路基)。填土路基施工要点如下:

(1) 排除原地面积水,清除树根、杂草、淤泥等。应妥善处理坟坑、井穴、树根坑的坑槽,并分层填实至原地面高度。

(2) 填方材料的强度(CBR 值)应符合设计要求,其最小强度应符合表 1-1 的规定。

(3) 填方中使用的房渣土、工业废渣等需经过试验,确认可靠并经建设单位、设计单位同意后方可使用。

(4) 路基填方高度应按设计标高增加预沉量值。预沉量应根据工程性质、填土高度、填料种类、压实系数和地基情况与建设单位、监理单位（监理工程师）、设计单位共同商定确认。

(5) 不同性质的土应分类、分层填筑，不得混填，填土中粒径大于 10 cm 的土块应打碎或剔除。

(6) 填土应分层进行。下层填土验收合格后，方可进行上层填筑。路基填土宽度每侧应比设计规定宽 50 cm。

(7) 路基填筑中宜做成双向横坡，一般土质填筑横坡宜为 2%～3%，透水性小的土类填筑横坡宜为 4%。

(8) 透水性较大的土壤边坡不宜被透水性较小的土壤所覆盖。

(9) 受潮湿及冻融影响较小的土壤应填在路基的上部。

(10) 在路基宽度内，每层虚铺厚度应视压实机具的功能确定。人工夯实虚铺厚度应小于 20 cm。

(11) 路基填土中断时，应对已填路基表面土层压实并进行维护。

(12) 原地面横坡为 1∶10～1∶5 时，应先翻松表土再进行填土；原地面横坡陡于 1∶5 时应做成台阶形，每级台阶宽度不得小于 1 m，台阶顶面应向内倾斜；在砂土地段可不做台阶，但应翻松表层土。

(13) 压实应符合下列要求：

① 路基压实度应符合表 1-2 的规定。

② 压实应先轻后重、先慢后快、均匀一致。压路机最快速度不宜超过 4 km/h。

③ 填土的压实遍数，应按压实度要求，经现场试验确定。

④ 压实过程中应采取措施保护地下管线等构筑物安全。

⑤ 碾压应自路基边缘向中央进行，压路机轮外缘与路基边缘应保持安全距离。压实度应达到要求，且表面应无显著轮迹、翻浆、起皮、波浪等现象。

⑥ 压实应在土壤含水量接近最佳含水量值时进行。其含水量偏差幅度经试验确定。

⑦ 当管道位于路基范围内时，其沟槽的回填土压实度应符合《给水排水管道工程施工及验收规范》(GB 50268—2008)的有关规定，且管顶以上 50 cm 范围内不得用压路机压实。当管道结构顶面至路床的覆土厚度不大于 50 cm 时，应对管道结构进行加固。当管道结构顶面至路床的覆土厚度在 50～80 cm 时，路基压实过程中应对管道结构采取保护或加固措施。

(14) 路基填方高度应按设计标高增加预沉量值。填土至最后一层时，应按设计断面和高程控制填土厚度，并及时进行碾压修整。

三、挖土路基

当路基设计标高低于原地面标高时，需要挖土成型（即挖土路基）。挖土路基施工要点如下：

(1) 路基施工前，应将地面积水排除、疏干，将树坑、坟坑、井穴等部位进行技术处理。

(2) 根据测量中线和边桩开挖，每侧比路面宽出 30～50 cm。挖方段不得超挖，应留有碾压面到设计标高的压实量。在路基设计标高以下 60 cm 以内的树根等杂物，必须清除并以好土等材料回填夯实。

(3) 土方开挖应根据地面坡度、开挖断面、纵向长度及出土方向等因素结合土方调配，选用安全、经济的开挖方案。

(4) 挖土时应自上而下分层开挖，严禁掏洞开挖。作业中断或作业后，开挖断面应做成稳定边坡。

(5) 机械开挖作业时，必须避开管线，在距管道边 1 m 范围内应采用人工开挖；在距直埋缆线 2 m 范围内必须采用人工开挖。挖方段不得超挖，应留有碾压到设计标高的压实量。

(6) 路堑底面，如土质坚实，应不扰动原土，予以整平压实；如果土质较差、水文地质条件不良，应根据道路等级设计要求，采取加深边沟、设置地下盲沟，以及挖除一定深度原土层，重新予以换土和加固，以确保路堑底层土基的强度与稳定性。达到规定标准，这对于修筑路面尤为重要。

(7) 严禁挖掘机等机械在电力架空线路下作业。需在其一侧作业时，垂直及水平安全距离应符合表 1-5 的规定。

表 1-5　挖掘机、起重机(含吊物、载物)等机械与电力架空线路的最小安全距离

电压/kV		<1	10	35	110	220	330	500
安全距离/m	沿垂直方向	1.5	3.0	4.0	5.0	6.0	7.0	8.5
	沿水平方向	1.5	2.0	3.5	4.0	6.0	7.0	8.5

(8) 压路机不小于 12 t 级，碾压应自路两边向路中心进行，直至表面无明显轮迹为止。

(9) 碾压时，应视土的干湿程度而采取洒水或换土、晾晒等措施。

(10) 过路雨水支管应在路床碾压前施工。覆土厚度不满足碾压要求时可在施工一层基层后施工。支管沟槽及检查井周围应用石灰土或石灰粉煤灰砂砾填实，或用混凝土包管。

四、石方路基

(1) 施工前应根据地质条件、工程作业环境，确定施工机具设备。

(2) 开挖路堑发现岩性有突变时，应及时报请设计单位办理变更设计。

(3) 采用爆破法施工石方必须符合《爆破安全规程》(GB 6722—2014/XG1—2016)的有关规定，并应符合下列要求：

① 施工前，应进行爆破设计，编制爆破设计书或说明书，制定专项施工方案，规定相应的安全技术措施，并经市、区政府主管部门批准。

② 在市区、居民稠密区，宜使用静音爆破，严禁使用扬弃爆破。

③ 爆破工程应按批准的时间进行爆破，在起爆前必须完成对爆破影响区内的房屋、构筑物和设备的安全防护，交通管制与疏导，安全警戒且确保施爆区内人、畜等已撤至安全地带，指挥与操作系统人员就位。

④ 起爆前爆破人员必须确认装药与导爆、起爆系统安装正确、有效。

(4) 爆破施工必须由取得爆破专业技术资质的企业承担，爆破工应经技术培训持证上岗。现场必须设专人指挥。

(5) 石方填筑路基应符合下列规定：

① 修筑填石路堤应进行地表清理，先码砌边部，然后逐层水平填筑石料，确保边坡稳定。

② 施工前应先修筑试验段，以确定能达到最大压实干密度的松铺厚度与压实机械组合，及相应的压实遍数、沉降差等施工参数。

③ 填石路堤宜选用 12 t 以上的振动压路机、25 t 以上的轮胎压路机或 2.5 t 的夯锤压(夯)实。

④ 路基范围内管线四周的沟槽宜回填土料。

五、质量验收

1. 工程施工质量验收的要求

(1) 试验报告内容符合标准。

(2) 工程施工应符合工程勘察、设计文件的要求。

(3) 参加工程施工质量验收的各方人员应具备指定的资质。

(4) 工程质量的验收均应在施工单位自行检查评定合格的基础上进行。

(5) 隐蔽工程在隐蔽前，应由施工单位通知监理工程师和相关单位人员进行验收，确认合格，并形成验收文件。

(6) 监理工程师应按规定对涉及结构安全的试块、试件和现场检测项目，进行平行检测、见证取样检测并确认合格。

(7) 检验批的质量应按主控项目和一般项目进行验收。

(8) 对涉及结构安全和使用功能的分部工程进行抽样检测。

(9) 承担复验或检测工作的单位应为具有相应资质的独立第三方。

(10) 工程的外观质量应由验收人员通过现场检查共同确认。

2. 验收人员及组织程序

隐蔽工程应由专业监理工程师负责验收。检验批及分项工程应由专业监理工程师组织施工单位项目专业质量(技术)负责人等进行验收。关键分项工程及重要部位由建设单位项目负责人组织总监理工程师、施工单位项目负责人和技术质量负责人、设计单位专业设计人员等进行验收。分部工程应由总监理工程师组织施工单位项目负责人和技术质量负责人等进行验收。

3. 质量验收合格标准

(1) 检验批质量验收合格应符合下列规定：

① 主控项目的质量应经抽样检验合格。

② 一般项目的质量应经抽样检验合格；当采用计数检验时，除有专门要求外，一般项目的合格点率应达到 80%及以上，且不合格点的最大偏差值不得大于规定允许偏差值的 1.5 倍。

③ 具有完整的施工原始资料和质量检查记录。

(2) 分项工程质量验收合格应符合下列规定：

① 分项工程所含检验批的质量均应验收合格。

② 分项工程所含检验批的质量验收记录应完整。

(3) 分部工程质量验收合格应符合下列规定：

① 分部工程所含分项工程的质量均应验收合格。

② 质量控制资料应完整。

③ 涉及结构安全和使用功能的施工质量应按规定验收合格。

④ 外观质量验收应符合要求。

4. 施工质量问题的处理

(1) 施工质量问题是指施工质量不符合规定的要求,包括质量事故。

(2) 施工单位应建立并实施施工质量问题处理制度,制度中应规定对发现质量问题进行有效控制的职责、权限和活动流程。

(3) 施工单位可将施工质量问题分类管理,并规定相应的职责权限。分类准则可以包括处置的难易程度、质量问题对下道工序的影响程度、处置对工期或费用的影响程度、处置对工程安全性或使用性能影响程度等。

应分类、分级上报的质量问题包括在工程施工、检查、验收和使用过程中发现的各类施工质量问题。

(4) 施工单位应对各类施工质量问题的处理制定相应措施,经批准后实施,并应对质量问题的处理结果进行检查验收。

(5) 施工单位应保存质量问题的处理和验收记录,建立质量事故责任追究制度。

第三节　不良地基土施工技术

一、常见的不良地基土及其特点

1. 软土

软土具有天然含水量较高、孔隙比大、透水性差、压缩量高和强度低等特点。软土路基的主要破坏形式是沉降过大引起路基开裂损坏。在比较大的荷载作用下,地基易发生整体剪切、局部剪切或刺入破坏,造成路面沉陷和路基失稳。

2. 杂填土

杂填土主要出现在一些老的居民区和工矿区内,是人们的生活和生产活动所遗留或堆放的垃圾土。这些垃圾土一般分为三类,即建筑垃圾土、生活垃圾土和工业生产垃圾土。不同类型、不同时间堆放的垃圾土很难用统一的强度指标、压缩指标和渗透性指标加以描述。

杂填土的主要特点是无规划堆积、成分复杂、性质各异、厚薄不均和规律性差。因此使用杂填土作为地基土时,会出现同一场地地基压缩性和强度差异明显的现象,极易造成不均匀沉降,通常都需要进行地基处理。

3. 饱和松散砂土

粉砂或细砂地基在静荷载作用下常具有较高的强度。但是当振动荷载(地震、机械振动等)作用时,饱和松散砂土地基则有可能产生液化或大量震陷变形,甚至丧失承载力。这是因为土颗粒松散排列并在外部动力作用下使颗粒的位置发生错位,以达到新的平衡,瞬间产生较高的超静孔隙水压力,有效应力迅速降低。对这种地基进行处理的目的就是使它变得较为密实,消除在动荷载作用下产生液化的可能性。

4. 湿陷性黄土

湿陷性黄土指在上覆土层自重应力作用下,或者在自重应力和附加应力共同作用下,因浸水后土的结构破坏而发生显著附加变形的土属于特殊土。有些杂填土也具有湿陷性。其中,湿陷性黄土又分为自重湿陷性黄土和非自重湿陷性黄土,也有的老黄土不具有湿陷性。在湿陷性黄土地基上进行工程建设时,必须考虑因地基湿陷引起附加沉降对工程可能造成的危害,选择适宜的地基处理方法,避免或消除因地基湿陷或少量湿陷所造成的危害。

5. 膨胀土

膨胀土的矿物成分主要是蒙脱石,它具有很强的亲水性,吸水时体积膨胀,失水时体积收缩。膨胀土是特殊土的一种,该类土具有较大的塑性指数,在坚硬状态下工程性质较好,但其显著的胀缩特性可使地基发生变形、位移、开裂、隆起等严重破坏。

6. 有机质土和泥炭土

当土中含有不同的有机质时,将形成不同的有机质土。当有机质超过一定含量时就形成泥炭土,它具有不同的工程特性。有机质的含量越高,对土质的影响越大,主要表现为强度低、压缩性大,并且对不同工程材料的掺入有不同影响等特点,对直接工程建设或地基处理构成不利的影响。

7. 冲填土

冲填土是由水力冲填泥砂而形成的填土,是我国沿海一带常见的人工填土之一,近年来多用于沿海滩涂开发及河漫滩造地。西北地区常见的水坠坝(也称冲填坝)即是冲填土堆筑的坝。冲填土形成的地基可视为天然地基的一种,它的工程性质主要取决于冲填土的性质。冲填土地基一般具有如下一些重要特点:

(1) 颗粒沉积分选性明显,在入泥口附近粗颗粒较先沉积,远离入泥口处所沉积的颗粒变细;同时在深度方向上存在明显的层理。

(2) 冲填土的含水量较高,一般大于液限,呈流动状态。停止冲填后,冲填土表面自然蒸发后常呈龟裂状,含水量明显降低;但当排水条件较差时下部冲填土仍呈流动状态,冲填土颗粒越细,这种现象越明显。

(3) 冲填土地基早期强度很低,压缩性较高,这是因为冲填土处于欠固结状态。冲填土地基随静置时间的增长逐渐达到正常固结状态。其工程性质取决于颗粒组成、均匀性、排水固结条件以及冲填后静置时间。

8. 山区地基土

山区地基土的地质条件较为复杂,主要表现在地基的不均匀性和场地的不稳定性两个方面。由于自然环境和地基土的生成条件影响,场地中可能存在大孤石,场地环境也可能存在滑坡、泥石流、边坡崩塌等不良地质现象。它们会给建(构)筑物造成直接的或潜在的威胁。在山区地基建造建(构)筑物时,要特别注意场地环境因素及不良地质现象,必要时需要对地基进行处理。

9. 岩溶(喀斯特)

在岩溶(喀斯特)地区常存在溶洞或土洞、溶沟、溶隙和洼地等。地下水的冲蚀或潜蚀使其形成和发展,它们对建(构)筑物的影响很大,易出现地基不均匀变形、崩塌或陷落等现象。因此在修建建(构)筑物之前,必须对其进行必要的处理。

二、常见的不良土质地基处理方法

(一) 置换法

1. 换填法

基本原理:软土地基厚度较浅的情况下,将基础下一定范围内的软弱土层利用人工、机械或其他方式清除,再用物理性质较好、强度较高的材料换填,并分层压实。

处理深度:3 m以内。

所用材料和机具:砂、碎石、素土、灰土、粉煤灰或干渣等性能稳定和无侵蚀性的材料;压路机压实。

设计要点:应根据建(构)筑物体形、结构特点、荷载性质和地质条件并结合机械设备与当地材料来源等,对换填土的设计进行综合分析。设计方案既要满足建(构)筑物地基强度和变形的要求,又要符合经济合理的原则;既要求换土层有足够的厚度来置换可能被剪切破坏的软弱土层,还要求换土层有足够的宽度以防止其向两侧挤出。

处理后承载力参考值:120～150 kPa。处理后工后沉降参考值:10～15 cm。

施工工艺及质量控制:工艺简单,将软弱土层全部挖除后用回填材料分层回填、分层压实。

该方法易于施工,所需机械设备简单,质量容易控制。

2. 振冲置换法

基本原理:利用专门的振冲机具,在高压水射流条件下边振边冲,在地基中成孔,再在孔中分批填入碎石或卵石等粗粒料形成桩体。该桩体与原地基土形成复合地基,达到提高地基承载力、减小压缩性的目的。

施工注意事项:碎石桩的承载力和沉降量很大程度上取决于原地基土对其的侧向约束作用,该约束作用越弱,碎石桩的作用效果越差,因而该方法用于强度很低的软黏土地基时必须慎重行事。

3. 夯(挤)置换法

基本原理:利用沉管或夯锤的办法将管或锤置入土中,使土体向侧边挤开,并在管内或夯坑放入碎石或砂等填料。该桩体与原地基土组成复合地基,由于挤、夯使土体侧向挤压,地面隆起,土体超静孔隙水压力提高,当超静孔隙水压力消散后土体强度也有相应的提高。

施工注意事项:当填料为透水性好的砂及砂石料时,沉管是良好的竖向排水通道。

4. 砂垫层法

基本原理:在软土地基顶面铺砂垫层(具体厚度视路堤厚度、软土层厚度及压缩性而定,太厚施工困难,太薄效果差)作为持力层,这样既提高了地基强度,又分散了压力,减小了变形量。同时,砂垫层也可作为软土层固结所需要的上部排水层,以加速沉降的发展,缩短固结的时间。

该方法适用于处理3 m以内的软弱、透水性强的黏性土及淤泥土地基。由于砂垫层法具有施工简便、快捷,质量易控制,而且十分可靠等优点,在砂石料充足的西北地区,尤其是在建(构)筑物基础处理中得到广泛的应用。

5. 抛石挤淤法

基本原理:抛石挤淤为强迫换土的一种形式,即采用较大的片石或块石,从路堤中部向两侧抛投，从而使泥沼或软土挤出，待抛石露出水面后用小石块填塞垫平，并用重型压路机压实，以此来提高土体的稳定性。抛石挤淤法主要有散式挤淤法和整式挤淤法两种。

抛石挤淤法一般适用于厚度为3～4 m的软土层和常年积水且不易抽干的湖、塘、河流等积水洼地，以及表层无硬壳、软土的液性指数大的情况。它具有工艺简单、施工方便、加强效果明显、经济效益显著等特点，同时具有较高的地基承载力和较小的变形，特别是在软弱的地面或是表面存在大量积水无法排出时，这种方法比较可靠，但是要求石料丰富并且运距较短，是工程中进行软弱地基加强处理经常采用的方法。

（二）预压法

1. 堆载预压法

基本原理：在建造建（构）筑物之前，用临时堆载（砂石料、土料、其他建筑材料、货物等）的方法对地基施加荷载，给予一定的预压期，使地基预先压缩完成大部分沉降并使地基承载力得到提高，卸除荷载后再建造建（构）筑物。

施工工艺与要点：

（1）预压荷载一般宜等于或大于设计荷载。

（2）大面积堆载可采用自卸汽车与推土机联合作业，对超软土地基的第一级堆载用轻型机械或人工作业。

（3）堆载的顶面宽度应小于建（构）筑物的底面宽度。

（4）作用于地基上的荷载不得超过地基的极限荷载。

2. 真空预压法

基本原理：在软黏土地基表面铺设砂垫层，用土工薄膜覆盖且周围密封。用真空泵对砂垫层抽气，使薄膜下的地基形成负压。随着地基中气和水的抽出，地基土得到固结。为了加速固结，也可在铺设砂垫层和土工薄膜之前采用打砂井或插塑料排水板的方法，达到缩短排水距离的目的。

施工要点：先设置竖向排水系统，水平分布的滤管埋设形式宜采用条形或鱼刺形，砂垫层上的密封膜采用2～3层的聚氯乙烯薄膜，按先后顺序同时铺设。面积大时宜分区预压，做好真空度、地面沉降量、深层沉降、水平位移等的观测；预压结束后应清除砂槽和腐殖土层。应注意该方法对周边环境的影响。

3. 降低地下水位法

基本原理：降低地下水位可减小地基的孔隙水压力，增加上覆土自重应力，使有效应力增加，从而使地基得到预压。这实际上是通过降低地下水位，靠地基土自重来实现预压目的的。

施工要点：一般采用轻型井点、喷射井点或深井井点来降低地下水位；当土层为饱和黏土、粉土、淤泥和淤泥质黏性土时，宜与电渗排水固法相结合使用。

4. 电渗排水固结法

基本原理：在地基中插入金属电极并通以直流电，在直流电场作用下，土中水将从阳极流向阴极形成电渗，不让水在阳极补充而从阴极的井点用真空抽水，这样就使地下水位降低，土中含水量减少，从而使地基得到固结压密。电渗排水固结法还可以配合堆载预压法用于加速饱和黏性土地基的固结。

（三）压实与夯实法

1. 分层压实法

基本原理：采用人工夯、低能夯实机械、碾压或振动碾压机械对分层填筑土进行压实。当填筑土含水量较高时可分层铺垫石灰、水泥进行压实，使土体得到加固。

2. 重锤夯实法

基本原理：利用重锤自由下落所产生的较大夯击能来夯实浅层地基，使其表面形成一层较为均匀的硬壳层，获得一定厚度的持力层。

施工要点：施工前应试夯，确定有关技术参数，如夯锤的质量、底面直径及落距、最后夯沉量、相应的夯击遍数和总夯沉量；夯实前槽、坑底面的标高应高出设计标高；夯实时地基土的含水量应控制在最优含水量范围内；大面积夯时应按顺序；基底标高不同时应先深后浅；冬季施工时，若土已冻结，应将冻土层挖去或通过烧热法将土层融解；结束后，应及时将夯松的表土清除或将浮土在接近 1 m 的落距夯实至设计标高。

3. 强夯法

基本原理：用起重机械及设备将大吨位（一般 10～25 t）夯锤起吊到 8～20 m 高度后，自由落下，给地基土以强大的夯击能，使土中出现冲击波和很大的冲击应力，迫使土体孔隙压缩而排除孔隙中的水，使土粒重新排列并迅速固结，从而提高地基承载力，降低其压缩性。

适用范围和处理深度：适用于低饱和度的粉土、黏性土土质；处理深度为 5～8 m。

所用材料和机具：主要有起重设备、夯锤和脱钩装置等。

设计要点：计算有效加固深度、计算所需单击夯击能、确定夯击遍数、采用等边三角形或正方形布置夯点。

处理后承载力参考值：100～120 kPa。处理后夯沉量参考值：10～20 cm。

特点：设备简单，施工工艺操作简单，节省加固原材料，适用土质范围广，压实度高，加固效果显著，可取得较高的承载力；施工工期短，是一种快而且好的软基处理方式；施工地面振动大，施工场地附近不允许有建（构）筑物，以防止强夯时扰民及对邻近建（构）筑物产生破坏。

（四）挤密法

1. 振冲密实法

基本原理：利用专门的振冲器械产生的重复水平振动和侧向挤压作用，使土体的结构逐步破坏，孔隙水压力迅速增大。由于结构破坏，土粒有可能向低势能位置转移，这样土体由松变密。

施工工艺：

(1) 平整施工场地，布置桩位。

(2) 施工车就位，振冲器对准桩位。

(3) 启动振冲器，使之徐徐沉入土层直至加固深度以上 30～50 cm，记录振冲器经过各深度的电流值和时间，提升振冲器至孔口。再重复以上步骤 1～2 次，使孔内泥浆变稀。

(4) 向孔内倒入一批填料，将振冲器沉入填料中进行振实并扩大桩径。重复这一步骤直至该深度时电流达到规定的密实电流为止，并记录填料量。

(5) 将振冲器提出孔口，继续施工上节桩段，一直到完成整个桩体振动施工，再将振冲器及机具移至另一桩位。

(6) 在制桩过程中，各段桩体均应符合密实电流、填料量和留振时间三方面的要求，基本参数应通过现场制桩试验确定。

(7) 施工场地应预先布设排泥水沟系统，将制桩过程中产生的泥水集中引入沉淀池，池底部厚泥浆可定期挖出送至预先安排的存放地点，沉淀池上部比较清的水可重复使用。

(8) 最后应挖去桩顶部 1 m 厚的桩体，或用碾压、强夯(遍夯)等方法压实、夯实，铺设并压实垫层。

2. 沉管砂石桩(碎石桩、灰土桩、低标号桩等)法

基本原理：利用沉管制桩机械在地基中锤击、振动沉管成孔或静压沉管成孔后，在管内投料，边投料边上提(振动)沉管形成密实桩体，与原地基组成复合地基。

3. 夯击碎石桩(块石墩)法

基本原理：利用重锤夯击或者强夯方法将碎石(块石)夯入地基，在夯坑里逐步填入碎石(块石)反复夯击以形成碎石桩或块石墩。

(五) 拌和法

1. 高压喷射注浆法(高压旋喷法)

基本原理：以高压力使水泥浆液通过管路从喷射孔喷出，直接切割破坏土体的同时与土拌和并起部分置换作用，凝固后成为拌和桩(柱)体，这种桩(柱)体与地基一起形成复合地基。也可以用这种方法形成挡土结构或防渗结构。

2. 深层搅拌法

基本原理：利用水泥浆体、水泥(或石灰粉体)作为主固化剂，应用特制的深层搅拌机械将固化剂送入地基土中与土强制搅拌，形成水泥(石灰)土的桩(柱)体，与原地基组成复合地基。水泥土桩(柱)的物理力学性质取决于固化剂与土之间所产生的一系列物理-化学反应。固化剂的掺入量、搅拌均匀性和土的性质是影响水泥土桩(柱)性质以及复合地基强度和压缩性的主要因素。深层搅拌法主要用于加固饱和黏土。

施工工艺：定位→浆液配制→送浆→钻进喷浆搅拌→提升搅拌喷浆→重复钻进喷浆搅拌→重复提升搅拌(当搅拌轴钻进、提升速度为 0.65～1.0 m/min 时，应重复搅拌一次)→成桩完毕，清理搅拌叶片上包裹的土块及喷浆口，桩机移至另一桩位施工。

特点：加固效果好，加固方式灵活，适用面广，施工速度快，加固后可以立即承受荷载，施工不受气候影响，可以充分利用原位软土，无挖弃软土问题，施工过程无振动、无噪声、无地面隆起，不排污、不污染环境，对相邻建(构)筑物不产生有害的影响，尤其适用于 20 m 深度范围内无理想持力层的软土地基。深层搅拌法是相对于浅层搅拌法而言的，浅层搅拌法主要用于路基、冻胀土和边坡稳定的处理。深层搅拌分水泥系深层搅拌和石灰系深层搅拌。

(六) 加筋法

1. 添加土工合成材料法

土工合成材料是一种新型的岩土工程材料。它以人工合成的聚合物，如塑料、化纤、合成橡胶等为原料，制成各种类型的产品，置于土体内部、表面或各层土体之间，发挥加强或保护土体的作用。土工合成材料可分为土工织物、土工膜、特种土工合成材料和复合型土工合成材料等类型。

2. 添加土钉法

土钉一般是通过钻孔、插筋、注浆来设置，但也有通过直接打入较粗的钢筋和型钢、钢管

形成土钉。土钉沿通长与周围土体接触,依靠接触界面上的黏结力,与周围土体形成复合土体。土钉在土体发生变形的条件下被动受力,并主要通过其受剪工作对土体进行加固。因土钉一般与平面形成一定的角度,故称之为斜向加固体。土钉适用于地下水位以上或经降水后的人工填土、黏性土、弱胶结砂土的基坑支护和边坡加固。

3. 添加拉筋法

添加拉筋法即利用土颗粒位移与拉筋(钢筋或型钢等劲性材料)产生的摩擦力使土与拉筋材料形成整体,减少整体变形和增强整体稳定性。

(七) 灌浆法

灌浆法就是利用气压、液压或电化学原理将能够固化的某些浆液注入地基介质中或建(构)筑物与地基的缝隙部位。用于灌浆的浆液可以是水泥浆、水泥砂浆、黏土水泥浆、黏土浆、石灰浆及各种化学浆材(如聚氨酯类、木质素类、硅酸盐类等)。根据灌浆的目的,灌浆法可分为防渗灌浆法、堵漏灌浆法、加固灌浆法和结构纠倾灌浆法等;根据灌浆方式,灌浆法可分为压密灌浆法、渗入灌浆法、劈裂灌浆法和电化学灌浆法等。灌浆法在水利、建筑、道桥及各种工程领域有着广泛的应用。

第四节 实际案例

实际案例一:某市政工程强夯施工方案

一、工程概况

(一) 编制依据

(1) 某市政工程招标文件及答疑文件。

(2) 随同招标文件由设计院为该工程招标提供的设计图纸。

(3) 现场勘探调查所获得的有关资料。

(4) 中华人民共和国住房和城乡建设部及交通运输部颁布的设计规范、市政施工技术规范、质量验收评定标准,国家及有关部委颁发的标准、规范、规程、法规等。

(5) 适用的标准(表 1-6)。

表 1-6 适用的标准

序号	类别	标准、规范名称	编号
1	国家	《建筑工程施工质量评价标准》	GB/T 50375—2016
2	国家	《市政工程施工组织设计规范》	GB/T 50903—2013
3	国家	《建设工程文件归档整理规范》	GB/T 50328—2014
4	行业	《城镇道路工程施工与质量验收规范》	CJJ 1—2008
5	行业	《公路路基施工技术规范》	JTG F10—2006
6	企业	施工标准化指导手册	

表 1-6(续)

序号	类别	标准、规范名称	编号
7	行业	《建筑机械使用安全技术规程》	JGJ 33—2012
8	行业	《施工现场机械设备检查技术规范》	JGJ 160—2016
9	国家	《工程测量规范(附条文说明)》	GB 50026—2007
10	行业	《建筑地基处理技术规范》	JGJ 79—2012
11	国家	《湿陷性黄土地区建筑规范》	GB 50025—2004
12	国家	《建筑地基基础工程施工质量验收规范》	GB 50202—2018

(二) 工程主要情况

该工程全长 1 398.54 m,道路规划红线宽度为 50 m。设计内容包含道路工程、排水工程、管线综合工程、交通工程、桥梁工程、照明工程和绿化景观工程。

结合设计院路基处理设计及业主要求,对湿陷性黄土段及深基坑段(见图 1-1 和图 1-2)进行强夯处理。施工范围为旧村改造拆迁地,无地下管线、无现状构筑物,强夯施工不会对周边环境造成影响。

图 1-1 (K1+020)～(K1+889) 湿陷性黄土段

图 1-2 (K1+490)～(K1+630) 深基坑段

(三) 设计简介

1. 现场施工条件及强夯方案

根据地质勘察报告及现场调查,片区内原地貌地势起伏较大,挖填方高差大;同时道路施工范围内存在湿陷性黄土段及深基坑 1 处。

该工程根据设计要求,对于工程范围内为湿陷性黄土的路基,采用两种处理方案。方案一:当黄土层厚度(路床下)小于 1.5 m 时,将黄土层全部挖出,用 8%灰土垫层(快车道范围 20 cm 厚、慢车道及人行道范围 20 cm 厚),再外购满足设计要求的素土分层回填。方案二:当黄土层厚度(路床下)小于 1.5 m 时,直接采用强夯处理并施工 8%灰土封层(快车道范围 20 cm 厚、慢车道及人行道范围 20 cm 厚)。

对两种方案在工程进度、造价等方面进行对比,对比结果如下。

(1) 造价分析(原则以 100 m 快车道为基础进行对比)。

方案一:

挖湿陷性土方外运费用:100 m×22 m(暂按快车道净宽)×1.5 m(湿陷性黄土深度)×

35.83 元/m^3(投标价格)=118 239 元;

8%灰土垫层费用:100 m×22 m×0.2 m×110.98 元/m^3=48 831.2 元;

素土分层回填费用:100 m×22 m×1.3 m×39.7 元/m^3=113 542 元;

每 100 m 快车道湿陷性路基造价共计:118 239 元+48 831.2 元+113 542 元=280 612.2 元。

方案二:

强夯夯击能,点夯 2 000 kN·m,满夯 1 000 kN·m;单价参考 2015 年本地投标单价 30 元/m^2,适当考虑涨价因素暂定 40 元/m^2。

强夯费用:100 m×22 m×40 元/m^2=88 000 元;

8%灰土垫层费用:100 m×22 m×0.2 m×110.98 元/m^3=48 831.2 元;

每 100 m 快车道湿陷性路基造价共计:88 000 元+48 831.2 元=136 831.2 元。

(2) 方案优点。

① 节省工程造价。通过两种方案造价分析,方案二比方案一相对比每 100 m 能够节省工程造价 143 781 元。

② 节约工期。方案一:湿陷性黄土需外运,需分层回填购置土等,工序繁多,施工工期长。方案二:工序简单,施工工期短。

③ 降低扬尘。方案一:根据原设计,对路基以下 1.0 m 范围内湿陷性黄土挖出,产生大量建筑垃圾,增加了土方外弃,并增加了外购回填土方运输,将产生大量扬尘,污染空气。方案二:强夯时,若土方含水率满足要求,可避免产生扬尘。

结论:通过方案一、方案二对比,当湿陷性黄土深度在 1.5 m 时,方案一造价比方案二造价高,且方案一在进度及防尘控制方面不如方案二,因此对于存在湿陷性黄土的路段采取方案二进行处理。

2. 湿陷性黄土段强夯处理要求

为减少资源浪费,控制工程造价,深基坑内填方段利用现有的建筑垃圾土分层回填后进行强夯处理。湿陷性黄土填方段,先清除原地貌路基存在的建筑垃圾,然后回填素土强夯至路床以下 20 cm,快车道位置进行 20 cm 8%灰土封层、慢车道及人行道进行 20 cm 8%灰土封层;湿陷性黄土挖方段,先挖至路床位置进行强夯,然后快车道位置进行 30 cm 8%灰土封层、慢车道及人行道进行 20 cm 8%灰土封层。

3. 深基坑段强夯处理要求

(1) 强夯采用点夯与满夯相结合的办法。点夯夯击 2 遍,点夯夯击 5~8 击(根据现场试夯确定击数),夯击能不小于 3 000 kN·m;满夯夯击 1 遍,单点击数为 2 击,夯击能不小于 1 000 kN·m,满夯后锤印搭接上一锤印的 $d/2$(d 为夯锤直径)。

(2) 夯点布设时,夯点间距取夯锤直径的 2.5~3.5 倍。

(3) 处理范围:湿陷性路段为路堤地段至坡脚外侧不小于 3 m,路堑地段为路基的整个开挖面;深基坑每侧超出绿线 4 m 并填方,边坡放坡率为 1∶1.75。

(4) 主夯合格标准判定:最后两击的平均沉降量不大于 5 cm,单点夯击次数不少于 8 击。

(四) 水文地质条件

(1) 勘探区位于山前斜坡地带,场地及其周围无全新世活动断裂,不存在崩塌、滑坡、泥石流、采空区等不良地质作用。场地土为中软土，拟建道路工程场地类别为Ⅱ类。道路沿线属于建筑抗震一般地段，属于基本稳定的建筑场地，较适宜进行工程建设。

(2) 场地上部自地表填土下分布有②黄土，根据《湿陷性黄土地区建筑标准》(GB 50025—2018)的规定，判定该黄土为湿陷性黄土，湿陷程度为湿陷性轻微～中等湿陷。湿陷类型为非自重湿陷性黄土场地；其湿陷性黄土地基的湿陷等级按Ⅰ级考虑。

(3) 场地内地下水位埋藏较浅，勘探期间测得东西三号路地下水位埋深为1.3～6.0 m，相应标高为66.37～68.29 m；魏家路地下水位埋深为8.7～8.9 m，相应标高为63.21～71.44 m。

(4) 地质情况。根据钻探揭露及室内土工试验资料分析，场区勘探深度之内分布的地基土自上而下依次为①填土、②黄土、③粉质黏土、④粉质黏土、⑤碎石、⑥石灰岩。现分述如下：

a. ①填土：分为素填土、杂填土。该层土为近十几年回填，不均匀。该层层底深度为0.40～3.50 m，层底标高为68.12～78.94 m。

①-1 素填土：褐黄色，可塑，稍湿；黏性土为主，含碎石、砖屑等。

①-2 杂填土：杂色，稍密；含碎石、砖块、混凝土块等。

b. ②黄土：褐黄色，可塑，局部硬塑，稍湿；刀切面稍光滑，含铁锰氧化物、少量姜石，具虫孔。

②-1 碎石土：杂色，稍密，母岩成分为灰岩，次棱角状，粒径为3～6 cm，含量约为60%，混褐黄色黏性土。

c. ③粉质黏土：褐黄色，可塑，湿；刀切面稍有光泽，含铁锰氧化物。该层分布不连续，仅在部分结孔分布。该层层厚为0.40～2.50 m，层底深度为3.40～6.50 m，层底标高为66.25～68.88 m。

③-1 碎石：杂色，稍密；母岩成分为灰岩，次棱角状，粒径为3～5 cm，含量约为60%，混褐黄色黏性土。

d. ④粉质黏土：浅棕黄～棕黄色，可塑～硬塑，稍湿～湿；刀切面较光滑，含铁锰氧化物。仅部分钻孔揭穿该层，该层层厚为14.20～18.50 m，层底深度为19.20～21.50 m，层底标高为50.38～54.07 m。

④-1 黏土：棕黄色，硬塑，湿；刀切面光滑，含铁锰氧化物及其结核。

④-2 碎石：杂色，中密；母岩成分为灰岩，次棱角状，粒径为3～5 cm，含量约为70%，混浅棕黄色黏性土。

④-3 黏土混碎石：棕黄色，硬塑，湿；刀切面光滑，含铁锰氧化物及其结核，混碎石，粒径为3～6 cm，含量约为25%。

e. ⑤碎石：杂色，中密；母岩成分为灰岩，次棱角状，粒径为3～5 cm，含量约为70%，混浅棕黄色黏性土。

⑤-1 黏土：棕黄色，硬塑，湿；刀切面光滑，含铁锰氧化物及其结核。

⑤-2 胶结砾岩：杂色，坚硬，致密；钙质胶结呈砾岩，钻探岩芯呈短柱状，柱长为3～9 cm，采取率约为60%。

⑤-3 黏土混碎石：棕黄色，硬塑，湿；刀切面光滑，含铁锰氧化物及其结核，混碎石，粒径为3～6 cm，含量约为25%。

f. ⑥石灰岩。该层未揭穿,最大揭示厚度为 15.0 m,最大揭示深度为 45.0 m。

⑥破碎～较破碎中风化石灰岩:青灰色,坚硬,致密;岩芯较破碎呈块状、短柱状,粒径为 3～8 cm,柱长为 3～20 cm,采取率约为 25%～40%,局部岩溶裂隙发育。

⑥-1 强风化泥灰岩:灰黄色,密实;原岩强烈风化呈土状,局部呈块状,粒径为 1～6 cm。

(五) 施工重点和难点

(1) 强夯施工场地应平整并能承受夯击机械荷载,施工前必须清除所有障碍。

(2) 强夯机械必须符合夯锤起吊质量和提升高度要求,并设置安全装置,防止夯击时起重机臂杆在突然卸重时发生后倾和减少臂杆的振动。

(3) 强夯施工,必须严格按照试验确定的技术参数进行控制。夯击深度应用水准仪测量控制。

(4) 强夯时,首先应检验夯锤是否处于中心,若有偏心时,应采取在锤边焊钢板或增减混凝土等办法使其平衡。

(5) 强夯时,会对地基及周围建(构)筑物产生一定的振动,夯点宜距现有建(构)筑物 15 m以上,如间距不足,可在夯点与建(构)筑物之间开挖隔振沟带,其沟深要超过建(构)筑物的基础深度,并有足够的长度,或把强夯场地包围起来。

(6) 强夯施工工序穿插:合理安排点夯、满夯、夯坑推平及场地整平各工序,充分发挥设备功效。

(7) 强夯时严格按规范要求施工,确保最后两击沉降量不大于 50 mm。保证施工后场地承载力满足设计要求。

(8) 协调好回填施工时间,在现场进行灵活安排,保证施工安全。

二、施工安排

施工现场平面布置图如图 1-3 所示。

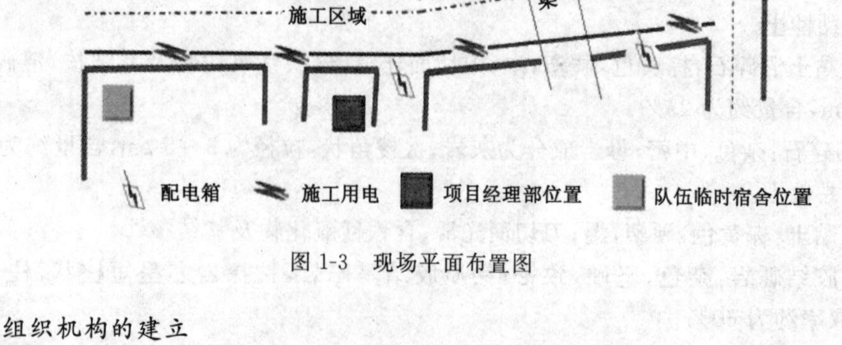

图 1-3　现场平面布置图

(一) 组织机构的建立

公司在施工现场设立项目经理部。由企业法定代表人委托项目经理全权管理项目经理部。项目经理部同时接受公司各业务部门的指导、监督、检查和考核。

项目经理部设置项目技术负责人负责工程项目施工组织设计及施工技术和质量控制工作；同时设现场负责人，负责施工现场的管理工作。项目经理部下设项目经理、技术负责人、现场负责人、施工员、材料员、安全员、质检员、资料员和试验员等，组织结构见图 1-4。

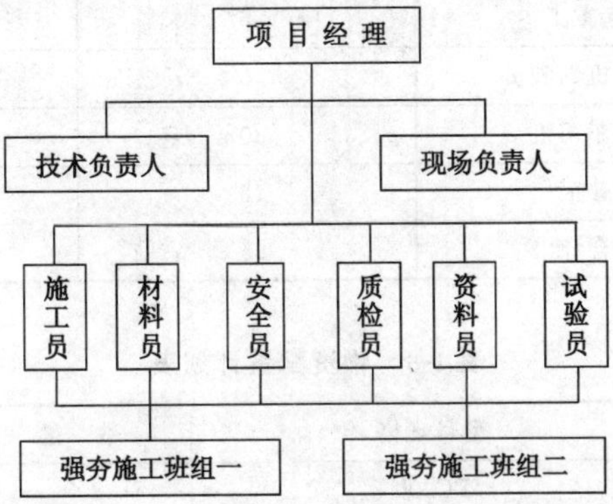

图 1-4　组织结构

项目经理：全面负责工程，组织和带领项目部人员、班组长进行学习，确保工程质量和工程进度，圆满完成工程建设任务。

技术负责人：指导和督促现场人员搞好工程的质量、安全检查，参与质量事故的调查、分析及处理，全面负责工程项目施工组织设计及施工技术和质量控制工作。

施工员：负责施工现场的放线、定位、标高复核等施工技术工作，将施工工艺、质量要求向施工班组交底。

材料员：负责工程原料、工具、构配件的订货、供应、运输、验收等工作。

安全员：负责安全技术措施的编制及安全生产各项规章制度的落实工作。

质检员：负责进场的原材料、配件、构件、衡器的送检、检验、测试工作。

资料员：负责施工全过程各类资料的收集、采集、记录工作并分类组卷，建立与竣工资料目录相符的资料档案。

试验员：主要负责项目检验和试验的现场取样、送样等工作。

（二）工程施工目标

(1) 质量目标："合格"，达到规范及设计要求。

(2) 安全目标：创零伤亡，杜绝一般安全事故；施工现场文明规范，确保安全生产。

(3) 环境保护目标：因地制宜，以人为本。交通、水电、材料、施工场地规划，本着节约用地、防止水土流失的原则，减少污染；精心布置施工现场，合理安排施工便道，充分利用本地资源，降低工程费用；保护周围环境，做好水土保护，创建文明施工工地。

（三）资源配置计划

1. 劳动力配置计划

劳动力配置计划见表 1-7。

2. 物资配置计划

物资配置计划见表 1-8。

表 1-7 劳动力配置计划表

序号	工种	数量/名	备注
1	管理人员	5	
2	测量工	6	
3	起重工	6	
4	起重机驾驶员	6	
5	汽车司机	30	
6	普工	12	
7	合计	65	

表 1-8 物资配置计划表

设备名称	型号规格	数 量	备 注
挖掘机	PC200	8 台	装渣
推土机	T140	3 台	推平石料
装载机	ZL50	3 台	推平石料
自卸汽车	15 t	30 辆	石料运输
强夯机	KH180 型 50 t 履带式吊车	6 台	
夯锤	16 t	6 只	
全球定位系统(GPS)	拓普康	2 台	
水准仪	苏光 224	6台	

三、施工准备

(一) 施工场地准备

(1) 为加强回填密实度(土质较差)及满足大型车辆的行驶要求,要求施工场地应坚实平整。

(2) 所有施工现场及施工便道的排水系统必须完善,保证降雨后无积水。

(3) 填筑后场地平整要求:按 5 m×5 m 方格网测量其层面标高,标高偏差应小于±10 cm。

(二) 施工材料准备

湿陷性填方段应外购合格的素土进行分层回填,回填土质量由专人控制,不得含有腐殖土和生活垃圾等。

(三) 人员及机械准备

1. 人员投入

配备项目组长 2 名、副组长 2 名、技术及测量人员 6 名、施工管理人员 5 名、吊车司机 6 名、起重指挥人员 6 名,以及各种施工设备操作人员共计 36 名,另配备施工工人 12 名。其中的特种设备操作人员均经过专门培训,持证上岗,施工工人均从事过类似工程的施工工作,具备熟练的操作技术。

2. 主要的施工机具

(1) 强夯机:采用 6 台日立 KH180 型 50 t 履带式吊车。

(2) 夯锤:采用 16 t 重的夯锤,此夯锤底面直径为 2 m,底面积为 3.14 m^2,锤底静压力为 41.1 kPa。

(3) 钢丝绳、卡环、钢丝绳卡、花篮螺丝。

(4) 电焊机 6 台。

(5) GPS 2 台,水准仪 6 台,50 m 钢尺 6 把。

四、具体施工方法

(一) 强夯施工流程

强夯施工流程(图 1-5)如下:

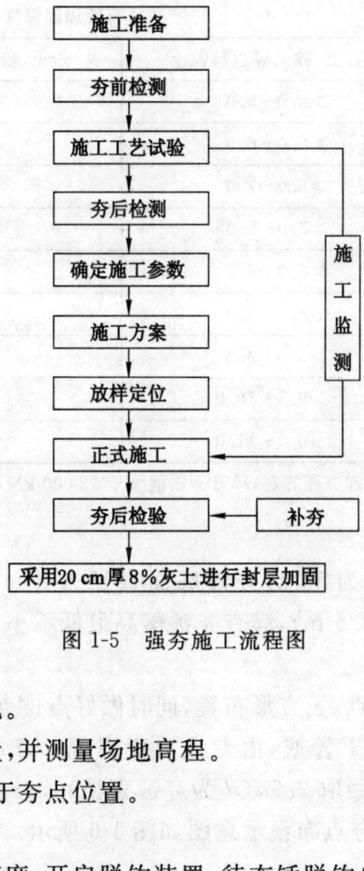

图 1-5 强夯施工流程图

(1) 清理并平整施工场地。

(2) 标出第一遍夯点位置,并测量场地高程。

(3) 起重机就位,夯锤置于夯点位置。

(4) 测量夯前锤顶高程。

(5) 将夯锤起吊到预定高度,开启脱钩装置,待夯锤脱钩自由下落后,放下吊钩,测量锤顶高程。若发现因坑底倾斜而造成夯锤歪斜时,应及时将坑底整平。

(6) 重复步骤(5),按设计规定的夯击次数及控制标准,完成一个夯点的夯击。当夯坑过深出现提锤困难,又无明显隆起,且尚未达到控制标准时,宜将夯坑回填不超过 1/2 深度后,继续夯击。

(7) 换夯点,重复步骤(3)~(6),完成第一遍全部夯点的夯击。

(8) 用推土机将夯坑填平,重复步骤(1)~(7)完成第二遍点夯。

(9) 在规定的间隔时间后，按上述步骤逐次完成全部夯击遍数，最后用低夯击能满夯，将场地表层松土夯实，并测量夯后高程。

(10) 强夯完成后进行管线施工，当道路管线施工完成后对强夯快车道路基采用 20 cm 厚 8%灰土封层加固处理，慢车道及人行道路基采用 20 cm 厚 8%灰土封层加固处理(强夯前预留 40 cm 厚土层作为失效层)。

(二) 工艺要求

1. 夯击能选择

通过试夯并结合《建筑地基处理技术规范》(JGJ 79—2012)夯实地基要求，拟采用 2 遍点夯 3 000 kN · m十满夯 1 000 kN · m 的夯击能对片区地基进行强夯处理，其有效加固深度按 6 m 考虑。强夯的有效加固深度如表 1-9 所列。

表 1-9　强夯的有效加固深度

单夯夯击能 E/(kN · m)	有效加固深度/m	
	碎石土、砂土等粗颗粒土	粉土、粉质黏土、湿陷性黄土等细颗粒土
1 000	>4.0～5.0	>3.0～4.0
2 000	>5.0～6.0	>4.0～5.0
3 000	>6.0～7.0	>5.0～6.0
4 000	>7.0～8.0	>6.0～7.0
5 000	>8.0～8.5	>7.0～7.5
6 000	>8.5～9.0	>7.5～8.0
8 000	>9.0～9.5	>8.0～8.5
10 000	>9.5～10.0	>8.5～9.0
12 000	>10.0～11.0	>9.0～10.0

注：强夯法的有效加固深度应从最初起夯面算起；单夯夯击能大于 12 000 kN · m 时，强夯的有效加固深度应通过试验确定。

工程采用的强夯夯锤质量为 16 t，夯锤底面直径为 2 m，点夯夯锤落高最低不小于 18.75 m(特殊处理段不小于 12.5 m)，满夯夯锤落高最低不小于 6.25 m。

2. 夯点布设

在路基强夯范围内布设夯点，正方形布置，同时做好点位点号记录。用白灰圈做好明显的标示。强夯区域周边做好施工警戒，由专人负责巡视。夯点布设时，采用 5 000 mm×5 000 mm 方格网[夯点设计间距取 2.5d(d 为夯锤直径)]，夯点中间插点补强，满夯时后锤印搭接上一锤印的 $d/2$。强夯夯点布设示意图如图 1-6 所示。

3. 强夯施工要求

(1) 夯点夯击次数的确定。

夯点的夯击次数，应按现场试夯得到的夯击次数和夯沉量关系曲线确定，并应同时满足下列条件：

① 最后两击的平均夯沉量不宜大于 50 mm。

② 不因夯坑过深而发生提锤困难。

③ 夯坑周围地面不应发生过大的隆起。

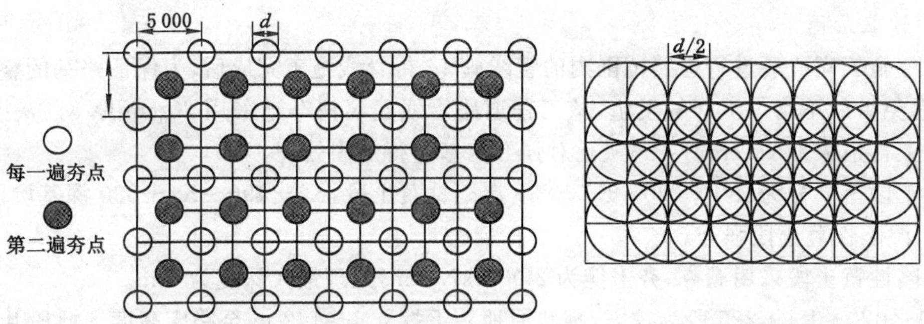

(a) 第一遍、第二遍夯点　　(b) 满夯搭接示意图

图 1-6 强夯夯点布设示意图

④ 夯击遍数应根据地基土的性质确定，可采用点夯 2～4 遍，对于渗透性较差的细颗粒土，必要时夯击遍数可适当增加。最后再以低夯击能满夯 1～2 遍，满夯可采用轻锤或低落距锤多次夯击，锤印搭接。

⑤ 根据地质资料及勘探单位现场勘查，施工区域为渗透性好的地基可连续夯击。

(2) 试夯结论。

在已碾压整平的施工场地内选择一块具有代表性的地段作为试夯区，面积为 500 m^2，以检验设备及夯击能是否满足要求，确定强夯处理的施工工艺。通过试夯，夯击能为 3 000 kN · m 且达到 8 击时可满足要求，满夯为 2 击时即可达到要求。

(3) 强夯施工分层。

根据试夯及规范要求，夯击能为 3 000 kN · m 时，有效加固深度按 6 m 考虑（回填时每层厚度控制在 1 m 内）。当回填土与杂填土的深度之和小于 6 m 时，采用一步强夯；当回填土与杂填土的深度之和大于或等于 0 m 且小于 12 m 时，采用两步强夯；当回填土与杂填土的深度之和大于或等于 12 m 且小于 18 m 时，采用三步强夯。

(4) 强夯处理范围要求。

根据图纸设计要求，当填方高度＜8 m 时，路基放坡率为 1∶1.5；当挖方高度≥8 m 时，应采取分级放坡形式，边坡平台宽度为 2 m，二级边坡放坡率为 1∶1.75。

① 强夯处理范围，湿陷性黄土段应大于道路施工红线范围，每边超出基础外缘的宽度为 4 m；深基坑段应大于道路基础绿线范围，每边超出基础外缘的宽度为 4 m 并分级放坡。路床以下强夯时，强夯工作面宽度＝道路施工红线宽度＋红线两侧各外扩 4 m 宽度（路肩加固）＋强夯时标高至路床高度×1.5×2。强夯处理范围示意图如图 1-7 所示。

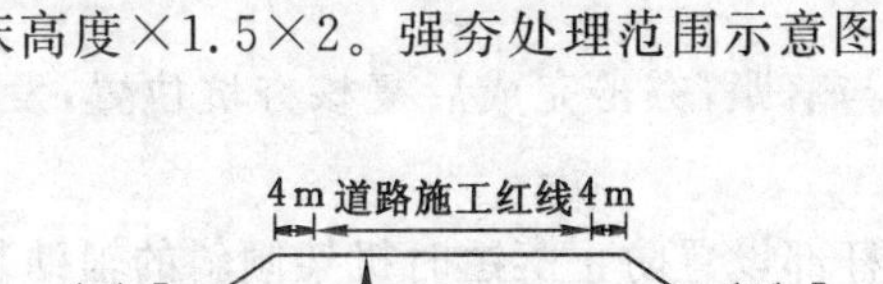

图 1-7 强夯处理范围示意图

② 当土坑宽度小于红线宽度、强夯工作面高度低于或与基坑深度相同时，强夯工作面宽度＝基坑宽度＋两侧各外扩 5 m 宽度（搭接工作面）。

4. 地基加固

强夯施工完成后进行道路范围内的管线施工，待管线施工完成后，为保证路基的整体稳定性，避免后续不均匀沉降的发生，该工程道路沿线建议快车道采用 20 cm 厚 8%灰土、慢车道及人行道采用 20 cm 厚 8%灰土对强夯路基进行加固处理。

施工段落划分为：K1＋020～K1＋889 湿陷性黄土段，K1＋490～K1＋630 深基坑段。

① 湿陷性黄土段强夯。

湿陷性黄土段采用满夯，夯击能为 2 000 kN・m，处理最大深度为 6 m。

K1＋020～K1＋225 段为挖方，现状原地貌下挖 0.1～1.2 m 至路床高度。此段为湿陷性黄土，为保证其质量及道路路基整体性，对原状土进行强夯。

K1＋225～K1＋660 段为填方，现状原地貌至路床填方高度为 1.3～3.1 m。根据地质勘探报告数据，原状地貌以下 2～4 m 均为湿陷性黄土及杂填土。具体实施办法：清除表面杂物后，分层回填至高于路床 50 cm 进行强夯。

K1＋660～K1＋889 段为挖方，根据地质勘探报告数据，此段路床以下 2～3 m 为湿陷性黄土，由于此段存在东西方向 2 m 高差台阶，为保证强夯整体质量（搭接处出现沉降量相同，不出现裂缝），在台阶搭接处增加一层东西向搭接强夯工作面。具体实施办法：原状地貌路面挖至设计高程后进行强夯加固。

② 深基坑段强夯。

K1＋490～K1＋630 段基坑深度约为 8～10 m，分两层进行强夯加固回填。根据原地貌测量结果及现场调查，土坑南边线有待进一步确定，北边线于 2017 年 10 月 12 日已回填至红线位置。根据强夯方案需下挖 2 m 后使用 2 遍点夯（夯击能为 3 000 kN・m）进行第一步强夯施工；强夯完成后利用施工四区域土方回填至路床以上 50 cm，使用 3 000 kN・m 夯击能进行第二步强夯施工。

第一步强夯：根据现场实际情况确定南边线，现状下挖 2 m 后，进行第一步强夯，强夯采用点夯与满夯相结合的办法，点夯夯击 5～8 击（根据现场试夯确定击数），夯击能不小于 3 000 kN・m；满夯夯击 1 遍，单点击数为 2 击，夯击能不小于 1 000 kN・m，满夯后锤印搭接上一锤印的 $d/2$（d 为夯锤直径），第一步强夯完成。

第二步强夯：第一步强夯后，挖除基坑外 3 m 范围内至原状地貌路面的土方进行台阶搭接，然后外购合格的素土分层回填至设计路床以上 50 cm，进行第二步强夯加固回填（强夯方式及要求同基坑以上 6 m 范围内强夯一致），然后行车道范围采用 20 cm 厚灰土封层。

5. 强夯注意事项

（1）夯击前应检查锤重与落距，夯击完成后复核夯坑位置，发现偏差及时调整，保证夯点位置偏差不大于 5 cm。

（2）强夯机械起重机臂杆部设置防止落锤时机架倾斜的辅助装置，配备自动脱钩装置。

（3）夯击锤设置 2 个排气孔，保证通气畅通，以利于夯击时空气排出和减小起锤时的吸力。

（4）强夯过程中，严格按规定和统一表格记录每一夯点夯击过程的施工情况。每一次夯击均需用水准仪测出夯点的夯沉量，每次测量时塔尺应位于夯锤正中位置。

（5）当夯坑周边隆起时，应在夯点收锤时测量并记录隆起量。

（6）强夯施工时要切实注意安全，有专人统一指挥作业，夯击时所有人员应退至安全线外;各种机械设备施工前认真检查,确保性能良好,并由熟练的机械操作人员操作。

6. 施工检测

(1) 开夯前检查锤重和落距,以确保单击夯击能符合设计要求。

(2) 在每遍夯击前,应对夯点放线进行复核,夯完后检查夯坑位置,发现偏差或漏夯应及时纠正。

(3) 按设计要求检查每个夯点的夯击次数和每击的夯沉量。

(4) 施工过程中应对各项参数及施工情况进行详细记录,有专人查看现场,设专人做好记录。综合分析测量记录,然后作出初步的评价,并进行总结。

(三) 质量检验标准

强夯施工完毕后1周,应对强夯区夯点夯沉量和强夯区夯实地基质量进行及时检测。

1. 强夯区夯点夯沉量测量步骤

① 第一遍点夯。第一遍点夯每击夯沉量随着击数的增加逐渐减小,一般主点采用7击,具体击数以最后两次夯沉量不大于5 cm为限。

② 第二遍点夯。第二遍点夯每击夯沉量随着击数的增加逐渐减小,同样一般主点采用7击,具体击数以最后两次夯沉量不大于5 cm为限。

③ 夯区平均夯沉量检测。在第一次点夯完成后,推土机对施工场地进行平整并压实,抽查选择强夯范围内的测点进行夯沉量检测。第二次点夯完成后,推土机对施工场地进行平整并压实,对夯沉量进行检测。满夯完成后,原满填的素土已全部夯击稳定,填筑素土进行满夯。满夯后进行场地平整且压实,对夯沉量进行检测。

2. 强夯区夯实地基质量检验应符合的规定

① 检查施工过程中的各项测试数据和施工记录,不符合设计要求时应补夯或采取其他有效措施。

② 强夯处理后的地基竣工验收承载力检验,应在施工结束后间隔一定时间方能进行。

③ 强夯处理后的地基承载力≥150 kPa,压实度≥90%,检测位置为路床以下50~80 cm处。

实际案例二:某工程道路路基处理方案

一、工程概况

(一) 工程主要情况

某工程道路总长1 925.67 m,包含道路、排水、电缆沟及专业管线土建施工等。

(二) 设计简介

主干路要求土方路基回弹模量不小于30 MPa,路基应处于干燥或中湿状态。对路基范围内存在杂填土较厚等情况的不良路段,需将其清除至路床以下80 cm,采取换填及冲击碾压处理,基底冲击碾压后采用满足要求的路基填料分层碾压并回填至路床高度。

路基处理方法按路基土干湿类型具体分述如下。

1. 挖方路段

(1) 正常干燥路段:路基顶面以下20 cm土基采用8%灰土改良处理。

(2) 中湿路段:路基顶面以下20 cm土基采用8%灰土改良处理。

(3) 潮湿路段：路基顶面以下自上而下分别采用20～40 cm碎石换填、20 cm 8%灰土改良处理。

(4) 过湿路段：路基顶面以下自上而下分别采用40～60 cm碎石换填、20 cm 8%灰土改良处理。

2. 填方路段

(1) 正常干燥路段：路基顶面以下自上而下分别采用满足设计要求的粗颗粒土或改良土分层回填、20 cm 8%灰土改良处理。

(2) 中湿路段：路基顶面以下自上而下分别采用20 cm 8%灰土改良处理、满足设计要求的粗颗粒土或改良土分层回填、20 cm 8%灰土改良处理。

(3) 潮湿路段：路基顶面以下自上而下分别采用20～40 cm碎石换填、满足设计要求的粗颗粒土或改良土分层回填、20 cm 8%灰土改良处理。

(4) 过湿路段：路基顶面以下自上而下分别采用40～60 cm碎石换填、满足设计要求的粗粒土或改良土分层回填、20 cm 8%灰土改良处理。

3. 鱼塘处理

路基处理时，应先抽干鱼塘水，挖除淤泥后采用100 cm厚片石进行挤淤处理(厚度可增加)，采用满足设计要求的粗颗粒土或改良土分层回填，路基顶层采用20 cm 8%灰土改良处理至路面结构底。片石挤淤中所用片石粒径宜大于300 mm，且粒径小于300 mm的片石含量不得超过20%，片石挤淤厚度应根据路槽开挖后的现场试验确定。

(三) 工程施工条件

施工现场位于片区拆迁区域内，整个施工区域以填方为主，施工现场以荒地及渣土为主，地下水位标高为20.1～21.5 m。K1＋810～K2＋130路段有鱼塘3处；K2＋400～K2＋850路段，位于原有田地内，现状土含水量较大，施工现场内有未清除的农作物；K2＋900～K3＋750路段，属于大范围拆迁地块，施工范围内有大量建筑垃圾。

二、施工安排

(一) 项目组织机构

为了加强建设项目管理，全面履行合同，控制建设投资额，确保工程建设工期、质量、安全，保护生态环境，全面实现建设目标，针对工程建设的意义和特点，对该项目进行全面、高效的施工组织管理，公司将按项目法施工的原则成立精干高效、运转自如的项目经理部统一协调指挥工程项目的施工。

项目经理部主要工程技术和管理人员全部具有丰富的市政工程施工经验、专业技术能力强且综合素质高。

项目经理部代表企业全权负责该项目的生产经营、管理、对外联系和全面履行合同条款，按建设单位的要求和监理工程师的指令，依据设计文件，按期、优质、安全地完成本项目的修建、维护和缺陷修复工作。

根据该工程的施工特点，结合公司的施工能力、技术装备水平，本着精干、高效、专业化施工的原则，派遣具有丰富的类似工程施工经验、肯吃苦、业务精的管理人员和技术工人，组成施工队伍。

项目经理部设项目经理1名、项目副经理1名和项目总工程师1名，下设施工部、测量部、质检部、材料部和安全部等。整个电缆沟工程分为3个施工作业区，作业区之间平行流水施工。

（二）工程施工目标

(1) 进度目标：满足业主进度要求，计划于2015年3月31日前完成除受拆迁影响的其他所有路基的填土工程。

(2) 质量目标：单位工程质量合格。

(3) 安全目标：杜绝因施工造成的人员死亡及重伤事故，无机械设备、火灾、重大器材设备被盗等事故，符合济南市有关安全施工的相关规定。

(4) 环保目标：严格遵守"四个一律"和"六个百分之百"的规定，使施工现场满足扬尘治理要求。

(5) 成本目标：单项工程成本降低2%。

（三）施工段的划分

根据现场实际情况以及工程特点，将整个路基填土分为3个施工区：第一施工区，K1＋810～K2＋800；第二施工区，K2＋800～K3＋330；第三施工区，K3＋300～K3＋735.67。3个施工区之间平行流水施工。

（四）资源配置

路基土石方施工人员配置如表1-10所列。路基土石方施工机械设备配置如表1-11所列。

表1-10 路基土石方施工人员配置表

序号	班 组	人数/名	备 注
1	机械班组	20	1. 按每班8 h工作制考虑； 2. 人员配备按工序高峰人数考虑
2	道路整平班组	30	
3	辅助工	50	

表1-11 路基土石方施工机械设备配置表

序号	机械设备名称	数量/台	备 注
1	挖掘机	6	1. 按每班8 h工作制考虑； 2. 机械配备按工序高峰数量考虑
2	装载机	10	
3	平地机	1	
4	液压破碎锤	2	
4	自卸车	20	
5	光轮压路机	2	
6	振动压路机	2	

三、施工准备

（一）技术准备

(1) 审查设计图纸，熟悉有关资料。检查图纸是否齐全，图纸本身有无错误和矛盾之处，设计内容与施工条件能否一致，各工种之间搭接配合有无问题等。认真学习施工图纸和相关技术规范，了解设计及甲方意图、技术要求，对图纸疑问认真记录汇总，同时应熟悉有关设计数据、结构特点，以及土层性质、地质、水文、工期要求等资料。

(2) 在全面熟悉设计文件交底的基础上，进行现场核对和施工调查，发现问题应及时根据有关程序提出修改意见并报请变更设计。

(二) 现场准备

现场调查的主要内容包括：工程范围内的地形、地质、水文和地面排水情况等；工程范围内的交通和地上、地下构筑物情况；施工现场的供水、供电、布置、电信设备及场内外运输线路，生产和生活设施的设置地点等情况；沿线附近可供取土的地点和有关情况；沿线附近可供排水的沟渠和涵管等情况；施工现场附近测量标志及需要保护植物和构造物等情况。

根据现场收集到的情况、核实的工程数量，按工期要求、施工难易程度和人员、设备、材料准备情况，编制实施性的施工组织设计，并报监理工程师审批，经批准同意后提出开工报告，获得批准后方可开工。

根据该工程线路布置、地形特点，现场的实地勘测和图纸分析，初步拟订在道路南侧修建施工便道，便道路面宽度为 5 m，长度约为 1 800 m。

四、施工方法

(一) 挖方路基施工技术措施

1. 工艺流程

挖方路基施工工艺流程如图 1-8 所示。

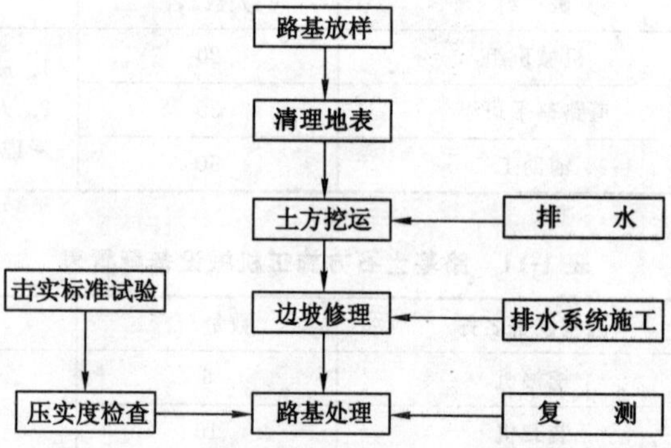

图 1-8　挖方路基施工工艺流程框图

2. 施工方法

清理地表后恢复定线，放出边线桩，对边线桩要加以保护，并进行拴桩。

(1) 路基土方开挖采用机械化施工方法：土方运距在 100 m 左右，选用装载机倒运；运距在 500 m 以上，采用挖掘机械配合自卸汽车运输。

(2) 路基开工前，考虑排水系统的布设，防止在施工中线路外的水流入线路内，并将线路内的水(包括地面积水、雨水)迅速排出路基，保证施工顺利进行。

(3) 对设计中拟定的纵横向排水系统，要随着路基的开挖，适时组织施工，保证雨季不积水，并及时安排边沟、边坡的修整和防护工作，确保边坡稳定。

(4) 路槽达到设计标高后，及时检测含水量，若含水量较大，根据设计要求进行路基处理。

3. 主要机械设备

挖方路基施工中需要的机械设备主要包括推土机、挖掘机、装载机、压路机和自卸汽车等。

(二) 填方路基施工技术措施

路基填筑工程可采用配套的机械化施工，形成挖、装、运、摊、平、压机械化流水作业，保证路基填筑高质量、高速度地完成。

1. 工艺流程

填方路基施工工艺流程如图 1-9 所示。

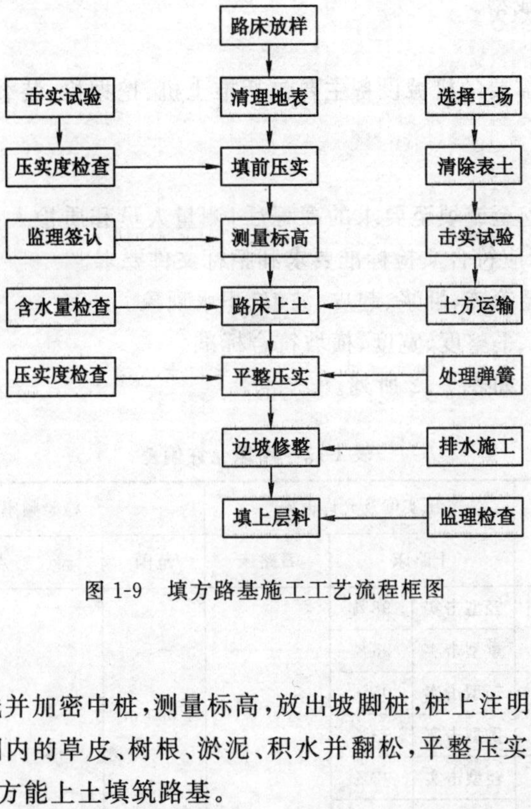

图 1-9 填方路基施工工艺流程框图

2. 施工方法

(1) 恢复路基中线并加密中桩，测量标高，放出坡脚桩，桩上注明桩号，标上填筑高度。

(2) 清除填方范围内的草皮、树根、淤泥、积水并翻松，平整压实地基，经监理工程师认可并实测填前标高后，方能上土填筑路基。

(3) 选择适宜的填筑材料，提前做好标准击实试验，并经监理工程师批准。

(4) 地面横坡陡于 1∶5 时，原地面挖成台阶后填筑；地面横坡陡于 1∶2.5 时，须进行特殊处理，防止路堤沿基底滑动。

(5) 采用水平分层的方法填筑路堤，根据压实设备和技术规范确定压实厚度，一般控制每层压实厚度为 20 cm。

(6) 土方的挖、装、运均采用机械化施工，一般用挖掘机、装载机配合自卸汽车运土，按每延米用土量严格控制卸土，推土机把土摊开，平地机将土整平。

(7) 当路堤宽度、厚度和填土含水量等符合要求后，用压路机从路基边缘向中央进行压实，遵照先轻后重、先慢后快、均匀一致的原则，直到达到设计的压实度为止。

(8) 根据路堤的填筑高度，严格按规范要求检查压实度，每层填土都要资料齐全，并经监理工程师签认。

(9) 在雨期施工时，严防路堤积水，填筑层表面应适当加大横坡，以利于排水，并注意天气预报，及时将其碾压成型，防止填土被雨水泡软。

(10) 进入初冬填筑路堤时，尽量昼夜连续施工，覆盖取土场地，保证填土不受冻害影响，每天填筑的土层要当天碾压成型。

(11) 达到设计标高时要抓紧按设计要求整理路槽、修整边坡，确保路堤的填筑质量和稳定性。

(12) 半填半挖路基和填挖交界处的路基，结合填挖方路基的施工要求进行，填方一般从低处开始，按距路基顶面的不同高度控制压实度标准，最后一层要翻松挖方路段，平整后和填方路段一起碾压成型。

3. 主要机械设备

填方路基施工中需要的机械设备主要包括推土机、挖掘机、装载机、压路机、水车、自卸汽车、蛙式夯和气夯等。

4. 质量要求

(1) 路基按设计挖至或填至要求的高程后，测量人员和质检人员配合监理工程师对路床进行检测，要求路床应符合质检标准要求和招标文件要求。

(2) 路床无无明显轮迹、翻浆、起皮、波浪、积水现象。

(3) 高程、压实度、平整度、宽度、横坡符合标准。

(4) 路床允许偏差如表 1-12 所列。

表 1-12　路床允许偏差

<table>
<tr><th rowspan="2">序号</th><th rowspan="2" colspan="2">项目</th><th colspan="3">压实度及允许偏差</th><th colspan="3">检验频率</th><th rowspan="2">检验方法</th></tr>
<tr><th colspan="2">土路床</th><th>石路床</th><th>范围</th><th colspan="2">点数</th></tr>
<tr><td rowspan="6">1</td><td rowspan="6">压实度
（深度为
0～30 cm）</td><td rowspan="2">快速路和
主干路</td><td>轻型击实</td><td>98%</td><td rowspan="6"></td><td rowspan="6">1 000 m^2</td><td rowspan="6" colspan="2">3</td><td rowspan="6">用环刀法检验</td></tr>
<tr><td>重型击实</td><td>95%</td></tr>
<tr><td rowspan="2">次干路</td><td>轻型击实</td><td>95%</td></tr>
<tr><td>重型击实</td><td>93%</td></tr>
<tr><td rowspan="2">支路</td><td>轻型击实</td><td>92%</td></tr>
<tr><td>重型击实</td><td>90%</td></tr>
<tr><td>2</td><td colspan="2">中线高程</td><td colspan="2">±20 mm</td><td>±20 mm</td><td>20 m</td><td colspan="2">1</td><td>用水准仪测量</td></tr>
<tr><td rowspan="3">3</td><td rowspan="3" colspan="2">平整度</td><td rowspan="3" colspan="2">20 mm</td><td rowspan="3">30 mm</td><td rowspan="3">20 m</td><td rowspan="3">路宽
/m</td><td><9　1</td><td rowspan="3">用 3 m
直尺量取
最大值</td></tr>
<tr><td>9～15　2</td></tr>
<tr><td>>15　3</td></tr>
<tr><td>4</td><td colspan="2">宽度</td><td colspan="2">0～200 mm</td><td>0～100 mm</td><td>40 m</td><td colspan="2">1</td><td>用尺量</td></tr>
<tr><td>5</td><td colspan="2">横坡</td><td colspan="2">±20 mm 且
不大于±0.3%</td><td>±0.5%</td><td>20 m</td><td>路宽
/m</td><td><9　2</td><td>用水准
仪测量</td></tr>
</table>

(三) 具体施工技术措施介绍

1. 抛石挤淤施工技术措施

(1) 施工步聚。

鱼塘底淤泥土层挖除→验槽→抛石挤淤、灌缝处理→8%灰土找平→检验→素土回填。

(2) 施工方法。

① 开挖。

a. 鱼塘底淤泥开挖采用长臂挖掘机清淤，挖出的淤泥先放到鱼塘边空旷处晾晒，然后配以自卸汽车将其外运。

b. 鱼塘底清淤后，用人工清理出基坑内的杂填土、腐殖土。

② 抛石。

a. 抛石用料为当地所产的片石。为使挤淤效果明显，石料中粒径小于 300 mm 的片石含量不得超过 20%。

b. 抛石采用挖掘机进行，方法为进占法。首先由挖掘机在作业半径内抛片石，然后采用推土机及 EX300 挖掘机来回走动进行均匀铺设，待片石沉入与基底齐平。若片石无明显沉降，可向前延伸进行下一段施工；若片石沉降量仍较大，则需再抛一层片石进行碾压，直至片石沉降量较小为止。

c. 抛填方向应根据道路横断面下卧软土地层坡度而定。坡度平坦时自地基中部渐次向两侧扩展；坡度陡于 1∶10 时，自高侧向低侧抛填，并在低侧边部多抛投，使低侧边部约有 2 m宽的平台顶面。

d. 全部路段都抛石 1 遍完成后，用自卸汽车将灰土运至基坑边缘后用推土机推至基坑内，按设计厚度均匀铺上一层灰土，铺平后用 18 t 振动压路机碾压 5～6 遍。碾压完成后进行下一层施工，直至达到设计标高。

(3) 抛石挤淤后质量的检查。

抛石完成后，因为无专用的检测设备检测抛石挤淤后的质量，所以采用用重型车辆在抛石段行驶，用肉眼观察的方法。若路面无明显扰动现象，则说明地基状况得到了明显的改善。

2. 毛石换填路基施工技术措施

(1) 施工准备。

① 材料。

a. 毛石最大粒径不应超过 30 cm。

b. 填隙粗碎石宜采用石灰岩或漂石轧制，也可以用稳定的矿渣轧制，矿渣的干密度和质量应比较均匀，且其干密度不小于 960 kg/m³。

② 机具设备。

a. 机械主要包括装载机、推土机、自卸汽车、洒水车和压路机等，其中自卸汽车为运输机械。

b. 施工测量和检验试验设备主要包括全站仪、水准仪、经纬仪、3 m 靠尺和钢尺等。

③ 作业条件。

a. 运输、摊铺、碾压等设备及施工人员已经就位，摊铺设备已调试完成并运转良好。

b. 施工现场运输道路畅通。

④ 技术准备。

a. 填隙碎石、毛石已经检验、试验合格。

b. 施工组织设计(施工方案)编制、审核、审批已完成。

c. 试验段施工选取 200 m 的具有代表性的路段,并采用计划用于主体工程的材料、配合比、压实设备和施工工艺进行实地铺筑试验,确定在不同压实条件下达到压实度时的压实系数、压实机械组合、最少压实遍数和整个施工流程。

(2) 操作工艺。

① 工艺流程。

毛石换填路基施工工艺流程如图 1-10 所示。

图 1-10　毛石换填路基施工工艺流程框图

② 操作方法。

a. 测量放线。

(a) 恢复中线:直线段每 20 m 设一中桩,平曲线段每 10～15 m 设一中桩,同时测设边桩。

(b) 高程控制间距,直线段宜为 20 m,曲线段宜为 10 m,并在两侧边桩上用明显标记标出填隙碎石边缘的设计标高。

b. 备料:根据各路段宽度、厚度及松铺系数,计算各路段需要的毛石数量;根据运料车辆的车厢体积计算每车料的堆放距离。

c. 运输和摊铺毛石、粗碎石。

(a) 毛石、粗碎石装车时,应控制每车料的数量基本相等。

(b) 在同一料场供料的路段内,由远到近将毛石、粗碎石按计算好的间隔卸置于下承层上。应严格掌握卸料距离,避免有的路段料不够或过多。

(c) 先用挖掘机将毛石均匀摊铺,在预定的宽度上再用挖掘机或其他合适的机具辅以人工将初平后的粗碎石料进行精平,表面应力求平整。

(d) 检查摊铺材料层的厚度是否符合设计要求,必要时,应进行减料或补料工作。

d. 撒铺填隙料和碾压。

(a) 初压:用 18 t 压路机静压 3～4 遍,使毛石稳定就位。在直线和不设超高的平曲线上,碾压从两侧路肩开始,逐渐错轮向路中间进行;在第一遍碾压后,应再次找平。初压终了时,表面应平整。

(b) 撒铺填隙料:将粗碎石均匀地撒铺在已压稳的毛石上,松铺厚度为 25～30 mm。必要时,用人工找平。

(c) 碾压:用振动压路机慢速碾压,碾压速度宜控制在 2.0 km/h 以内,将全部填隙料振入毛石的孔隙中。碾压方法同“d. 撒铺填隙粒和碾压”中(a)项,但路面两侧应多压 2～3 遍。

(d) 再次撒铺填隙料:再次撒铺粗碎石,松铺厚度为 20～25 mm。必要时,用人工或机械扫匀。

(e) 再次碾压:用振动压路机按“d. 撒铺填隙粒和碾压”中(c)项进行碾压。在碾压过程中，对局部填隙料不足之处，应用人工进行找补。局部多余的填隙料应扫除。

(f) 碾压后如表面仍有未填满的孔隙时，则应补撒填隙料，并用振动压路机继续碾压，直到全部孔隙被填满为止。同时，应将局部多余的填隙料铲出或扫除。填隙料不应在毛石表面自成一层，表面必须能看得到毛石。

(3) 质量标准。

① 基本要求。

a. 粗粒料应为质坚、无杂质的轧制石料或分解稳定的轧制矿渣，填隙料为粒径为 9.5 mm 以下的干燥筛余料或粗砂。

b. 应用振动压路机碾压，使填隙料填满粗粒料孔隙。

② 外观鉴定：外观表面平整密实，边线整齐，无松散现象。

③ 应注意的质量问题如下：

a. 为防止填隙料未能填满毛石层内部的全部孔隙，应严格控制填隙料的颗粒组成；增加填隙料用量；合理选择振动机型号，调整碾压次数。

b. 避免填隙料覆盖粗集料而自成一层，应控制填隙料撒铺量，并将局部多余的填隙料铲出或扫除。

3. 8%灰土改良层施工技术措施

灰土改良基层采用厂拌法施工，具体施工流程如下：

(1) 测量放样：在已经验收合格的路基上进行中桩、边桩的测设和中桩、边桩桩顶标高的测定。

(2) 整平：用压路机静压 1 遍，静压时压路机行驶速度控制在 1.3 km/h 左右，稳压后进行整平、标高控制。即先采用埋砖法把两块砖头摞起埋在预定点，将上表面固定在设计标高前面测出的松铺厚度位置；然后用平地机进行整平，直到标高合乎要求后即可进行碾压。

(3) 碾压：按照先两边后中间的办法进行碾压。先用胶轮压路机稳压两遍，然后用振动压路机振动碾压，每振动碾压 1 遍用核子仪检测压实度，直到压实度符合设计要求时，再静压 1 遍。每遍重叠轮迹 1/3，每遍碾压要到边，使全范围内都得到压实。

(4) 检验：各项检验应在成型后的 24 h 内完成，标高、平整度等几何尺寸满足要求。检验时，首先进行外观检验，外观应无轮迹、无翻浆、表面均匀密实、边沿整齐、接头处理平顺。压实度不合格的路段应进行返工处理。

(5) 养生：碾压完毕后用草袋覆盖，洒水养生 7 d。在此期间要保持草袋表面湿润。洒水车洒水时不允许急刹车、急转弯，要匀速慢行，除洒水车外禁止任何车辆通行(插牌警示)。

4. 建筑垃圾应用技术措施

(1) 结合现场实际情况，在道路下路床及以下范围内，不设置道路管线或者道路管线布置较少时，可适当采用建筑垃圾代替部分碎石进行路基处理；道路范围内鱼塘、沟渠，可采用建筑垃圾挤淤回填。

(2) 建筑垃圾的材料要求：建筑垃圾主要以混凝土块、砖石及土组成，不能掺杂生活垃圾以及树枝杂草等腐殖物；建筑垃圾的最大粒径原则上不宜大于 400 mm。

(3) 施工技术要求：

① 建筑垃圾应用于填方路基时，压实质量控制标准参照《公路路基设计规范》(JTG D30—2015) 中 3.8.3 条软质石料压实质量控制标准。不同强度的石料，应分别采用不同的

填筑层厚和压实控制标准。填石路堤的压实质量标准宜用孔隙率作为控制指标，并符合表 1-13～表 1-15 的要求。

表 1-13　硬质石料压实质量控制标准

分区	路面底面以下深度 /m	摊铺层厚 /mm	最大粒径 /mm	压实干密度 /(kg·m⁻³)	孔隙率 /%
上路堤	0.80～1.50	≤400	小于层厚的 2/3	由试验确定	≤23
下路堤	>1.50	≤600	小于层厚的 2/3	由试验确定	≤25

表 1-14　中硬质石料压实质量控制标准

分区	路面底面以下深度 /m	摊铺层厚 /mm	最大粒径 /mm	压实干密度 /(kg·m⁻³)	孔隙率 /%
上路堤	0.80～1.50	≤400	小于层厚的 2/3	由试验确定	≤22
下路堤	>1.50	≤500	小于层厚的 2/3	由试验确定	≤24

表 1-15　软质石料压实质量控制标准

分区	路面底面以下深度 /m	摊铺层厚 /mm	最大粒径 /mm	压实干密度 /(kg·m⁻³)	孔隙率 /%
上路堤	0.80～1.50	≤300	小于层厚	由试验确定	≤20
下路堤	>1.50	≤400	小于层厚	由试验确定	≤22

② 建筑垃圾路基处理层与上层路床之间设置过渡层，层厚为 250～400 mm，过渡层粒料的粒径应小于 15 cm，其中粒径小于 0.05 mm 的细粒料含量不应少于 30%。

实际案例三：某市政道路工程过湿路段高强微桩土工格室样板施工方案

一、工程概况

该工程总长度为 1 196.95 m，规划红线宽度为 50 m。

二、场地工程地质条件

进行现场开挖取样试验，确定含水类型为过湿、黏性土填充，土层分布不均匀，部分存在摇振反应。

地下水静止水位埋深为 1.30～5.40 m，水位标高为 20.42～21.00 m。地下水水位标高将受场地地形控制影响，场地历史最高水位标高及丰水期最高水位标高可取设计道路路面标高以下 0.50 m。

场地地层主要由第四系全新统～上更新统冲积成因的粉土、黏性土组成，上覆填土。场地地层分布较稳定，按照其成因自上而下详述如下：

① 杂色，松散，稍湿，成分以碎石块、砖块、灰渣等建筑垃圾为主，混有少量～多量黏性

土，局部混有少量生活垃圾。

② 黄褐色，稍密，稍湿，成分以黏性土、粉土为主，含少量碎石、砖屑及灰渣等建筑垃圾，局部以碎石填土为主，含少量黏性土及灰渣。

③ 根据调查，杂填土与素填土堆积时间小于 5 年，结构松散且不均匀，属欠固结土，未经处理不宜作为路基持力层。

根据地质勘查报告描述，现场地下水位高，土质含水率高，土质较差，局部土需要处理。

三、施工条件

根据地质勘查报告、现场土工试验显示数据及各方原地面现场验收等情况显示，现场土质为过湿路段。按照道路设计需要进行路床处理，原设计处理方案为挖除杂填土至路面结构层以下 70 cm 后，采用碎石处理 50 cm、6%灰土改良处理 20 cm。需要挖除外运土方 38 000 m^3，回填碎石 28 000 m^3，回填 6%灰土 10 000 m^3。

现状情况是文明施工要求严格，扬尘检查密集，地市周边关停很多石料厂，并且交警部门查处运输车辆严格，造成碎石采购困难，每立方米碎石涨价到 180 元(仅材料落地价)，且该价格碎石需要现金采购。现金高价采购虽然能够进货但是每日供应量太少，如果要使现场所需换填量的碎石供应齐全需要 2～3 个月，严重影响现场工期进度。

四、方案对比

道路工程过湿路段路床施工方案对比见表 1-16。

表 1-16　道路工程过湿路段路床施工方案对比表

<table>
<tr><th colspan="2">项目</th><th>方案一</th><th>方案二</th><th>备注</th></tr>
<tr><td colspan="2">现场情况</td><td colspan="2">施工方案用于道路过湿路段路床施工。现场土质属于过湿土，含水率较高，土质较差，需要进行路床处理；现场碎石受环保检查的影响，单价增加，产量减少，运输进场困难</td><td></td></tr>
<tr><td colspan="2">水文地质概况</td><td colspan="2">地下水位高，现状土含水率高，土质自上而下分别为杂填土、黏性土、粉土，个别部位存在淤泥质粉质性黏土、锯石后产生的矿粉；
分析：地下水位高，造成现状土含水率高，地质情况差，承载力达不到设计要求，需要进行路床处理</td><td></td></tr>
<tr><td colspan="2">业主要求</td><td colspan="2">9 月底前完成该工程施工，快车道要求 7 月份完成；现场整个结构层施工时间为 1 个月，工期紧，任务重；同时不考虑材料价格调整</td><td></td></tr>
<tr><td rowspan="3">方案对比</td><td>名称</td><td>碎石换填处理过湿路段</td><td>高强微桩土工格室处理过湿路段</td><td></td></tr>
<tr><td>拟定</td><td>土方需要开挖至设计路床以下 70 cm，土方外运量为 38 000 m^3，碾压处理底基层，处理翻浆路段，采用 50 cm 碎石(28 000 m^3)换填底层，采用 20 cm 6%灰土(10 000 m^3)封层</td><td>土方需要开挖至设计路床以下 40 cm，土方外运量为 20 000 m^3，碾压处理底基层，处理翻浆路段，采用 20 cm 高强微桩土工格室处理底层，掺入 6%石灰改良现场土回填格室，减少 10 000 m^3 土方外运，采用 20 cm 6%灰土(10 000 m^3)封层</td><td></td></tr>
<tr><td>方案比较</td><td>土方外运量大，需要办理渣土证；需要采购大方量碎石且碎石进场困难；底基层处理和灰土封层施工相同</td><td>相比方案一，土方外运量明显减小，同时能够处理部分土方外运；土工格室施工并不困难，容易操作；底基层处理和灰土封层施工相同</td><td>方案二部分土方倒运操作性更强，避免外运</td></tr>
</table>

表 1-16(续)

项目		方案一	方案二	备注
方案对比	经济对比	① 土方外运量为38 000 m^3,土方价格为28.2 元/m^3,合计费用约为107万元;② 碎石采购量为28 000 m^3,原清单计价为108.99元/m^3,合计费用约为305万元	① 土方外运量为10 000 m^3,价格为28.2元/m^3,合计费用约为28万元;② 高强微桩土工格室为50 000 m^2,材料费为30元/m^2,工费、机械费为7元/m^2,合计费用为185万元;③ 格室回填6%灰土量为10 000 m^3,灰土价格为94.79元/m^3,合计费用约为95万元	
	经济合计	总计清单价为412万元	总计费用为308万元	高强微桩土工格室最经济
	社会效益	由于环保要求严格,大量渣土外运和碎石材料进场均受环保检查的影响	减少土方外运量,可以场内消化部分土方;降低工程造价的同时采用了新材料、新工艺,可以推广使用	
	工期对比	大量土方外运需要5~7 d,碎石采购进场需要2~3个月,加灰土施工周期(具备结构层施工条件)需要90 d	土方外运需要2~3 d,高强微桩土工格室采购需要7 d,加工进场需要5 d,加灰土施工周期(具备结构层施工条件)需要20 d	高强微桩土工格室可缩短工期
结论		采用高强微桩土工格室处理过湿路段在工期及经济上最合适,造价较清单节省约100万元,同时现场回填格室的灰土采用现场土拌和石灰改良,同样能够节省部分造价,且缩短工期,不影响9月份总工期计划。从可操作性方面来说,虽然多了几道工序但是并不复杂,施工快捷,易操作。因此,建议采用高强微桩土工格室施工		

五、目标可行性分析

(一) 国内使用先例

1993年,中国开始研究开发土工格室,并首先应用于石油公路,随后铁路、公路开始应用,并取得令人满意的工程效果和经济效益。

近几年来,随着我国大量工程开工建设,土工格室广泛应用于公路、铁路、水利、堤坝、站场、建筑地基、垃圾填埋、核电、边坡防护、挡墙、绿化等领域,土工格室的作用机理日趋清晰,土工格室的种类也得到了丰富和发展。

(二) 作用机理

(1) 强度是关键因素。

(2) 侧限:主要是格室壁对填料具有强制的侧向约束作用,在竖向荷载下可形成环箍效应,限制填料发生过大侧胀变形而发生破坏,同时侧壁具有摩擦作用,抵消部分竖向荷载。这一作用发挥是以格室蜂格形状相对稳定为前提的,对格室而言,节点强度特征将成为整个加筋结构中的关键控制因素,直接影响结构效果。

(3) 网兜效应:土工格室加筋体在局部荷载作用下会下挠变形,此时加筋体会承担部分荷载,并均化应力。

(4) 基筏效应:土工格室加筋体形成半刚性垫层,产生整体梁板效应,有效改善下部基础的受力性状。

双向高强微桩格室加筋原理图、效果图及室内试验效果图分别如图1-11~图1-13所示。

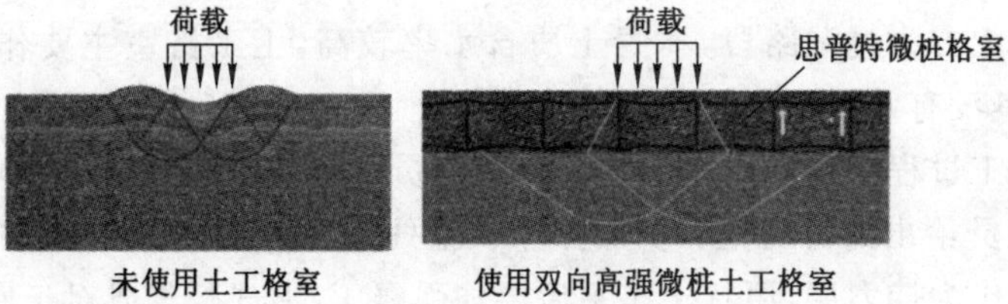

图 1-11 双向高强微桩土工格室加筋原理图

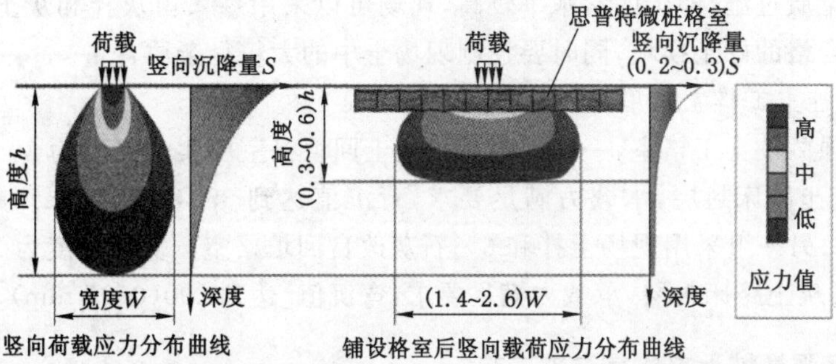

图 1-12 双向高强微桩土工格室加筋效果图

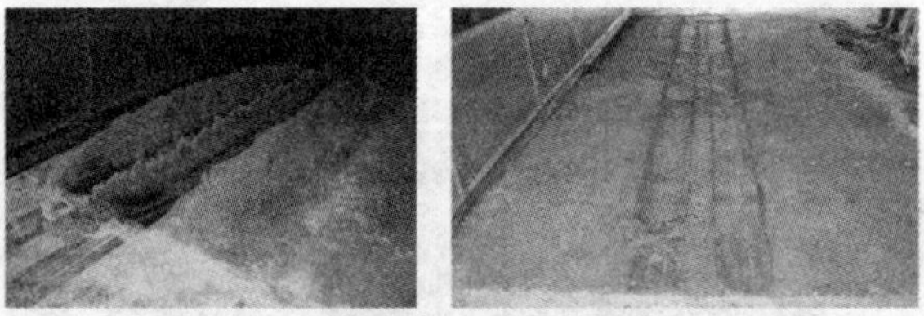

图 1-13 双向高强微桩土工格室加筋室内试验效果图

六、解决方案

现场需要解决碎石采购及土方外运问题，同时还要满足设计要求的路床承载力及弯沉要求。

根据济青高速大面积使用双向高强微桩土工格室处理路基的实例，该工程现场拟采用双向高强微桩土工格室代替碎石换填进行路床底基层处理。土工格室最多换填 30 cm，减少了 20 cm 土方开挖方量，同时部分土方还能回填使用。这样既解决了土方外运问题，又解决了碎石采购问题。

为此，现场采购了普通土工格室及高强微桩土工格室各 300 m^2 进行了试验段比较。

1. 普通土工格室和高强微桩土工格室比较

普通土工格室及高强微桩土工格室采用现场土方进行填压 30 cm 后，地基承载力均达到 130 kPa 以上，满足地下管线最高承载力要求，同时满足路床承载力要求。但是普通土工格室弯的路基顶面弯沉值达到 400 以上(0.01 mm)，高强微桩土工格室的路基顶面弯沉值达到 350(0.01 mm)，较设计数值 310 均不能满足。

现场原有土方为过湿路段，本身土质含水率较高，土工格室主要作用是提高路基承载力，对土体改良没有效果。

试验段施工过程中也请质监站相关负责人员现场查看，并将存在问题逐一汇报。质监站相关负责人员给出的意见是：① 加强原状土处理，因为地质勘探报告中提到部分杂填土未经处理不宜作为持力层，原状土整平后要加强碾压，出现翻浆或对于底基层不合格原状土的要采取换填措施处理；② 控制碾压厚度，压实后 30 cm 的虚铺厚度为 36～40 cm，虚铺厚度太厚不利于压实；③ 控制现场回填土质量或者改良现场土质，地质勘探报告及现场土工试验显示现场土质过湿，即土的含水率较高，现场可以采用掺入白灰拌和灰土降低含水率，或采购含水率合格的好土换填，同时要控制现场土中的大粒径杂质含量。

2. 高强微桩土工格室采用现场普通土和改良土比较

同样的高强微桩土工格室，一组用现场普通土回填格室压实后高度为 30 cm，碾压后进行 20 cm 6%灰土路床封层，承载力满足要求，弯沉值达到 350(0.01 mm)，超过设计数值 310(0.01 mm)；另一组采用现场土拌和 6%石灰改良回填格室压实后高度为 20 cm，碾压后进行 20 cm 6%灰土路床封层，承载力满足要求，弯沉值[达到 290(0.01 mm)]也满足要求。

七、双向高强微桩土工格室施工工艺

双向高强微桩土工格室具有整体刚度大、抗拉强度高、伸缩自如可缩叠、运输方便等特点，适合用于承载力要求高的路床，作用是控制差异沉降和减少总移位，增强路床底部承载力。双向高强微桩土工格室整体铺设效果如图 1-14 所示。

图 1-14　双向高强微桩土工格室整体铺设效果

1. 施工方法

施工工艺流程：施工前准备→土工格室的场地铺设→土工格室的张拉与铺设→土工格室的填充与回填→摊铺→压实→质量检查→下一层施工。

(1) 土工格室的场地铺设：清除原地面表层种植土、草皮、草根等杂物并压实。表面严禁有碎石、块石等坚硬凸出物，以免损坏土工格室。现场翻浆或矿粉需要进行处理：翻浆段将翻浆料挖除至硬底后采用碎石换填并碾压密实；在矿粉位置处将矿粉全部挖除后，底基层采用 40 cm 碎石换填，其上采用合格素土回填至路基标高。压实度按照图纸要求不小于 96%。

(2) 土工格室的张拉与铺设:长边顺道路方向进行土工格室铺设,相邻两段格室之间采用特制U型卡钉连接。铺设土工格室时,先将第一幅未展开的格室垂直摆放于路基一侧,将位于起始铺设点的格室单元格顶端用钢钎固定,沿路基纵向拉伸至格室设定长度(约8 m),展开成立体,并固定定位;对路基边缘张开的每个格室单元顶端用钢钎固定,相邻钢钎间距为1.2 m,格室中间按照梅花形布置4～6根钢钎,并使各顶端呈直线;按展开的格室设定的长宽(8 m×6.9 m)固定其余2个顶点,使格室张拉紧(格室大小为40 cm×40 cm),并将其不需连接另一幅格室一边的各个单元格定点固定。第二幅格室按第一幅格室的初始摆放形态摆放,并使两幅格室的预留接头相对,用特制U型卡钉连接两个预留接头;两幅间相对的格室单元格顶点用U型卡钉连接,再将第二幅格室张拉固定。如此反复,直至整幅路床铺满格室。

(3) 土工格室的填充与回填:现场采用8%灰土作为回填料,回填压实度不小于96%。土工格室节点高度为15 cm,回填料虚填26 cm再碾压,要求回填料中不得存在最大粒径超过13 cm的块料。在填筑土工格室材料时,可采用人工与机械配合的方式填筑,以提高工作效率。将回填料卸至已压实好的土工格室路床一侧,用挖掘机将材料勾到土工格室上,然后人工铺平和捣实。填筑时,严禁车辆直接在铺设好的土工格室上碾压,应在距离铺设土工格室的前沿区段开始覆土形成过渡台面后,用轻型机具填土,先将中央部分铺好,再向两侧扩大,避免土工格室隆起,影响铺设质量。回填完成后,会同监理试验进行试验检测,合格后方可进行下道工序。

2. 施工注意事项

(1) 在铺设土工格室后,应在2 d内填筑填料。土工格室储存时应遮盖,避免阳光直晒时间过长,以免影响其质量。

(2) 土工格室在填料之前,严禁压路机或其他施工机械直接碾压土工格室表面。土工格室上、下侧填料的最大粒径不得大于层厚的2/3,距离格室5 cm内的填料粒径不得大于13 cm。

(3) 碾压前必须检查层厚和平整度,在确认符合要求后方能进行碾压。碾压时按照先两边后中间的方法沿线路方向进行,严禁横向碾压,纵向行与行之间轮迹应重叠。

3. 土工格室处理效果

在沉降初期,沉降速度均较快,随着位移增加,土工格室所在结构层的立体加筋开始发挥作用;在沉降后期,各级平台竖向沉降开始收敛。土工格室具有施工作业简单和迅速、成本低、整体刚度好等特点,能减缓填方路段沉降不均。在土工格室施工中,控制好施工质量,严格按照施工工艺要求实施,可保证取得良好的施工效果。

八、样板段结果

根据现场试验段结果显示,通过采用符合《土工合成材料 塑料土工格室》(GB/T 19274—2003)标准的PP(聚丙烯)材质高强微桩土工格室,微桩高度为150 mm,网格尺寸为400 mm×400 mm,格室片的极限抗拉强度大于或等于120 kN/m,对应延伸率小于或等于10%,抗老化年限大于15年。现场处理土层高度为20 cm,并且掺入6%石灰改良土质含水率,上层仍按照设计要求采用6%灰土进行20 cm厚封层处理。这种处理方案能够满足设计要求的承载力及弯沉值。

第二章 基 层

第一节 概 述

一、基层定义

路面基层是路面结构的承重层，它主要承受由面层传来的车辆荷载垂直力，所以它必须有足够的强度、刚度和稳定性，且为面层施工提供稳定的工作面，控制和减小路基不均匀冻胀和沉降对面层的不利影响。因此其材料与质量的好坏直接影响路面的质量和使用性能。

二、基层性能的基本要求

（1）具有扩散荷载的能力，且满足结构强度、水稳定性和抗冻的要求。

（2）具有不透水性。为防止路面积水下渗，基层顶面应设沥青封层；为阻止渗水影响路基，排水基层应下设不透水基层，材料采用水泥稳定材料或密集配粒料。

三、基层的分类

基层包括柔性基层和半刚性基层。柔性基层包括级配砂砾和级配砾石基层。半刚性基层目前大量采用的是水泥、石灰及工业废渣类稳定材料的基层，通常被称为无机结合料稳定基层，包括水泥稳定土类、石灰稳定土类和二灰稳定土类等。其具有结构密实、孔隙小、透水性低、水稳定性好，适合机械化施工等优点。

四、基层材料的基本特性

基层材料的选择由道路交通等级和路基抗冲刷能力决定。排水基层适用于温润多雨地区，当道路未设垫层且路基填料为细粒土、黏性质砂或级配不良砂时应设底基层。底基层材料一般选用级配粒料、水泥稳定粒料或二灰稳定粒料。

1. 石灰稳定土类基层

石灰稳定土有良好的板体性，但其水稳性、抗冻性以及早期强度不如水泥稳定土。石灰土的强度随龄期增长，并与养护稳定密切相关，温度低于 5 ℃时强度几乎不增长。

石灰稳定土的干缩和温缩特性十分明显，且都会导致裂缝。与水泥土一样，由于其收缩裂缝严重，强度未充分形成时表面会遇水软化以及产生唧泥、冲刷等损坏。石灰土严禁用于高等级路面的上基层，只能用于高级路面的底基层。

2. 水泥稳定土类基层

水泥稳定土在暴露条件下容易干缩，低温时会冷缩，从而导致裂缝。

水泥稳定土的干缩系数、干缩应变以及温缩系数都明显大于水泥稳定粒料。水泥稳定土产生收缩裂缝会比水泥稳定粒料的裂缝严重得多，未形成强度前遇水易软化，抗冲刷能力差，因此水泥稳定土只用于高级路面的底基层。

3．石灰、粉煤灰稳定土类基层

石灰、粉煤灰稳定土（又称二灰稳定土）有良好的力学性能、板体性、水稳性和一定的抗冻性，其抗冻性能比石灰土高很多。

二灰稳定土早期强度较低，随龄期增长，并与养护温度密切相关，稳定低于 4 ℃时强度几乎不增长；二灰中的粉煤灰用量越多，早期强度越低，3 个月龄期的强度增长幅度也越大。

二灰稳定土也具有明显的收缩特性，但小于水泥土和石灰土，也被禁止用于高等级路面的基层，而只能用于底基层。二灰稳定粒料可用于高等级路面的基层与底基层。

4．级配砂砾和级配砾石基层

级配砂砾和级配砾石基层属于柔性基层，可用于城市次干路及其以下道路基层。柔性基层可减少或延缓反射裂缝的发展；具有良好的排水性能，可改善路面结构的排水性能。但其强度较一般稳定无机结合料稳定基层低。

五、基层施工的基本要求

(1) 基层材料的摊铺宽度应为设计宽度加两侧施工必要附加宽度。

(2) 高填土路基与软土路基，应在沉降值符合设计规定且沉降稳定后，方可施工道路基层。

(3) 石灰稳定土类材料宜在冬期开始前 30～45 d 完成施工，水泥稳定土类材料宜在冬期开始前 15～30 d 完成施工。

(4) 基层施工中严禁用贴薄层方法整平修补表面。

(5) 无机结合料稳定材料施工期的日最低温度应在 5 ℃以上。

(6) 基层施工必须在路基施工完成并验收合格后进行。

第二节　基层施工要点及质量控制

一、试验段

(1) 基层和底基层正式施工前，均应铺筑试验段。试验段应设置在生产路段上，长度宜为 200～300 m。

(2) 试验段开工前，应符合下列规定：

① 提交完整的目标配合比报告和生产配合比报告。

② 正常施工时所配备的施工机械完全进场，且调试完毕。

③ 全部施工人员到位。

(3) 铺筑试验段的目的：

① 验证混合料的施工配合比。

② 确定铺筑的松铺厚度和松铺系数。

③ 确定标准施工方法。

a. 混合料配合比的控制方法；

b. 混合料摊铺参数和使用机具(包括摊铺行进速度、熨平板的调整、摊铺厚度的控制方式、梯队作业时摊铺机的前后距离)；

c. 含水量的控制方法；

d. 压实机械的选择和组合、压实的顺序、速度和遍数；

e. 拌和、运输、摊铺和碾压机械的协调和配合。

④ 严密组织拌和、运输、碾压等工艺流程，合理控制拌和到碾压的完成时间。

⑤ 对人工拌和工艺，应确定合适的拌和设备、方法、深度和遍数。

⑥ 对人工摊铺碾压工艺，应确定适宜的整平、整形机具和方法。

⑦ 质量检验内容、检验频率及检验方法。

⑧ 试铺基层质量检验结果。

(4) 试验段施工后，应及时总结，总结报告应包括下列内容：

① 试验段检测报告。

② 试验段总体效果评价。

③ 施工关键参数的推荐值，包括配合比、含水率、松铺系数、碾压工艺等。

④ 确定每一作业段的合适长度。

⑤ 试验段不满足技术要求时，应重新铺设试验段。试验段各项指标合格后，方可正式施工。

二、基层施工要点

(一) 石灰稳定土类基层

(1) 所用原材料及混合料配合比设计应符合《城镇道路工程施工与质量验收规范》(CJJ 1—2008)要求。

(2) 石灰稳定土基层施工最低温度为 5 ℃。雨期施工应防止混合料淋雨，降雨时应停止施工，已摊铺的应尽快碾压密实。压实系数应经试验确定。

(3) 城区施工应采用厂拌方式，不得使用路拌方式，以保证配合比准确且达到文明施工要求。

(4) 应根据原材料含水量的变化、集料的颗粒组成变化、施工温度的变化、运输距离及时调整拌和用水量。混合料运输途中应覆盖严密，防止水分蒸发和扬尘污染。

(5) 石灰稳定土摊铺应符合下列规定：

① 路床应湿润。

② 压实系数应经试验确定。现场人工摊铺，压实系数宜为 1.65～1.70。

③ 石灰稳定土宜采用机械摊铺，每次摊铺长度宜为一个碾压段。

④ 摊铺掺有粗集料的石灰稳定土时，粗集料应均匀。

(6) 基层碾压应符合下列规定：

① 铺好的石灰稳定土应当天碾压成活。

② 碾压时的含水量宜在最佳含水量的允许偏差范围内。

③ 直线和不设超高的平曲线段，应由两侧向中心碾压；设超高的平曲线段，应由内侧向外侧碾压。

④ 初压时，碾速以 20～30 m/min 为宜，灰土初步稳定后，以 30～40 m/min 为宜。

⑤ 人工摊铺时，宜先用 6～8 t 压路机碾压，灰土初步稳定，找补整形后，方可用重型压路机碾压。

(7) 纵、横接缝均应设直茬。接缝应符合下列规定：

① 纵向接缝宜设在路中线处。接缝应做成阶梯形，梯级宽不得小于 1/2 层厚。

② 横向接缝应尽量减少。

(8) 石灰稳定土养护应符合下列规定：

① 石灰稳定土成活后应立即洒水(或覆盖)养护，保持湿润，直至上部结构施工为止。

② 石灰稳定土碾压成活后可采取喷洒沥青透层油养护，宜在其含水量为 10%左右时进行。

③ 石灰稳定土养护期应封闭交通。

(二) 水泥稳定土类基层

(1) 所用原材料及混合料配合比设计应符合《城镇道路工程施工与质量验收规范》(CJJ 1—2008)要求。

(2) 水泥稳定土料材料 7 d 抗压强度：对城市快速路、主干路基层为 3～4 MPa，对底基层为 1.5～2.5 MPa；对其他等级道路基层为 2.5～3 MPa，底基层为 1.5～2.0 MPa。

(3) 城镇道路中使用水泥稳定土类材料，宜集中厂拌，搅拌厂应向现场提供产品合格证及水泥用量、粒料级配、混合料配合比、R7 强度标准值。

(4) 水泥稳定土类材料运输时，应采取措施防止水分损失。

(5) 施工前应通过试验确定压实系数。水泥土的压实系数宜为 1.53～1.58，水泥稳定砂砾的压实系数宜为 1.30～1.35。

(6) 宜采用专用摊铺机械摊铺。水泥稳定土类材料自搅拌至摊铺完成，不得超过 3 h。应按当班施工长度计算用料量。分层摊铺时，应在下层养护 7 d 后，方可摊铺上层材料。

(7) 碾压应符合下列规定：

① 应在含水量等于或略大于最佳含水量时进行。

② 宜用 12～18 t 压路机作初步稳定碾压，混合料初步稳定后用大于 18 t 的压路机碾压，至表面平整、无明显轮迹，且达到要求的压实度。

③ 水泥稳定土类材料，宜在水泥初凝时间到达前碾压成活。

④ 当使用振动压路机时，应符合环境保护和周围建(构)筑物的安全要求。

(8) 养护应符合下列规定：

① 基层宜采用洒水养护，保持湿润。采用乳化沥青养护，应在其上撒布适量石屑。

② 养护期间应封闭交通。

③ 常温下成活后应经 7 d 养护，方可在其上铺路面层。

(三) 石灰、粉煤灰稳定砂砾基层

(1) 所用原材料及混合料配合比设计应符合《城镇道路工程施工与质量验收规范》(CJJ 1—2008)要求。

(2) 混合料应由搅拌厂集中拌制，采用强制式搅拌机拌制。搅拌厂应向现场提供产品合格证及石灰活性氧化物含量、颗料级配、混合料配合比及 R7 强度标准值的资料。

(3) 运送混合料应加覆盖，防止遗撒、扬尘。

(4) 根据试验确定的松铺系数控制虚铺厚度。

(5) 摊铺除应符合有关规定外,尚应符合下列规定:

① 混合料在摊铺前其含水量宜在最佳含水量的允许偏差范围内。

② 混合料每层最大压实厚度为 20 cm,且不宜小于 10 cm。

③ 摊铺中发生粗、细集料离析时,应及时翻拌。

(6) 碾压二灰稳定砂砾基层的摊铺要求参照石灰稳定土类基层摊铺的要求。

(7) 养护应符合下列规定:

① 混合料基层,应在潮湿状态下养护。养护期视季节而定,常温下不宜少于 7 d。

② 采用洒水养护时,应及时洒水,保持混合料湿润;采用喷洒沥青乳液养护时,应及时在乳液面撒嵌丁料。

③ 养护期间宜封闭交通。需通行的机动车辆应限速,严禁履带车辆通行。

(四) 级配砂砾及级配砾石基层

(1) 级配砂砾及级配砾石可用于城市次干路及其以下道路基层。

(2) 级配砂砾及级配砾石所用原材料及混合料配合比设计应符合《城镇道路工程施工与质量验收规范》(CJJ 1—2008)要求。

(3) 运输中应防止遗撒和防扬尘。

(4) 宜采用机械摊铺,摊铺应均匀一致,发生粗、细集料离析(“梅花”“砂窝”)现象时,应及时翻拌均匀。

(5) 压实系数均应通过试验段确定,每层虚铺厚度不宜超过 30 cm。

(6) 摊铺长度至少为一个碾压段(30～50 m)。

(7) 碾压前和碾压中应适量洒水;控制碾压速度,表面应平整、坚实;未铺装上层前不得开放交通。

(8) 碾压成活应符合下列规定:

① 碾压前应洒水,洒水量应使全部砂砾湿润,且不导致其层下翻浆。

② 碾压过程中应保持砂砾湿润。

③ 碾压时应自路边向路中倒轴碾压。采用 12 t 以上压路机进行,初始碾速宜为 25～30 m/min,砂砾初步稳定后,碾速宜控制在 40 m/min,碾压至轮迹不大于 5 mm,砂石表面平整、坚实,无松散和粗、细集料集中等现象。

④ 上层铺筑前,不得开放交通。

(五) 级配碎石及级配碎砾石基层

(1) 级配砂砾及级配砾石所用原材料及混合料配合比设计应符合《城镇道路工程施工与质量验收规范》(CJJ 1—2008)要求。

(2) 摊铺应符合下列规定:

① 宜采用机械摊铺符合级配要求的厂拌级配碎石或级配碎砾石。

② 压实系数应通过试验段确定,人工摊铺宜为 1.40～1.50,机械摊铺宜为 1.25～1.35。

③ 摊铺碎石每层应按虚厚一次铺齐,颗粒分布应均匀,厚度一致,不得多次找补。

④ 已摊平的碎石,碾压前应断绝交通,保持摊铺层清洁。

(3) 碾压除应符合本书及相关规范的规定外,尚应符合下列规定:

① 碾压前和碾压中应先适量洒水。

② 碾压中对过碾现象部位，应进行换填处理。

(4) 碾压成活应符合下列规定：

① 碎石压实后及成活中应适量洒水。

② 视压实碎石的缝隙撒布嵌缝料。

③ 宜采用 12 t 以上的压路机碾压成活，碾压至缝隙嵌挤密实，稳定坚实，表面平整，轮迹小于 5 mm。

④ 未铺装上层前，对已成活的碎石基层应保持养护，不得开放交通。

三、质量验收

(一) 石灰稳定土、石灰、粉煤灰稳定砂砾(碎石)基层及底基层质量检验规定

1. 主控项目

(1) 原材料质量检验应符合要求。

检查数量：按不同材料进厂批次，每批检查 1 次。

检验方法：查检验报告、复验。

(2) 基层、底基层的压实度应符合下列要求：

① 城市快速路、主干路基层大于或等于 97%，底基层大于或等于 95%。

② 其他等级道路基层大于或等于 95%，底基层大于或等于 93%。

检查数量：每 1 000 m^2、每压实层抽检 1 组(1 点)。

检验方法：查检验报告(灌砂法或灌水法)。

(3) 基层、底基层试件做 7 d 无侧限抗压强度测试，应符合设计要求。

检查数量：每 2 000 m^2 抽检 1 组(6 块)。

检验方法：现场取样试验。

2. 一般项目

(1) 表面应平整、坚实，无粗、细集料集中现象，无明显轮迹、推移、裂缝，接茬平顺，无贴皮、散料。

(2) 基层及底基层允许偏差应符合表 2-1 的规定。

表 2-1 石灰稳定土类基层及底基层允许偏差

项目		允许偏差	检验频率			检验方法
			范围	点数		
中线偏位		≤20 mm	100 m	1		用经纬仪测量
纵断高程	基层	±15 mm	20 m	1		用水准仪测量
	底基层	±20 mm				
平整度	基层	≤10 mm	20 m	路宽/m	<9	1	用 3 m 直尺和塞尺连续量两尺，取较大值
	底基层	≤15 mm			9～15	2	
					>15	3	
宽度		不小于设计规定＋B	40 m	1		用钢尺量测

表 2-1(续)

项目	允许偏差	检验频率				检验方法
		范围	点数			
横坡	±0.3%且不反坡	20 m	路宽/m	<9	2	用水准仪测量
				9~15	4	
				>15	6	
厚度	±10 mm	1 000 m^2	1			用钢尺量测

注:B 为施工时必要的附加宽度。

(二) 水泥稳定土类基层及底基层质量检验规定

1. 主控项目

(1) 原材料质量检验应符合要求。

检查数量:按不同材料进厂批次,每批次抽查 1 次。

检查方法:查检验报告、复验。

(2) 基层、底基层的压实度应符合下列要求:

① 城市快速路、主干路基层大于或等于 97%,底基层大于或等于 95%。

② 其他等级道路基层大于或等于 95%,底基层大于或等于 93%。

检查数量:每 1 000 m^2,每压实层抽查 1 组(1 点)。

检查方法:查检验报告(灌砂法或灌水法)。

(3) 基层、底基层 7 d 无侧限抗压强度应符合设计要求。

检查数量:每 2 000 m^2 抽检 1 组(6 块)。

检查方法:现场取样试验。

2. 一般项目

(1) 表面应平整、坚实、接缝平顺,无明显粗、细集料集中现象,无推移、裂缝、贴皮、松散和浮料。

(2) 基层及底基层的偏差应符合表 2-1 的规定。

(三) 级配砂砾及级配砾石基层和底基层质量检验规定

1. 主控项目

(1) 集料质量及级配应符合要求。

检查数量:按砂石材料的进场批次,每批抽检 1 次。

检验方法:查检验报告。

(2) 基层压实度大于或等于 97%,底基层压实度大于或等于 95%。

检查数量:每压实层、每 1 000 m^2 抽检 1 组(1 点)。

检验方法:查检验报告(灌砂法或灌水法)。

(3) 弯沉值不得大于设计规定。

检查数量:每车道、每 20 m 测 1 点。

检验方法:弯沉仪检测。

2. 一般项目

表面应平整、坚实,无松散和粗、细集料集中现象。

检查数量:全数检查。

检验方法:观察。

级配砂砾及级配砾石基层和底基层允许偏差应符合表2-2的有关规定。

表2-2 级配砂砾及级配碎石基层和底基层允许偏差

<table>
<tr><th rowspan="2">项目</th><th rowspan="2" colspan="2">允许偏差</th><th colspan="3">检验频率</th><th rowspan="2">检验方法</th></tr>
<tr><th>范围</th><th colspan="2">点数</th></tr>
<tr><td>中线偏位</td><td colspan="2">≤20 mm</td><td>100 m</td><td colspan="2">1</td><td>用经纬仪测量</td></tr>
<tr><td rowspan="2">纵断高程</td><td>基层</td><td>±15 mm</td><td rowspan="2">20 m</td><td rowspan="2" colspan="2">1</td><td rowspan="2">用水准仪测量</td></tr>
<tr><td>底基层</td><td>±20 mm</td></tr>
<tr><td rowspan="3">平整度</td><td rowspan="2">基层</td><td rowspan="2">≤10 mm</td><td rowspan="3">20 m</td><td rowspan="3">路宽
/m</td><td><9</td><td>1</td><td rowspan="3">用3 m直尺和塞尺连续量两尺,取较大值</td></tr>
<tr><td>9～15</td><td>2</td></tr>
<tr><td>底基层</td><td>≤15 mm</td><td>>15</td><td>3</td></tr>
<tr><td>宽度</td><td colspan="2">不小于设计规定＋B</td><td>40 m</td><td colspan="2">1</td><td>用钢尺量测</td></tr>
<tr><td rowspan="3">横坡</td><td rowspan="3" colspan="2">±0.3%且不反坡</td><td rowspan="3">20 m</td><td rowspan="3">路宽
/m</td><td><9</td><td>2</td><td rowspan="3">用水准仪测量</td></tr>
<tr><td>9～15</td><td>4</td></tr>
<tr><td>>15</td><td>6</td></tr>
<tr><td rowspan="2">设计层厚</td><td>砂石</td><td>－10～20 mm</td><td rowspan="2">1 000 m²</td><td rowspan="2" colspan="2">1</td><td rowspan="2">用钢尺量测</td></tr>
<tr><td>碎石</td><td>小于设计层厚的1/10且不大于20 mm</td></tr>
</table>

注:B为施工时必要的附加宽度。

(四)级配碎石及级配碎砾石基层和底基层施工质量检验规定

1. 主控项目

(1) 碎石与嵌缝料质量及级配应符合要求。

检查数量:按不同材料进场批次,每批次抽检不得少于1次。

检验方法:查检验报告。

(2) 级配碎石压实度,基层不得小于97%,底基层不得小于95%。

检查数量:每1 000 m² 抽检1组(1点)。

检验方法:查检验报告(灌砂法或灌水法)。

(3) 弯沉值不得大于设计规定。

检查数量:每车道、每20 m,测1点。

检验方法:弯沉仪检测。

2. 一般项目

(1) 外观质量:表面应平整、坚实,无推移、松散、浮石现象。

检查数量:全数检查。

检验方法:观察。

(2) 级配碎石及级配碎砾石基层和底基层的偏差应符合表2-2的规定。

四、养生、层间处理及其他

(一) 养生

(1) 无机结合料稳定材料层碾压完成后,应及时养生。

(2) 无机结合料稳定材料的养生期宜不少于 7 d。

(3) 养生期间应封闭交通,除洒水车和小型通勤车辆外严禁其他车辆通行。

(4) 无机结合稳定材料层过冬时应采取必要的保护措施,以保证其质量,防止被冻坏。

(5) 可采取洒水养生、薄膜覆盖养生和土工布覆盖养生等方式,宜结合实际情况选择适宜的方式。

(6) 洒水养生宜作为水泥稳定材料的基本养生方式,并应符合下列规定:

① 每天洒水次数应视气候而定。高温期施工,宜上、下午各洒水 2 次。

② 养生期间,稳定材料层表面应始终保持湿润。

③ 对于石灰稳定或石灰、粉煤灰稳定材料层应注意表层情况,必要时,可采用两轮压路机补充压实。

(7) 薄膜覆盖养生应符合下列规定:

① 混合料摊铺碾压成型后,可覆盖薄膜,薄膜厚度宜不小于 1 mm。

② 薄膜之间应搭接完整,避免漏缝,薄膜覆盖后应用砂土等材料呈网格状堆填,局部薄膜破损时,应及时更换。

③ 养生至上层结构层施工前 1～2 d,方可将薄膜掀开。

④ 对蒸发量较大的地区或养生时间大于 15 d 的工程,在养生过程中应适当补水。

(8) 土工布养生应符合下列规定:

① 宜采用透水式土工布全断面覆盖,也可铺设防水土工布。

② 铺设过程中应注意缝之间的搭接,不应留有间隙。

③ 铺设土工布后,应注意洒水,每天洒水次数应视气候而定。高温期施工,上、下午宜各洒水 1 次。

④ 养生至无机结构层施工前 1～2 d,方可将土工布掀开。

⑤ 在养生过程中应采取有效措施防止土工布破损。

(9) 草帘覆盖养生应符合下列规定:

① 全断面铺设草帘。

② 草帘铺设后应注意洒水,每天洒水的次数应视气候而定。高温期施工,上、下午宜各洒水 1 次,每次洒水应将草帘浸湿。

③ 必要时可采用土工布与草帘双层覆盖养生。

(二) 无机结合料稳定材料层之间的处理

(1) 在上层结构施工前,应将下层养生用材料彻底清理干净。

(2) 应采用人工、清扫车和洒水冲刷的方式将下层表面的浮浆清理干净。下承层局部存在松散现象时,也应彻底清理干净。

(3) 应在下层施工质量检测合格后,开始摊铺上面结构层。采用两层连续摊铺时,下层质量出现问题,上层应同时处理。采用上、下两层连铺施工方式时,施工需要两套摊铺设备,以减少施工缝。同时也要求稳定土搅拌设备具有足够的生产能力,才能保证上、下结构层的连续施工。

（三）无机结合料稳定材料基层与沥青面层之间的处理

（1）在沥青面层施工前应清理基层顶面。

（2）应采用人工、清扫车和洒水冲刷的方式将下层表面的浮浆清理干净，并应符合下列规定：

① 基层表面达到无浮沉、无松动状态。

② 清理出小坑槽时，不得用原有基层材料找补。

③ 清理出较大范围松散时，应重新评定基层质量，必要时宜返工处理。

（3）在基层表面干燥的状态下，可洒铺透层油。透层油施工期间严禁一切车辆通行，直至上层施工。

（四）基层收缩裂缝的处理

（1）基层在养生过程中出现裂缝，经过弯沉检测，结构层的承载能力满足设计要求时，可继续铺筑上面的沥青面层，也可采取下列措施处理裂缝：

① 在裂缝位置灌封。

免开槽直接灌缝作业流程：

a. 清除缝内的杂物及尘土（用压缩空气吹净）；

b. 使用液化气喷灯对裂缝进行烘干，保证裂缝内干燥；

c. 将加热到要求温度的灌封胶灌入缝内，控制灌封胶的灌注量，如在气温相对较高的季节，胶体应该略高于路面（0.5～1 mm），气温相对较低的季节，胶体应该略低于路面（0.5～1 mm）。

② 在裂缝位置铺设玻璃纤维格栅。

③ 在裂缝位置洒铺热改性沥青。

（2）灌封原则上不对裂缝扩缝。铺设玻璃纤维格栅与洒铺热改性沥青的综合处理措施是当前处治裂缝向上反射的最佳措施，适用于基层裂缝比较严重的路段。

（五）纵缝、横缝的处理

（1）纵、横接缝均应设直茬，接缝应符合下列规定：

① 纵向接缝宜设在路中线处。接缝应做成阶梯形，梯级宽不应小于1/2层厚。

② 横向接缝应尽量减少。

（2）混合料摊铺时，应保持连续。对水泥稳定材料，因故中断时间大于2 h时，应设置横向接缝，并应符合下列规定：

① 人工将末端含水率合适的混合料整齐，紧靠混合料末端放两根方木，方木的高度应与混合料的压实厚度相同，整平紧靠方木的混合料。

② 方木的另一侧用砾石或碎石回填约3 m长，其高度应高出方木2～3 cm，并碾压密实。

③ 在重新开始摊铺混合料之前，应将砾石或碎石和方木除去，并将下承层顶面清扫干净。

④ 摊铺机应返回到已压实层的末端，重新开始摊铺混合料。

⑤ 摊铺中断大于2 h且未按上述方法处理横向接缝时，应将摊铺机附近及其下面未经压实的混合料铲除，并将已碾压密实且高程和平整度符合要求的末端挖成与路中心线垂直

向下的断面，再摊铺新的混合料。

(3) 摊铺时宜避免纵向接缝，分两幅摊铺时，纵向接缝处应加强碾压。存在纵向接缝时，纵缝应垂直相接，严禁斜接，并应符合下列规定：

① 在前一幅摊铺时，宜在靠中央的一侧用方木或钢模板作支撑，方木或钢模板的高度应与稳定材料层的压实厚度相同。

② 应在摊铺另一幅之前拆除支撑。

③ 后一幅混合料拌和结束后，靠近前一副的部分，宜人工补充拌和，再整形和碾压。

如不按规定做成垂直相接，接缝处就会成为一条薄弱带，该薄弱带上沥青面层会很快龟裂破坏。

(六) 含水量的控制

(1) 混合料在摊铺前其含水量宜在最佳含水量的允许偏差范围内。

(2) 碾压过程中，无机结合料稳定材料的表面应始终保持湿润，水分蒸发过快时，宜及时补洒少量的水，严禁大量洒水。

(3) 在碾压过程中出现软弹现象时，应及时将该路段混合料挖出，重新换填新料碾压。

(七) 人工摊铺及碾压

机械无法正常摊铺的路段，应采用人工同步进行摊铺、修整。摊铺前后，应使用平地机整形。平地机整形过程中，在直线段由道路两侧向路中心刮平，在曲线段由道路中心向道路两侧刮平。对于超宽填筑路段，人工摊铺完成以后，可采用 6～8 t 两轮压路机或轮胎压路机稳压 1～2 遍，再用 22 t 重型压路机碾压成型；对于井室四周区域，人工摊铺完成以后，采用人工夯实成活。

(八) 冬、雨期施工

1. 雨期施工质量控制

(1) 雨期施工基本要求。

① 加强与气象台站联系，掌握天气预报，安排在不下雨时施工。

② 调整施工步序，集中力量分段施工。

③ 做好防雨准备，在料场和搅拌站搭雨棚，或在施工现场搭可移动的罩棚。

④ 建立完善排水系统，防排结合，并加强巡视，发现积水、挡水处，及时疏通。

⑤ 道路工程如有损坏，及时修复。

(2) 基层施工。

① 对稳定材料基层，应坚持拌多少、铺多少、压多少、完成多少。

② 下雨来不及完成时，要尽快碾压，防止雨水渗透。

③ 在多雨地区，应避免在雨期进行石灰土基层施工；施工石灰稳定中粒土和粗粒土时，应采用排除表面水的措施，防止集料过分潮湿，并应保护石灰免遭雨淋。

④ 雨期施工水泥稳定土，特别是水泥土基层，应特别注意天气变化，防止水泥和混合料遭雨淋。降雨时应停止施工，已摊铺的水泥混合料应尽快碾压密实。

2. 冬期施工质量控制

(1) 冬期施工基本要求。

① 应尽量将土方、土基施工项目安排在上冻前完成。

② 日平均温度连续 5 d 低于 5 ℃时，或最低环境温度低于－3 ℃时，应视为进入冬期

施工。

③ 在冬期施工，既要防冻，又要快速，以保证质量。

④ 准备好防冻覆盖和挡风、加热、保温等物资。

(2) 基层施工。

① 石灰及石灰粉煤灰稳定土（粒料、钢渣）类基层，宜在进入冬期前 30～45 d 停止施工，不得在冬期施工。

② 水泥稳定土（粒料）类基层，宜在进入冬期前 15～30 d 停止施工。当上述材料养护期进入冬期时，应在基层施工时向基层材料中掺入防冻剂。

③ 级配砂石（砾石）、级配碎石施工，应根据施工环境最低温度洒布防冻剂溶液，随时洒布，随时碾压。

第三节　基层施工方法简介

一、水泥稳定碎石基层两层连铺施工方法

(一) 施工特点

(1) 水泥稳定碎石基层两层连铺不需要等下基层达到要求的强度才能铺筑上基层，节省了工期，而且避免了铺筑上基层时对下基层强度的破坏。

(2) 与传统做法相比较，该方法施工工效高，周期短，质量有保证，在工期、质量、安全、造价等方面有先进性和新颖性，综合效益显著。

(二) 适用范围

适用于各种水泥稳定碎石基层道路工程施工。

(三) 工艺原理

路基处理完成后，采用两套水泥稳定碎石摊铺设备，在下基层摊铺约 100 m 左右，开始碾压，达到规定压实度后，接着进行上基层摊铺，并碾压达到规定压实度。

(四) 施工工艺流程及操作要点

1. 施工工艺流程

施工工艺流程如图 2-1 所示。

2. 操作要点

(1) 施工放样。

现场准备：下基层施工前，将老路面清扫干净后，在边线和中线处分别沿路线方向每隔 10 m 钉设加工好的“十”字形钢筋支柱，按松铺厚度测定高程并做好标记。边线处挂钢丝绳，作为下基层摊铺厚度的参考线；中线处挂好施工线，将加工好的铝合金支架沿施工线每隔 5 m 摆放，将 6 m 铝合金杆置于支架上，铝合金杆的顶面与施工线齐平，作为摊铺时的控制高程。混合料摊铺时设专人向前挪移铝合金杆，并保证相邻两个铝合金杆接头处平稳、无错台。上基层摊铺时边线及中线均用铝合金杆按上述方法控制高程。

(2) 混合料拌和及运输。

由于采用两层连续摊铺施工，因此在拌和过程中要设专人分别对两台拌和站的计量设备进行经常性的检查，保证配料准确；根据各种材料的天然含水量并考虑运输过程中含水量

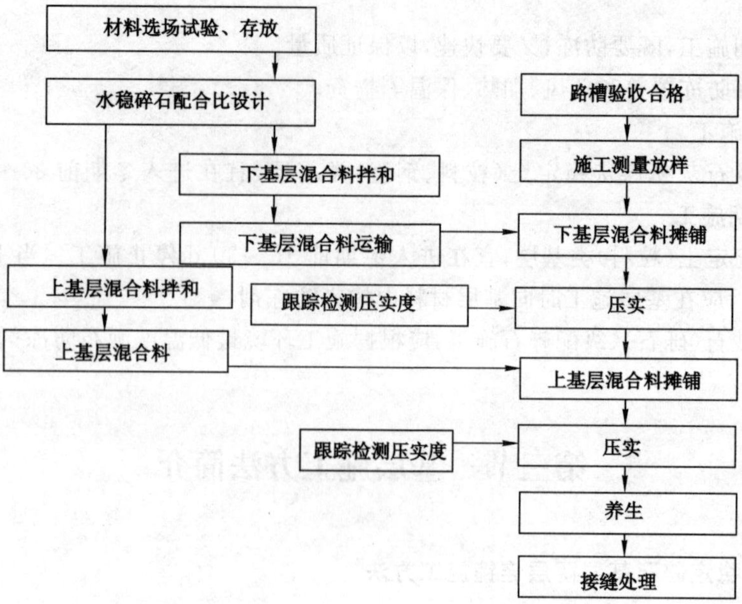

图 2-1　施工工艺流程

的损失，及时调整配合比，使混合料的含水量略大于最佳含水量，保证混合料运到现场摊铺后碾压时的含水量不小于最佳值。由于两层混合料的配合比不同，因此在运输前将运输车辆分别做不同的标识，上、下基层的混合料分别用不同标识的车辆运输。

(3) 下基层摊铺。

① 正式摊铺前应进行全面试车，对整平板、电脑传感器、横坡度仪等重点检查，发现问题及时解决。

② 试车后将下基层的两台摊铺机前后相隔 6～10 m 就位，待运料车辆达到 6～8 辆时，自卸车倒驶至摊铺机喂料斗卸料，同时开动运输料器，待两侧挡板之间料量充足时，即开动摊铺机均匀地进行摊铺。

(4) 下基层碾压。

下基层摊铺一定距离(约 30 m)后用 CA25D 振动压路机在全宽内进行碾压 4～6 遍，然后用 YZ30 胶轮压路机碾压至要求的密实度(≥97%)。碾压时，直线段由两侧向路中心碾压。每趟碾压时应重叠 1/2 轮宽，后轮必须超过两段的接缝处。后轮压完路面全宽时即为一遍。应在“水泥延迟时间”内碾压至要求的密实度，同时没有明显的轮迹。碾压过程中及时处理“弹簧”“松散”“起皮”等现象，严禁压路机在刚完成的和正在碾压的路段上调头和急刹车，以保证表面不受破坏。碾压后保证表面平整，无轮迹和隆起现象，且纵向顺适，路拱和超高符合设计要求。碾压过程中，专人检测压实度，合格后用轮胎压路机碾压 1～2 遍，以消除轮迹

(5) 上基层摊铺及碾压。

下基层碾压完成经检测合格后立即进行上基层的摊铺，摊铺时两台摊铺机成梯队行进，摊铺速度与下基层一致。摊铺上基层时，运输车辆要提前调头慢慢倒向摊铺机，禁止在碾压完成的下基层上急刹车或调头，运输车辆卸完料后平稳地驶离下基层。上基层碾压过程与下基层碾压过程相同，碾压过程中，专人检测压实度(≥98%)。水泥稳定碎石基层表面在碾

压过程中始终保持潮湿，如表面水分蒸发得太快，应及时补洒少量的清水。

(6) 养生。

完工后，养生不少于 7 d，拟采用土工布覆盖的办法养生，覆盖面要经常洒水，使基层表面始终处于潮湿状态。养生期间，除洒水车外封闭交通，并设专人进行看管。

(7) 接缝处理。

接缝处理的好坏是稳定碎石基层质量的关键，尤其是两层连续摊铺过程中更应注意。

① 横向接缝的处理：摊铺机摊铺混合料时，尽量避免随意中断，摊铺机因故中断摊铺超过 2 h 或当天工作段结束时要设置横缝，摊铺中断或每段工作结束时，摊铺机驶离摊铺的混合料末端，压实后碾压末端形成一个斜坡，摊铺新混合料之前，用 3 m 直尺检测接缝处平整度，沿垂直于路中心线方向将不合格部分垂直切去，然后再摊铺新的混合料。接缝处的碾压应当作为重点，碾压时应先顺道路方向碾压，再沿横缝方向碾压，保证接缝处的平整度。

② 纵缝接缝的处理：摊铺时用两台摊铺机成梯队摊铺，保证中间不留纵缝，同时两台摊铺机接缝处应着重检查平整度，遇不平处人工找平。

水泥稳定混合料在运输、摊铺、碾压过程中设专人指挥交通，尤其是指挥装有不同混合料的运输车到指定的摊铺机前卸料，并禁止任何车辆在摊铺完成的基层上面行驶。

(8) 分部工程验收。

水泥稳定碎石基层，进行分部工程验收，合格后进行养护，然后施工沥青混凝土面层。

3. 劳动力组织

该施工方法的劳动力组织情况见表 2-3。

表 2-3 劳动力组织一览表

施工人员	数量/名	职 责	施工人员	数量/名	职 责
施工经理	1	负责项目施工组织	交通指挥	4	负责现场交通指挥
施工队长	2	负责具体生产安排	运输工	30	负责混合料运输
技术员	2	负责制定、实施方案	电工	1	负责拌和站用电的控制
质检员	1	负责质量检查控制	修理工	4	负责现场机械应急修理
测量员	4	负责工程定位测量	机械工	8	负责现场机具的操作
安全员	1	安全检查及隐患排除	辅助摊铺工	20	辅助摊铺、局部处理

(五) 材料与设备

该施工方法采用的机具设备见表 2-4。

表 2-4 主要机具设备一览表

序号	名称	型号规格	数量	用 途
1	稳定土拌和站	WDB700	1 套	水稳混合料拌和
2	装载机	ZL50	5 台	拌和站上料
3	振动压路机	25 t	3 台	碾压
4	胶轮压路机	YL30H	1 台	碾压
6	洒水车	东风 140	3 辆	养护

表 2-4(续)

序号	名称	型号规格	数量	用　途
7	摊铺机	LTU120	2 台	混合料摊铺
8	自卸车	SDG3258	20 台	混合料运输
9	发电机组	10 kW	1 台	拌和站备用
11	电子全站仪	TPS-701	1 台	中线定位
12	自动安平水准仪	NA2	2 台	高程测量
13	钢尺	50 m	2 把	宽度控制

（六）质量控制

1. 工程质量控制标准

工程质量标准应执行《公路工程质量检验评定标准 第一册 土建工程》(JTG F80/1—2017)中的有关规定。

(1) 基本要求。

① 粒料应符合设计和施工规范要求,并应根据当地料源选择质坚、干净的粒料。

② 水泥用量和矿料级配按设计控制准确。

③ 摊铺时要注意消除离析现象。

④ 混合料处于最佳含水量状况下,用重型压路机碾压至要求的压实度。从加水拌和到碾压终了的时间不应超过 3～4 h,并应短于水泥的终凝时间。

⑤ 碾压检查合格后立即覆盖或洒水养生,养生期要符合规范要求。

(2) 实测项目。

水泥稳定粒料基层和底基层实测项目见表 2-5。

表 2-5　水泥稳定粒料基层和底基层实测项目

项次	检查项目		规定值或允许偏差				检查方法和频率	权值
			基　层		底基层			
			高速公路、一级公路	其他公路	高速公路、一级公路	其他公路		
1△	压实度	代表值	98%	97%	96%	95%	按 JTG F80/1—2017 中的附录 B 检查:每 200 m 每车道 2 处	3
		极值	94%	93%	92%	91%		
2	平整度		8 mm	12 mm	12 mm	15 mm	3 m 直尺:每 200 m 测 2 处×10 尺	2
3	纵断高程		−10～5 mm	−15～5 mm	−15～5 mm	−20～5 mm	水准仪:每 200 m 测 4 断面	1
4	宽度		符合设计要求		符合设计要求		尺量:每 200 m 测 4 处	1
5△	厚度	代表值	−8 mm	−10 mm	−10 mm	−12 mm	按 JTG F80/1—2017 中的附录 H 检查:每 200 m 每车道 1 点	3
		合格值	−15 mm	−20 mm	−25 mm	−30 mm		
6	横坡		±0.3%	±0.5%	±0.3%	±0.5%	水准仪:每 200 m 测 4 断面	1

表 2-5(续)

项次	检查项目	规定值或允许偏差				检查方法和频率	权值
		基 层		底基层			
		高速公路、一级公路	其他公路	高速公路、一级公路	其他公路		
7△	强度	符合设计要求		符合设计要求		按 JTG F80/1—2017 中的附录 G 检查	3

注:△代表该项次的检查项目为重点检查项目。

(3) 外观要求。

① 表面平整密实,无坑洼、无明显离析现象。

② 施工接茬平整、稳定。

2. 施工质量控制措施

(1) 建立完善的质量自检体系,以项目经理作为质量负责的第一责任人,下面设技术小组和质量检查小组,由项目总工程师负责两个小组的工作安排,施工生产班组配备专门的质检人员,做到各负其责,责任到人。

(2) 加强技术培训,推行标准化管理,对上岗的班组及关键技术岗位职工和特种作业人员进行招标文件技术要求的学习,并进行考试,成绩合格方能上岗。

(3) 施工人员必须熟悉技术,做好图纸会审记录和技术交底记录。

(4) 施工严格按照设计图纸及有关国家规范进行。

(5) 所有的材料进场或使用前应进行严格的检查和试验,并保存材料的质保书及试验资料,对不合格的材料坚决予以退场,不予使用。

(6) 严格质量检查制度。

(7) 现场采用水准仪精确测控,保证摊铺基层的顶面高程。

(8) 每天按既定的施工计划执行,以保证施工质量。

(9) 严格控制拌和站按照施工配合比拌和混合料。应有专人控制拌和混合料所用的水泥、砂、石子等原材料的质量,严格控制混合料的水泥剂量及含水量,保证拌和料的出机质量。

(10) 现场按频率检测水泥稳定碎石基层的压实度,不符合要求不允许进入下道工序。

(七) 安全措施

1. 安全保证体系

(1) 安全方针。

安全方针:安全第一、预防为主、遵规守法、减污降耗、营造绿色、保障健康。

(2) 安全目标。

①"三无":无工伤死亡和重伤事故,无交通死亡事故,无火灾、水灾事故。

②"一控":年负伤频率控制在 0.3%以下。

③"三消灭":消灭违章指挥、消灭违章操作、消灭惯性事故。

(3) 安全管理体系。

建立健全安全生产管理机构,成立以项目经理为组长的安全生产领导小组,全面负责并领导本项目的安全生产工作,项目总工程师为安全生产的技术负责人。项目经理部设专职安全员，并实行安全生产三级管理，即一级管理由经理负责，二级管理由安全员负责，三级管理由班组长负责，各作业点设安全监督岗。建立安全生产责任制，落实各级管理人员和操作人员的安全职责，做到纵向到底、横向到边，各自做好本岗位的安全工作。

2. 安全保证措施

(1) 落实安全生产责任制。

① 项目开工前，由项目经理部编制实施性安全技术措施，对项目作业编制专项安全技术措施，经领导小组同意后实施。完善各项安全生产管理制度，针对各工序及各工种的特点制定相应的安全管理制度，并由各级安全组织检查落实。

② 严格执行逐级安全技术交底制度，施工前由项目经理部组织有关人员进行详细的安全技术交底。各级专职安全员对安全措施的执行情况进行安全技术交底。各级专职安全员对安全措施的执行情况进行检查、督促并做好记录。

(2) 加强施工现场安全教育。

① 针对工程特点，定期进行安全生产教育，重点对专职安全员、安全监督岗岗员、班组长及从事特种作业的电工、焊接工、机动车辆驾驶员等进行培训和考核，学习安全生产必备的基本知识和技能，提高安全意识。

② 未经安全教育的管理人员及施工人员不准上岗。变换工种或参加采用新工艺、新设备及技术难度较大的工序的工人必须经过技术培训，并经考试合格后方可上岗。

③ 特殊工种经过培训考核合格，获取操作证方能持证上岗。对已取得上岗证者，要进行登记存档规范管理。对上岗证要按期复审，并设专人管理。

④ 通过安全教育，增强职工安全意识，树立"安全第一，预防为主"的思想，提高职工遵守施工安全纪律的自觉性，认真执行安全操作规程，做到不违章指挥、不违章操作、不伤害自己、不伤害他人、不被他人伤害，确保自身和他人安全，提高职工整体安全防护意识和自我防护能力。

(3) 认真执行安全检查制度。

项目经理部保证检查制度的落实，按规定定期检查：经理部每日检查一次，作业班级实行每班班前、班中、班后三检制，不定期检查视工程进展情况而定，并有领导值班。对检查中发现的安全隐患，建立登记、整改制度，按照"三不放过"的原则制定整改措施。在隐患没有消除前，采取可靠的防护措施。如有危及人身安全的险情，立即停工，处理合格后方可施工。

(4) 临时及辅助工程安全措施。

① 临时道路的施工，避免挤压河道、污染水源、危及行车安全，临时道路在危险处设立安全标志。

② 临时房屋防火、防洪和防暑应满足要求，并配备消防设施。

③ 临时供电及照明线路应满足国家有关现行规定要求，电线接头牢固，电力安全工期应定期检查。

(5) 供电与电气设备安全措施。

① 施工用电的线路设备按批准的施工组织设施装设，同时符合当地供电部门规定。

② 配电系统分级配电，配电箱、开关箱外观完整、牢固、防雨防尘、外涂安全色并统一编号。其安装形式符合有关规定，箱内电气完好，选型定值符合规定，并标明用途。

③ 动力电源和照明电源分开布设。

④ 所有电气设备及其金属外壳或构架均按规定设置可靠的接零及接地保护。

⑤ 现场所有用电设备的安装、保管和维修由专人负责，非专职电气值班人员，不得操作电气设备，检修、搬迁电气设备（包括电缆和设备）时，切断电源，并悬挂“有人工作，不准送电”的警告牌。

(6) 施工现场交通疏导措施。

① 施工现场施工机械种类多、数量大，应安排专人指挥工程机械的穿插。

② 施工道路有许多平交道口，应设专业执勤人员进行交通疏导及封闭。

（八）环保措施

(1) 施工中执行的主要环境保护法律、法规及标准。

①《建筑施工场界环境噪声排放标准》(GB 12523—2011)。

②《中华人民共和国水污染防治法》。

③《中华人民共和国固体废弃物污染防治法》。

(2) 成立对应的施工环境管理机构，在工程施工中严格遵守国家和地方政府下发的有关环境保护的法律、法规和规章，加强对施工燃油、工程材料、设备、废水、生活垃圾和废渣的控制和治理，遵守防火及废弃物处理的规章制度，做好交通疏导，满足便民要求，随时接受相关单位的监督检查。

(3) 将施工作业场地和办公生活区布置合理，规范施工围挡，做到各种标牌清楚、齐全，各种标识醒目，施工现场做到整洁文明。

(4) 在施工现场设立专用导流沟、沉淀池，对废浆、污水进行集中，认真做好无害化处理，从根本上防止废水乱流；对于废渣定期进行清理，并按照当地环保要求的指定地点排放。

(5) 优先选用先进的环保机械。采取设立隔音墙、隔音罩等消音措施降低施工噪声到允许值以下，同时尽可能避免夜间施工。

(6) 对施工场地道路进行硬化，并在晴天经常对道路进行洒水，防止尘土飞扬，污染环境。

二、无障碍道路基层施工方法

传统的道路基层摊铺施工，道路内的检查井每施工一层，长高一次。采用此摊铺方法时，因多次碾压使检查井周围的道路出现塌陷、裂纹和损坏，由于摊铺时障碍物的存在，摊铺机停机、开机处形成波浪易造成行车颠簸，而且每次长井费时费料，且井内经常落入杂物。

（一）施工特点

(1) 提高了基层的施工质量。检查井周围用回填土回填至路床高度，在井口上盖井盖，基层摊铺时做到无障碍，由于检查井预埋在基层下，摊铺时基层一次成活，保证了基层的平整度。

(2) 提高了检查井的质量。由于检查井一次起垫，避免了道路结构施工中压路机多次碾压对检查井所造成的破坏。

（二）施工方法

(1) 摊铺时检查井口高度同路床一样高，基层摊铺时做到无障碍。

(2) 沥青中面层施工后起垫检查井，一般与安装立沿石工序同步施工，工期占用时间短。

（三）施工流程及操作要点

无障碍道路基层施工方法的施工流程如图 2-2 所示。

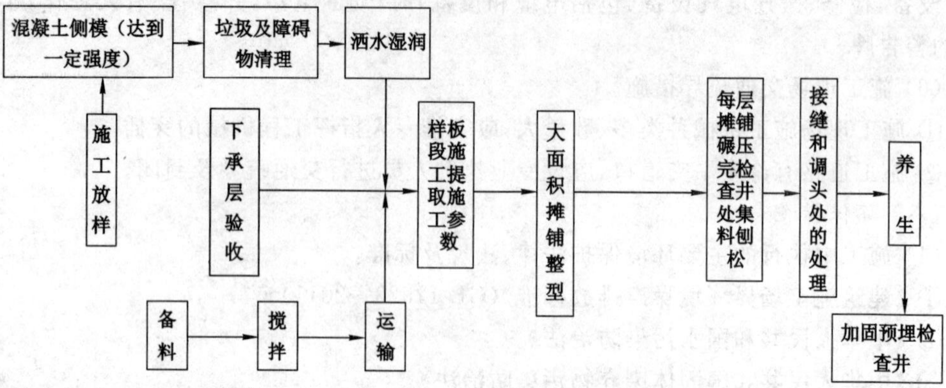

图 2-2　工艺流程图

(1) 施工准备。

① 道路基层下承层施工完毕，经检查合格。

② 全部施工人员到位。

③ 对隐蔽工程进行验收，并签认合格。

④ 依据设计要求做生产配合比，统计材料数量，编制材料计划。材料已基本准备齐全，经现场复试符合设计、规范要求。

⑤ 施工方案已经有关部门审定，并向作业人员进行交底。

⑥ 模板的准备：模板的作用是保证边缘能够压实、直顺，高程符合设计要求。采用混凝土侧模，保证了道路基层的平整度及基层边部的压实度与高程合格率。同时浇筑道路基层混凝土侧模时，精确放线，严格控制基层混凝土侧模直顺度及顶面高程，能有效控制道路基层摊铺宽度及厚度，节约材料用量，减少材料浪费。

摊铺前安排人员清理基层表面的浮土、积水等杂物，在开始运料前用洒水车湿润下基层，洒水量以不黏车胎为标准。

(2) 设计配合比由具有试验资质的单位根据所送的原材料及设计要求出具。水稳料采用厂拌方式。

(3) 生产出的混合料采用自卸车运输，运输车辆进入施工现场时要慢速、匀速行进，以防扰动路基。车辆型号的选择：车辆后斗的底距地面的距离要足够高，向摊铺机料斗内倾倒混合料时不能后轮离地，自动后挡板不能支撑在摊铺机的料斗上，宜选用可承载质量大于15 t 的斯太尔或黄河车。车辆空挡在摊铺机的推动下向前行进，同时经常刹车以防车辆前行混合料倒在料斗外侧，忌车辆在刹车的情况下被推动向前滑行，破坏路基。车辆数量适宜，摊铺机前始终保持有运料车辆等待卸料，以确保摊铺机连续作业。运行路线确定的原则是不破坏成品，减少车辆在已成型的路基上调头。

(4) 水稳料施工摊铺。

基层摊铺时采用井盖预埋法，在摊铺过程中做到“无障碍”施工。

① 摊铺前将检查井的位置标注在侧模上，每层摊铺完工人立即标注检查井位置，碾压

完集料初凝前、终凝后刨松，如图 2-3 所示。

图 2-3　标准检查井位置

② 摊铺时调整好摊铺机的行进速度，以便与混合料的运输量相匹配，做到连续均匀摊铺。正式摊铺时根据试验段确定的松铺系数进行。摊铺后及时进行高程测量。

③ 两台摊铺机一起施工时，前后相隔约 20～30 m 同步向前摊铺，并一起进行碾压，这样只在半幅道路两侧支设模板，如图 2-4 所示。

图 2-4　摊铺机施工

④ 每台摊铺机配 10 名工人，其主要工作为：

a. 前面料斗两侧各 1 名工人主要负责清除摊铺机履带行进前方的障碍物，以防引起摊铺机自身的起伏，造成摊铺的平整度不合格。

b. 挂线员 2 名，主要负责及时放线，施工中采取必要措施，如线两端摆放地帽、路口处施工线挂彩条旗等，保证施工线不会伤害他人。工作过程中，注意施工现场的变化调整施工线，见图 2-5。

图 2-5　挂线员放线

⑤ 摊铺机后设 2 名电脑调试技术人员，主要是随时检测摊铺的平整度及厚度并及时调整摊铺机的摊铺厚度，如图 2-6 所示。

图 2-6 调整摊铺厚度

⑥ 熨平板两侧各设 1 名工人负责用铁锹填补摊铺机两侧不实部位(图 2-7)，保证摊铺到边、到位。负责填补的工人随时对不平整、低洼处进行补料、整平，特别应该处理局部粗集料“窝”，并用新拌混合料填补。

图 2-7 填补摊铺机两侧不实部位

(5) 碾压。

① 碾压过程按初压、复压和终压 3 个阶段进行。

整形完毕后，检查含水量，及时进行碾压。采用 2 台振动式压路机进行碾压，碾压应遵循先轻、后重、再轻的原则。初压用振动式压路机静压 1 遍，复压先用振动式压路机轻振 2 遍，然后再用振动式压路机强振 3 遍、静压压 2 遍。如图 2-8 所示。

碾压时应慢起步、缓刹车，由低处向高处重叠 1/2 轮宽，呈阶梯状碾压。不在未压实的路面上转向，而应后退至起点，开始下一步碾压。

② 从水泥稳定碎石拌和到最后碾压成型，总时间必须控制在该批水泥初凝时间以前完活，以保证水稳基层的质量。

图 2-8 振动式压路机碾压

(6) 养生及交通管制。

完工后的路段进行养生时，先用毛毡覆盖后洒水养生(图 2-9)，洒水车应在养生区以外的路段掉头，洒水次数视天气情况而定，以保持湿润为宜，养生期一般为 7 d，养生期间，除洒水外，应封闭交通。

图 2-9 毛毡覆盖后洒水养生

(7) 其他。

① 摊铺不宜中断，当中断时间超过水泥初凝时间，应按施工缝处理。施工缝处理方案：重新铺筑时，应将末端松散料或强度低的料挖除，并挖成横向(与路中心线垂直)垂直向下的断面，此断面高程应符合设计高程，并洒水湿润、刷水泥浆。

② 避免纵向接缝，采用两台摊铺机一前一后相隔约 20～30 m 同步向前摊铺，调头摊铺另一幅时，预留未压实的前一幅 30～40 cm 接缝处与新摊铺混合料一起压实，压实完毕的时间应控制在水泥初凝时间内。如图 2-10 所示。

③ 在不能避免纵向接缝的情况下，纵缝必须垂直相接，严禁斜接，并按下述方法处理：在摊铺另一幅之前，将前一幅养生后的基层边缘强度和高程不合格的清除，并刷素泥浆处理。

图 2-10　摊铺机摊铺过程图

(8) 检查井起垫。

将检查井用板盖住，逐层摊铺基层，沥青中面层施工完成后将检查井刨出，一体浇筑混凝土安装检查井井盖，如图 2-11 所示。

图 2-11　基层完成后刨出检查井

(四) 施工材料与设备

1. 施工材料

水泥稳定土所用的粗粒土和中粒土应满足如下要求：

(1) 水泥稳定土用作底基层时，单个颗粒的最大粒径不应超过 37.5 mm。水泥稳定土的均匀系数应大于 5。细粒土的液限不应超过 40%，塑性指数不应超过 17。对于中粒土和粗粒土，如土中小于 0.6 mm 的颗粒含量在 30%以下，塑性指数可稍大。实际工作中，宜选用均匀系数大于 10、塑性指数小于 12 的土。塑性指数大于 17 的土，宜采用石灰稳定，或用水泥和石灰综合稳定。对于中粒土和粗粒土，小于 0.075 mm 的颗粒含量和塑性指数可不受限制。

(2) 水泥稳定土用作基层时，单个颗粒的最大粒径不应超过 31.5 mm。对所用的碎石或砾石，应预先筛分成 3～4 个不同粒级，然后配合，使颗粒组成符合表 2-6 所列级配范围。

表 2-6 水泥稳定土的颗粒组成范围

项目		粒级 1	粒级 2	粒级 3
		通过质量百分率/%		
筛孔尺寸/mm	37.500	100	100	
	31.500		90～100	100
	26.500			90～100
	19.000		67～90	72～89
	9.500		45～68	47～67
	4.750	50～100	29～50	29～49
	2.360		18～38	17～35
	0.600	17～100	8～22	8～22
	0.075	0～30	0～7	0～7
液限/%				<28
塑性指数				<9

(3) 水泥稳定土中碎石或砾石的压碎值应符合下列要求：

基层：

高速公路和一级公路　　　　≤30%

二级和二级以下公路　　　　≤35%

底基层：

高速公路和一级公路　　　　≤30%

二级和二级以下公路　　　　≤40%

(4) 普通硅酸盐水泥、矿渣硅酸盐水泥和火山灰质硅酸盐水泥都可用于稳定土，水泥应有出厂合格证和质量证明文件，进场后应取样复试合格后使用。

选用初凝时间 4 h 以上和终凝时间较长(宜在 6 h 以上)的水泥。不应使用快硬水泥、早强水泥以及已受潮变质的水泥。宜采用标号为 325 或 425 的水泥。

(5) 综合稳定土中用的石灰应是消石灰粉或生石灰粉。

(6) 凡是饮用水(含牲畜饮用水)均可用于水泥稳定土施工。

2. 主要施工设备

(1) 检测设备：压实度检测器具一套(标准砂、台秤、灌砂桶、托盘、烘干器、大小勺、毛刷等)、钻芯机。

(2) 主要机械及仪器如表 2-7 所列。

表 2-7 主要机械与仪器

序号	名称	型号	规格	单位	数量	用途
1	摊铺机	RP751W	3～9.5 m	台	2	摊铺基层料
2	铲车	ZL08	800 kg	台	1	铲运料
3	自卸汽车		15 t	辆	10	运输
4	振动压路机	Y2T18	18 t	辆	2	碾压基层

表 2-7(续)

序号	名称	型号	规格	单位	数量	用途
5	光轮压路机	3Y18-21	18～21 t	辆	1	碾压基层
6	洒水车		8 000 L	台	1	养护
7	毛毡			m^2	若干	养护
7	全站仪	RTS632H		台	1	边线定位
8	经纬仪	J2E		台	1	边线定位
9	水准仪	DS24		台	1	高程检测
10	钻芯机	DYL-A100	6.0 HP	台	1	取样
11	3 m靠尺	SFZD-1		台	1	测平整度

注:1 HP≈735 W。

(五) 质量控制

(1) 施工过程中要严格控制混合料级配、灰剂量、含水量、成活时间和养护。

(2) 资料整理:每一施工段完工后,根据要求及时对资料进行整理。施工技术文件要求准确、及时、真实、完整。

第三章　面　层

第一节　沥青混合料面层施工技术

一、施工前的准备

(一) 配料要求

沥青混合料的强度主要表现在两个方面:一是沥青与矿粉形成的胶结料的黏结力;二是集料颗粒间的内摩阻力和锁结力。矿粉细颗粒(大多小于 0.074 mm)的巨大表面积使沥青材料形成薄膜,从而提高了沥青材料的黏结强度和温度稳定性;而锁结力则主要在粗集料颗粒之间产生。

选择沥青混凝土矿料级配时要兼顾两者,以达到加入适量沥青后混合料能形成密实、稳定、粗糙度适宜、经久耐用的路面。配合矿料有多种方法,可以用公式计算,也可以凭经验规定级配范围,我国目前采用经验曲线的级配范围。沥青混合料中的沥青适宜用量,应以实验室试验结果和工地实际情况来确定,一般在有关规范内均列有可供参考的沥青用量范围作为试配的指导。当矿料品种、级配范围、沥青稠度和种类、拌和设施、地区气候及交通特征较固定时,也可采用经验公式估算。

其中对粗集料要求如下:

(1) 粗集料应洁净、干燥、表面粗糙。

(2) 每种粗集料的粒径规格(即级配)应符合相关规范的要求。

(3) 粗集料应具有较大的表观相对密度,较小的压碎值、洛杉矶磨耗损失、吸水率、针片状颗粒含量、水洗法<0.075 mm 颗粒含量和软石含量。如高等级道路表面层粗集料压碎值不大于 26%、吸水率不大于 2.0%等。

(4) 高等级道路沥青路面的表面层(或磨耗层)的粗集料的磨光值(PSV)应不小于 36~42(雨量气候分区中干旱区-潮湿区),以满足沥青路面耐磨的要求。

(5) 粗集料与沥青的黏附性应有较大值,如高等级道路沥青路面的表面层黏附性(水煮法)在半干区、湿润区应不小于 4 级,在潮湿区应不小于 5 级。

(二) 拌和要求

沥青混合料已基本实现集中地点用机械拌制。一般选用固定式热拌厂,在线路较长时宜选用移动式热拌机。沥青拌和厂的主要设备包括沥青加热锅、砂石贮存处、矿粉仓、加热滚筒、拌和机及称量设备、蒸汽锅炉、沥青泵及管道、除尘设施等,部分还有热集料的重新分筛和贮存设备。

拌和机又可分为连续式和分批式两大类。在制备工艺上,过去多采用先将砂石料烘干加热后,再与热沥青和冷的矿粉拌和。近来,又发展了一种先用热沥青拌好湿集料,然后再加热拌匀的方法，以消除因集料在加热和烘干时飞灰。采用后一种工艺时，要防止残留在混合料中的水分影响沥青混凝土使用寿命，最好能同时采用沥青抗剥落剂，以增强抗水能力。

（三）透层、黏层、封层

(1) 透层。

① 为使沥青混合料面层与非沥青材料基层结合良好，在基层上浇洒能很好渗入表面的沥青类材料薄层。沥青混合料面层摊铺前应在基层表面喷洒透层油，在透层油完全渗入基层后方可铺筑。根据基层类型选择渗透性好的液体沥青、乳化沥青作透层油。沥青路面透层材料的规格和用量如表 3-1 所列。

表 3-1　沥青路面透层材料的规格和用量

用途	液体沥青		乳化沥青	
	规格	用量/(L·m^{-2})	规格	用量/(L·m^{-2})
无机结合料粒料基层	AL(M)-1、2 或 3 AL(S)-1、2 或 3	1.0～2.3	PC-2 PA-2	1.0～2.0
半刚性基层	AL(M)-1 或 2 AL(S)-1 或 2	0.6～1.5	PC-2 PA-2	0.7～1.5

注：表中用量是指包括稀释剂和水分等在内的液体沥青、乳化沥青的总量，乳化沥青中的残留物含量以 50%为基准。

② 用作透层油的基质沥青的针入度不宜小于 100。液体沥青的黏度应通过调节稀释剂的品种和掺量经试验确定。

③ 透层油的用量与渗透深度宜通过试洒确定，不宜超出表 3-1 的规定。

④ 用于石灰稳定土类或水泥稳定土类基层的透层油宜紧接在基层碾压成形后表面稍变干燥，但尚未硬化的情况下喷洒，且宜在透层油洒布后 1～2 d 铺筑沥青混合料。洒布透层油后，应封闭交通。

⑤ 透层油宜采用沥青洒布车或手动沥青洒布机喷洒。洒布设备喷嘴应与透层沥青匹配，喷洒应呈雾状，洒布管高度应满足同一地点接受 2～3 个喷油嘴喷洒的沥青。

⑥ 透层油应洒布均匀，有花白遗漏应人工补洒，喷洒过量的应立即撒布石屑或砂吸油，必要时进行适当碾压。

⑦ 透层油洒布后的养护时间应根据透层油的品种和气候条件由试验确定。液体沥青中的稀释剂全部挥发或乳化沥青水分蒸发后，应及时铺筑沥青混合料面层。

(2) 黏层。

① 黏层是指为加强路面沥青层之间、沥青层与水泥混凝土路面之间的黏结而洒布的沥青材料薄层。黏层油宜采用快裂或中裂乳化沥青、改性乳化沥青，也可采用快凝或中凝液体石油沥青作黏层油。黏层油宜在摊铺面层当天洒布。

② 双层式或多层式热拌热铺沥青混合料面层，上、下层间铺筑间隔期已铺层面受污染时，或间隔期较长，或在水泥混凝土路面、沥青稳定碎石基层、旧沥青路面层上加铺沥青混合料层时，应在既有结构和路缘石、检查井等构筑物与沥青混合料层连接面喷洒黏层油。

③ 黏层油的规格和用量应符合表 3-2 的规定。所使用的基质沥青标号宜与主层沥青混合料相同。

表 3-2 沥青路面黏层材料的规格和用量

下卧层类型	液体沥青		乳化沥青	
	规格	用量/(L·m⁻²)	规格	用量/(L·m⁻²)
新建沥青层或旧沥青路面	AL(R)-3～AL(R)-6 AL(M)-3～AL(M)-6	0.3～0.5	PC-3 PA-3	0.3～0.6
水泥混凝土	AL(M)-3～AL(M)-6 AL(S)-3～AL(S)-6	0.2～0.4	PC-3 PA-3	0.3～0.5

注:表中用量是指包括稀释剂和水分等在内的液体沥青、乳化沥青的总量,乳化沥青中的残留物含量以50%为基准。

④ 黏层油品种和用量应根据下卧层的类型通过试洒确定,并应符合表3-2的规定。当黏层油上铺筑薄层大孔隙排水路面时,黏层油的用量宜增加到0.6～1.0 L/m^2。沥青层间兼作封层的黏层油宜采用改性沥青或改性乳化沥青,其用量不宜少于1.0 L/m^2。

(3) 封层。

① 铺筑在面层表面的称为上封层,铺筑在面层下面的称为下封层。封层油宜采用改性沥青或改性乳化沥青,集料应质地坚硬、耐磨、洁净且粒径与级配应符合要求。

② 用于稀浆封层的混合料其配比应经设计、试验,符合要求后方可使用。

③ 下封层宜采用层铺法表面处治或稀浆封层法施工。沥青(乳化沥青)和集料用量应根据配合比设计确定。

④ 沥青应洒布均匀、不露白,封层应不透水。

透层、黏层宜采用沥青洒布车或手动沥青洒布机喷洒,喷洒应呈雾状,洒布均匀,用量与渗透深度宜按设计及规范要求并通过试洒确定。封层宜采用层铺法表面处治或稀浆封层法施工。

(四) 运输与布料

(1) 为防止沥青混合料黏结运料车车厢板,装料前应喷洒一薄层隔离剂或防黏结剂。运输中沥青混合料上宜用篷布覆盖保温、防雨和防污染。

(2) 运料车轮胎上不得沾有泥土等可能污染路面的脏物,施工时发现沥青混合料不符合施工温度要求或结团成块、已遭雨淋则不得使用。

(3) 应按施工方案安排运输和布料,摊铺机前应有足够的运料车等候;对高等级道路,等候的运料车宜在5辆以上。

(4) 运料车应在摊铺机前100～300 mm外空挡等候,摊铺时被摊铺机缓缓顶推前进并逐步卸料,避免撞击摊铺机。每次卸料必须倒净,如有余料应及时清除,防止硬结。

二、摊铺作业

(一) 机械施工

(1) 热拌沥青混合料应采用机械摊铺。摊铺机在开始受料前应在受料斗涂刷薄层隔离剂或防黏结剂。

(2) 城市快速路、主干路宜采用2台以上摊铺机联合摊铺,其表面层宜采用多机全幅摊铺,以减少施工接缝。每台摊铺机的摊铺宽度宜小于6 m,通常采用2台或多台摊铺机前后错开10～20 m呈梯队方式同步摊铺,两幅之间应有30～60 mm宽度的搭接,并应避开车道轮迹带,上、下层搭接位置宜错开200 mm以上。

(3) 摊铺前应提前 0.5～1 h 预热摊铺机熨平板使其不低于 100 ℃。铺筑时熨平板振捣或夯实装置应选择适宜的振动频率和振幅，以提高路面初始压实度。

(4) 摊铺机必须缓慢、均匀、连续不断地摊铺，不得随意变换速度或中途停顿，以提高平整度、减少沥青混合料的离析。摊铺速度宜控制在 2～6 m/min 的范围内。当发现沥青混合料面层出现明显的离析、波浪、裂缝、拖痕时，应分析原因，及时予以消除。

(5) 摊铺机应采用自动找平方式。下面层宜采用钢丝绳引导的高程控制方式，上面层宜采用平衡梁或滑靴并辅以厚度控制方式。

(6) 最低摊铺温度应根据铺筑层厚度、气温、风速及下卧层表面温度等按规范要求执行。例如，铺筑普通沥青混合料，下卧层的表面温度为 15～20 ℃，铺筑层厚度为小于 50 mm、50～80 mm、大于 80 mm 三种情况下，最低摊铺温度分别是 140 ℃、135 ℃和 130 ℃。

(7) 松铺系数应根据试铺试压确定。施工中随时检查铺筑层厚度、路拱及横坡，并以铺筑的沥青混合料总量与面积之比校验平均厚度。松铺系数的取值可参考表 3-3 中所给的范围。

表 3-3 沥青混合料的松铺系数

种类	机械摊铺	人工摊铺
沥青混凝土混合料	1.15～1.35	1.25～1.50
沥青碎石混合料	1.15～1.30	1.20～1.45

(8) 摊铺机的螺旋布料器转动速度与摊铺速度应保持均衡。为减少摊铺中沥青混合料的离析，布料器两侧应保持有不少于布料器 2/3 高度的混合料。摊铺的混合料，不宜用人工反复修整。

(二) 人工施工

(1) 不具备机械摊铺条件时(如路面狭窄部分、平曲线半径过小的匝道或加宽部分和小规模工程)，可采用人工摊铺作业。

(2) 半幅施工时，路中一侧宜预先设置挡板；摊铺时应扣锹布料，不得扬锹远甩；边摊铺边整平，严防集料离析；摊铺不得中途停顿，并尽快碾压；低温施工时，卸下的沥青混合料应覆盖篷布保温。

(三) 特殊点施工

检查井周边、雨水口周边摊铺，先用轻型压路机静压平整，再用振动压路机碾压成型，最后采用平板振动夯进行接缝处理。为确保后期检查井平整，摊铺碾压成型后使沥青混凝土路面比检查井高出 2 mm；为确保雨水口收水顺畅，且满足路面高程道路纵坡、横坡坡度，摊铺后人工找坡使沥青混凝土路面比雨水篦子高出 5 mm。因中间隔离带侧石为花坛形，摊铺机无法摊铺到位，采取人工摊铺，严格控制松铺厚度及平整度，确保侧石外露 20 cm，花坛石底部外露 3 cm；因压路机无法碾压到位，采取平板振动夯夯实，夯击遍数控制在 10 遍左右，确保压实度。

三、压实成型与接缝

(一) 压实成型

(1) 压实施工应配备足够数量、状态完好的压路机，选择合理的压路机组合方式，根据摊铺完成的沥青混合料温度情况严格控制初压、复压、终压(包括成型)时机。压实层最大厚度不宜大于 100 mm,各层压实度及平整度应符合要求。

(2) 压路机应以慢而均匀的速度碾压,且符合规范要求。压路机碾压速度如表 3-4 所列。

表 3-4　压路机碾压速度　　单位:km/h

压路机类型	初压		复压		终压	
	适宜	最大	适宜	最大	适宜	最大
钢筒式压路机	1.5～2.0	3.0	2.5～3.5	5.0	2.5～3.5	5
轮胎压路机	—	—	3.5～4.5	6.0	4.0～6.0	8
振动压路机	1.5～2.0 (静压)	1.5～2.0 (静压)	1.5～2.0 (振动)	1.5～2.0 (振动)	2.0～3.0 (静压)	5 (静压)

(3) 碾压温度应根据沥青和沥青混合料种类、压路机、气温、层厚等因素经试压确定。规范规定的碾压温度见表 3-5。

表 3-5　热拌沥青混合料的碾压温度　　单位:℃

施工工序		石油沥青的标号			
		50 号	70 号	90 号	110 号
开始碾压的混合料内部温度,不低于	正常施工	135	130	125	120
	低温施工	150	145	135	130
碾压终了的表面温度,不低于	钢筒式压路机	80	70	65	60
	轮胎压路机	85	80	75	70
	振动压路机	75	70	60	55
开放交通的路表温度,不高于		50	50	50	45

(4) 初压应采用钢筒式压路机静压 1～2 遍。碾压时应将压路机的驱动轮面向摊铺机,从外侧向中心碾压,在超高路段和坡道上则由低处向高处碾压。复压应紧跟在初压后开始。碾压路段总长度不超过 80 m。

(5) 密级配沥青混合料复压宜优先采用重型轮胎压路机进行碾压,以增加密实性,其总质量不宜小于 25 t。相邻碾压带应重叠 1/3～1/2 轮宽。对粗集料为主的混合料,宜优先采用振动压路机复压(厚度宜大于 30 mm),振动频率宜为 35～50 Hz,振幅宜为 0.3～0.8 mm。层厚较大时宜采用高频大振幅,厚度较小时宜采用低频、小振幅,以防止集料破碎。相邻碾压带宜重叠 100～200 mm。当采用三轮钢筒式压路机时,总质量不小于 12 t,相邻碾压带宜重叠后轮的 1/2 轮宽,并不应小于 200 mm。

(6) 终压应紧接在复压后进行,宜选用双轮钢筒式压路机,碾压不宜少于 2 遍,至无明显轮迹为止。

(7) 为防止沥青混合料黏轮,对压路机钢轮可涂刷隔离剂或防黏结剂,严禁刷柴油。亦可向碾轮喷淋添加少量表面活性剂的雾状水。

(8) 压路机不得在未碾压成型路段上转向、掉头、加水或停留。在当天成型的路面上，不得停放各种机械设备或车辆，不得散落矿料、油料及杂物。

(二) 接缝

(1) 路面接缝必须紧密、平顺。上、下层的纵缝应错开 150 mm(热接缝)或 300～400 mm(冷接缝)以上。相邻两幅及上、下层的横向接缝均应错位 1 m 以上。应采用 3 m 直尺检查，确保平整度达到要求。

(2) 采用梯队作业方式摊铺时应选用热接缝，将已铺部分留下 100～200 mm 宽暂不碾压，作为后续部分的基准面，然后跨缝压实。如半幅施工采用冷接缝时，宜加设挡板或将先铺的沥青混合料刨出毛槎，涂刷黏层油后再铺新料，新料跨缝摊铺与已铺层重叠 50～100 mm，软化下层后铲走重叠部分，再跨缝压密挤紧。

(3) 高等级道路的表面层横向接缝应采用垂直的平接缝，以下各层和其他等级道路的各层可采用斜接缝。平接缝宜采用机械切割或人工刨除层厚不足部分，使工作缝成直角连接。清除切割时留下的泥水，干燥后涂刷黏层油，铺筑新混合料，接槎软化后，先横向碾压，再纵向充分压实，连接平顺。

四、检验标准

(一) 热拌沥青混合料面层质量检验

1. 主控项目

(1) 热拌沥青混合料质量检验。

① 道路用沥青的品种、标号应符合国家现行有关标准规定。

检查数量：按同一生产厂家、同一品种、同一标号、同一批号连续进场的沥青(石油沥青每 100 t 为 1 批，改性沥青每 50 t 为 1 批)每批次抽检 1 次。

检验方法：查出厂合格证、检验报告，并进场复检。

② 沥青混合料所选用的粗集料、细集料、矿粉、纤维稳定剂等的质量及规格应符合规范规定。

检查数量：按不同品种产品进场批次和产品抽样检验方案确定。

检验方法：观察、检查进场检验报告。

③ 沥青混合料品质应符合马歇尔试验配合比技术要求。

检查数量：每日、每品种检查 1 次。

检验方法：现场取样试验。

(2) 热拌沥青混合料面层质量检验。

① 沥青混合料面层压实度，对城市快速路、主干路不得小于 96%；对次干路及以下道路不得小于 95%。

检查数量：每 1 000 m^2 测 1 点。

检验方法：查试验记录(马歇尔击实试件密度，实验室标准密度)。

② 面层厚度应符合设计规定，允许偏差为 +10～−5 mm。

检查数量：每 1 000 m^2 测 1 点。

检验方法：钻孔或刨挖，用钢尺量。

③ 弯沉值不得大于设计规定。

检查数量：每车道、每 20 m，测 1 点。

检验方法：弯沉仪检测。

2. 一般项目

(1) 表面应平整、坚实，接缝紧密，无枯焦；不得有明显轮迹、推挤裂缝、脱落、烂边、油斑、掉渣等现象，不得污染其他构筑物。面层与路缘石、平石及其他构筑物应接顺，不得有积水现象。

检查数量：全数检查。

检验方法：观察。

(2) 热拌沥青混合料面层允许偏差应符合表 3-6 的规定。

表 3-6　热拌沥青混合料面层允许偏差

<table>
<tr><th colspan="2" rowspan="2">项　目</th><th colspan="2" rowspan="2">允许偏差</th><th colspan="4">检验频率</th><th rowspan="2">检验方法</th></tr>
<tr><th>范围</th><th colspan="3">点数</th></tr>
<tr><td colspan="2">纵断高程</td><td colspan="2">±15 mm</td><td>20 m</td><td colspan="3">1</td><td>用水准仪测量</td></tr>
<tr><td colspan="2">中线偏位</td><td colspan="2">≤20 mm</td><td>100 m</td><td colspan="3">1</td><td>用经纬仪测量</td></tr>
<tr><td rowspan="6">平整度</td><td rowspan="3">标准差 σ 值</td><td rowspan="2">快速路、主干路</td><td rowspan="2">1.5 mm</td><td rowspan="3">100 m</td><td rowspan="3">路宽 /m</td><td><9</td><td>1</td><td rowspan="3">用测平仪检测，见注 1</td></tr>
<tr><td>9～15</td><td>2</td></tr>
<tr><td>次干路、支路</td><td>2.4 mm</td><td>>15</td><td>3</td></tr>
<tr><td rowspan="3">最大间隙</td><td rowspan="3">次干路、支路</td><td rowspan="3">5 mm</td><td rowspan="3">20 m</td><td rowspan="3">路宽 /m</td><td><9</td><td>1</td><td rowspan="3">用 3 m 直尺和塞尺连续量取两尺，取最大值</td></tr>
<tr><td>9～15</td><td>2</td></tr>
<tr><td>>15</td><td>3</td></tr>
<tr><td colspan="2">宽度</td><td colspan="2">不小于设计值</td><td>40 m</td><td colspan="3">1</td><td>用钢尺量</td></tr>
<tr><td colspan="2" rowspan="3">横坡</td><td colspan="2" rowspan="3">±0.3%且不反坡</td><td rowspan="3">20 m</td><td rowspan="3">路宽 /m</td><td><9</td><td>2</td><td rowspan="3">用水准仪测量</td></tr>
<tr><td>9～15</td><td>4</td></tr>
<tr><td>>15</td><td>6</td></tr>
<tr><td colspan="2">井框与路面高差</td><td colspan="2">≤5 mm</td><td>每座</td><td colspan="3">1</td><td>十字法，用直尺、塞尺量取最大值</td></tr>
<tr><td rowspan="4">抗滑</td><td rowspan="2">摩擦系数</td><td colspan="2" rowspan="2">符合设计要求</td><td rowspan="2">200 m</td><td colspan="3">1</td><td>摆式仪</td></tr>
<tr><td colspan="3">全线连续</td><td>横向力系数车</td></tr>
<tr><td rowspan="2">构造深度</td><td colspan="2" rowspan="2">符合设计要求</td><td rowspan="2">200 m</td><td colspan="3" rowspan="2">1</td><td>砂铺法</td></tr>
<tr><td>激光构造深度仪</td></tr>
</table>

注：1. 测平仪为全线每车道连续检测每 100 m 计算标准差 σ；无测平仪时可采用 3 m 直尺检测；表中检验频率点数为测线数。

2. 平整度、抗滑性能也可采用自动检测设备进行检测。

3. 底基层表面、下面层应按设计规定用量洒布透层油、黏层油。

4. 中面层、底面层仅进行中线偏位、平整度、宽度、横坡的检测。

5. 改性(再生)沥青混凝土路面可采用此表进行检验。

6. 十字法检查井框与路面高差，每座检查井均应检查。十字法检查中，以平行于道路中线，过检查井盖中心的直线作基线，另一条线与基线垂直，构成检查用十字线。

（二）黏层、透层与封层质量检验

1. 主控项目

透层、黏层、封层所采用沥青的品种、标号和封层粒料质量、规格应符合规范规定。

检查数量：按进场品种、批次，同品种、同批次检查不应少于1次。

检验方法：查产品出厂合格证、出厂检验报告和进场复检报告。

2. 一般项目

(1) 透层、黏层、封层的宽度不应小于设计规定值。

检查数量：每40 m抽检1处。

检验方法：用尺量。

(2) 封层油与粒料洒布应均匀，不得有松散、裂缝、泛油、波浪、花白、漏洒、堆积、污染其他构筑物等现象。

检查数量：全数检查。

检验方法：观察。

第二节 改性沥青混合料面层施工技术

改性沥青混合料和改性沥青玛蹄脂碎石混合料(SMA)统称为改性沥青混合料。本节主要介绍改性沥青混合料面层的施工工艺，包括生产和运输、摊铺、压实与成型、接缝等内容。

一、生产和运输

（一）生产

改性沥青混合料的生产除遵照普通沥青混合料生产要求外，尚应注意以下几点：

(1) 改性沥青混合料正常生产温度应根据改性沥青品种、黏度、气候条件、铺装层的厚度确定，可根据实践经验并参照表3-7选择，通常宜较普通沥青混合料的生产温度提高10～20 ℃。当采用表3-7以外的聚合物或天然沥青、改性沥青时，生产温度由试验确定。

表3-7 改性沥青混合料的正常生产温度范围 单位：℃

工序	改性沥青品种		
	SBS类	SBR胶乳类	EVA、PE类
基质沥青加热温度	160～165		
改性沥青现场制作温度	165～170	—	165～170
成品改性沥青加热温度，不大于	175	—	175
集料加热温度	190～220	200～210	185～195
改性沥青混合料出厂温度	170～185	160～180	165～180
混合料最高温度(废弃温度)	195		
混合料贮存温度	拌和出料后降低不超过10		

(2) 改性沥青混合料宜采用间歇式拌和设备生产。这种设备除尘系统完整,能达到环保要求;给料仓数量较多,能满足配合比设计配料要求;且具有添加纤维等外掺料的装置。

(3) 改性沥青混合料拌和时间根据具体情况经试拌确定,以沥青均匀包裹集料为度。间歇式拌和机每盘的生产周期不宜少于 45 s(其中干拌时间不少于 5～10 s)。改性沥青 SMA 的拌和时间应适当延长。

(4) 拌和机宜备有保温性能好的成品储料仓,贮存过程中混合料温降不得大于 10 ℃且具有防止沥青滴漏功能。改性沥青混合料的贮存时间不宜超过 24 h。改性沥青 SMA 只限当天使用;升级配抗滑表层(OGFC)混合料宜随拌随用。

(5) 添加纤维的沥青混合料,纤维必须在混合料中充分分散,拌和均匀。拌和机应配备同步添加投料装置,松散的絮状纤维可在喷入沥青的同时或稍后采用风送装置喷入拌和锅,拌和时间宜延长 5 s 以上。颗粒纤维可在粗集料投入的同时自动加入,经 5～10 s 的干拌后,再投入矿粉。

(6) 使用改性沥青时应随时检查沥青泵、管道、计量器是否受堵,堵塞时应及时疏通。

(二) 运输

改性沥青混合料运输除应按照普通沥青混合料运输要求执行外,还应做到:运料车卸料必须倒净,如有黏在车厢板上的剩料,必须及时清除,防止硬结;在运输、等候过程中,如发现有沥青结合料滴漏时,应采取措施纠正。

二、施工

(一) 摊铺

改性沥青混合料的摊铺除满足普通沥青混合料摊铺要求外,还应做到:

(1) 摊铺在喷洒有黏层油的路面上铺筑改性沥青混合料时,宜使用履带式摊铺机。改性沥青 SMA 施工温度应经试验确定,一般情况下,摊铺温度不低于 160 ℃。

(2) 摊铺速度宜放慢至 1～3 m/min。松铺系数应通过试验段取得。

(3) 摊铺机应采用自动找平方式,中、下面层宜采用钢丝绳或铝合金导轨引导的高程控制方式,上面层宜采用非接触式平衡梁。

(二) 压实与成型

改性沥青混合料除执行普通沥青混合料的压实成型要求外,还应做到:

(1) 初压开始温度不低于 150 ℃,碾压终了的表面温度应不低于 90～120 ℃。

(2) 摊铺后应紧跟碾压,保持较短的初压区段,使混合料碾压温度不致降得过低。

(3) 宜采用振动压路机或钢筒式压路机碾压,不应采用轮胎压路机碾压。OGFC 混合料宜采用 12 t 以上钢筒式压路机碾压。

(4) 振动压实应遵循“紧跟、慢压、高频、低幅”的原则,即紧跟在摊铺机后面,采取高频率、低振幅的方式慢速碾压。这是保证平整度和密实度的关键。如发现改性沥青 SMA 高温碾压有推拥现象,应复查其级配,且不得采用轮胎压路机碾压,以防混合料被搓擦挤压上浮,造成构造深度降低或泛油。

(5) 碾压改性沥青 SMA 过程中应密切注意压实度变化,防止过度碾压。

(三) 接缝

(1) 改性沥青混合料路面冷却后很坚硬,冷接缝处理很困难,因此应尽量避免出现冷接缝。

(2) 摊铺时应保证充分的运料车,以满足摊铺的需要,使纵向接缝成为热接缝。在摊铺特别宽的路面时,可在边部设置挡板。在处理横接缝时,应在当天改性沥青混合料路面施工完成后,在其冷却之前垂直切割端部不平整及厚度不符合要求的部分(先用 3 m 直尺进行检查),并冲净、干燥,第二天,涂刷黏层油,再铺新料。其他接缝做法执行普通沥青混合料路面施工标准。

第三节　济南市某主干路沥青混凝土面层施工方案介绍

一、路面结构说明

1. 机动车道路面参数

(1) 社会车辆车道。

上面层:4 cm 厚细粒式沥青混凝土 SMA-13;

中面层:5 cm 厚中粒式沥青混凝土 AC-20;

下面层:7 cm 厚粗粒式沥青混凝土 AC-25。

(2) BRT 车道。

上面层:4 cm 厚细粒式沥青混凝土 SMA-13(SBS 改性);

中面层:5 cm 厚中粒式沥青混凝土 SUP-20(岩沥青+SBS 改性);

下面层:7 cm 厚粗粒式沥青混凝土 SUP-25(岩沥青+SBS 改性)。

2. 非机动车道路面参数

上面层:3 cm 厚细粒式沥青混凝土 AC-10;

下面层:5 cm 厚中粒式沥青混凝土 AC-16。

二、施工方案

1. 施工方案概述

施工中拟采用意大利制造 NFLJ3000 型间歇式沥青拌和楼集中拌制,大吨位自卸汽车运至现场,1 台德国产 DEMAG145CS 摊铺机、1 台 DYNAPAC141 摊铺机成梯队半幅全宽铺筑,1 台备用。双钢钢筒式压路机和重型轮胎压路机碾压成型。铺筑中的调平方法,下面层采用基准钢丝法,中上面层采用滑移式基准梁法。弯道部分均采用基准钢丝法。

2. 开工前的准备工作

沥青混凝土面层施工前主要做好以下几项准备工作。

(1) 场地准备:为防止集料被污染和混用,料场及拌和设备周围的场地全部进行硬化,减少对场内集料的污染,同时各种集料之间设置砖砌挡墙,避免材料污染和混料,同时搭建防雨棚。

(2) 设备准备与调试:必须配齐施工机械和配件,做好开工前的保养、调试和试机工作,并保证在施工期间一般不发生有碍施工进度和质量的故障。拌和机及摊铺机等主要设备进场后均应进行安装调试,使机械设备处于良好的工作状态。

(3) 材料准备:沥青、碎石、矿料等主要材料提前采购、储备,做好储料的一切准备工作,如沥青储备库场地、油料库、矿粉罐、地磅等设施的安装以保证沥青路面的正常铺筑，并在进料同时按技术规范的要求分期、分批抽检、报验，从原材料质量上把好第一道关。

(4) 试验检测。

实验室是保证工程质量的重要质检部门，应配备先进的检测仪器并搞好实验室的仪器安装、调试、计量认证、建立制度等工作，使其能承担正常的业务；配备施工经验丰富、业务能力强的试验检测人员，投入原材料的检验及各种配合比设计工作中。

(5) 技术准备工作。

对原材料的技术要求，均应符合技术规范(表 3-8 和表 3-9)。

① 沥青：沥青采用优质进口沥青，其技术要求必须满足规范的有关规定。

改性沥青其各项技术指标均应满足施工图纸及技术规范的要求。

表 3-8 A 级 70 号道路石油沥青质量技术要求

检验项目		技术要求
针入度(25 ℃,100 g,5 s)/0.1 mm		60～80
针入度指数 *PI*		−1.5～1.0
软化点(R & B)/℃		≥46
60 ℃动力黏度/(Pa·s)		≥180
延度(10 ℃,5 cm/min)/cm		≥20
延度(15 ℃,5 cm/min)/cm		≥100
蜡含量(蒸馏法)/%		≤2
闪点/℃		≥260
溶解度/%		≥99.5
TFOT 后	质量变化/%	≤±0.8
	残留针入度比/%	≥61
	残留延度(10 ℃)/cm	≥6
密度(15 ℃)/(g·cm^{-3})		实测记录

表 3-9 天然岩沥青质量标准

检测项目	质量要求	试验方法
外观	黑棕色颗粒或粉末	目视比较
针入度(25 ℃,100 g,5 s)/0.1 mm	0～4	T0604
含水量/%	≤1	T0164
密度/(g·cm^{-3})	≥1	T0603
软化点/℃	≥150	T0606
溶解度(三氯乙烯)/%	≥90	T0607
灰分/%	≤10	T0164
不同批次样品灰分含量差/%	2	T0164
闪点/℃	≥230	T0611

② 粗集料：机动车道的面层采用密度、压碎值、磨光值等指标达到规范要求的集料，可选用辉绿岩、石灰岩、玄武岩等集料。沥青混合料用粗集料质量技术要求见表 3-10。

表 3-10 沥青混合料用粗集料质量技术要求

指标	石料压碎值/%	洛杉矶磨耗损失/%	表观相对密度	吸水率/%	坚固性/%	针片状颗粒含量/%	粒径＜0.075 mm颗粒通过率(水洗法)/%	软石含量/%	磨光值(PSV)	与沥青黏附性
上面层	≤26	≤28	≥2.6	≤2.0	≤12	≤15	≤1	≤3	≥40	4 级
中、下面层	≤28	≤30	≥2.5	≤3.0	≤12	≤18	≤1	≤5	≥40	4 级

③ 细集料：集料要求洁净、干燥、无风化、无杂质，采用适当级配的机制砂，不得采用石屑和天然砂。沥青混合料用细集料质量技术要求见表 3-11。

表 3-11 沥青混合料用细集料质量技术要求

表观相对密度	坚固性(粒径＞0.3 mm颗粒)/%	含泥量(粒径＜0.075 mm 颗粒)/%	砂当量/%	亚甲蓝值/(g·kg^{-1})	棱角性(流动时间)/s
≥2.5	≥12	≤3	≥60	≤25	≥30

④ 矿粉：采用石灰岩经磨细得到的矿粉。矿粉必须干燥、清洁，并不含泥土、杂物和结块的颗粒。矿粉质量技术要求应满足技术规范的有关规定，见表 3-12。

表 3-12 沥青混合料用矿粉质量要求

表观相对密度		≥2.5
含水量/%		≤1
粒径范围/%	＜0.600 mm	100
	＜0.150 mm	90～100
	＜0.075 mm	75～100
外观		无团粒结块
亲水系数		＜1
塑性指数		＜4
加热安定性		实测记录

每层沥青混合料均按三阶段进行配合比设计，即目标配合比设计阶段、生产配合比设计阶段、生产配合比验证阶段。通过配合比设计决定沥青混合料材料品种的可用性以及矿料级配和最佳沥青用量。

(6) 做好沥青下封层的检查与清扫。

① 检查下封层的完整性。对局部基层下露和下封层两侧宽度不足部分应按下封层施工要求进行补洒。

② 对下封层表面浮动矿料应扫至路面以外，表面杂物亦清扫干净。

③ 路面基层沉降检查。下封层完成后，路面面层铺筑应在月沉降速率小于或等于3 mm时才可铺筑下面层。

(7) 铺筑试验路段，做好技术总结。

沥青各面层施工开工前，均需先做试验路段。通过铺筑试验路段，验证生产配合比，检验施工方案、施工工艺及操作规程的适用性。如松铺系数、机械配置等控制数据，确定该工程的施工方法为沥青路面施工提供技术依据。试验路段宜选在主线段，长度不少于 200 m。试验路段的质量检查频率应根据需要比正常施工时适当增加。铺筑结束后，经检测各项技术指标均符合规定，提出试验路段总结报告，由驻地监理工程师审查，经监理工程师确认后，即可申报正式开工。

3. 沥青路面面层的施工工艺

(1) 测量放样。

测量放样是直接影响路面平整度、高程的关键工序，是面层施工外观尺寸的依据。它可分为复测水准点、中线放样、基平测量和敷设弦线基准等几个步骤。复测水准点满足精度要求后，在原始水准点基础上每 500 m 处设一个临时水准点。敷设弦线基准也是一个关键步骤，它要保证钢丝挠度小于 1 mm。沥青混凝土下面层摊铺机采用两边走钢丝控制摊铺厚度、高程及横坡的方式。由于摊铺机带有自动找平装置，测量人员在铺筑下面层底口边线外 20 cm 设置控制规定纵坡的参考弦线，每隔 10 m 标桩定点。

(2) 沥青混合料的拌和。

① 严格掌握沥青和集料的加热温度以及沥青混合料的出料温度。改性沥青混合料施工温度较普通混合料高 10～20 ℃。

② 拌和楼控制室逐盘打印沥青及各种矿料的用量和拌和温度，并定期对拌和楼计量和测温进行校核，每天应用拌和总量检验矿料的配比和沥青混合料油石比的误差。

③ 拌和时间由试验确定。改性沥青混合料拌和时间一般不少于 55 s，必须使所有集料颗粒全部裹覆沥青混合料，并以沥青拌和料拌和均匀为度。

④ 要注意目测检查混合料的均匀性，及时分析异常现象，若混合料有无花白、冒烟、离析等现象，如确认是质量问题，应作废料处理并及时予以纠正。在生产开始前，有关人员要熟悉本项目所用各种混合料的外观特征，这要通过细致地观察室内试样的混合料获得。

⑤ 要严格控制油石比和矿料级配，避免油石比控制不当而产生泛油或松散现象。拌和机每天上、下午各取一组混合料试样做马歇尔试验和抽提筛分试验，检查油石比、矿料级配和沥青混凝土的物理力学性能。

油石比与设计值的允许误差为±0.2%，采用抽提法检测沥青用量，应采用下述两种方法予以校核：一是由工地实验室检查每天的沥青用量及混合料产量进行总校核；二是测定实验室拌制沥青混合料中实用油石比与抽提法得出的油石比的差值，建立该试验抽提法测得油石比的修正值。

⑥ 每周分析一次检测结果，计算油石比、各级矿料通过量和沥青混凝土物理力学指标检测结果的标准差和变异系数，检验生产是否正常。

⑦ 平时重视拌和机的保养工作，每天拌和前进行检查，使各动态仪表处于正常工作状态，定期对计量装置进行校核，保证混合料中沥青用量及集料的允许偏差符合技术规范及施工指导意见的要求。

(3) 沥青混合料的运输。

采用数字显示插入式热电偶温度计检测沥青混合料的出厂温度和运到现场时的温度,插入深度大于 150 mm,在运料卡车侧面中部设专用检测孔,孔口距车厢底面约 300 mm。

拌和机向运料车放料时,每装一斗料,汽车应前后移动,分三堆装料,以减少粗集料的分离现象。

沥青混合料运输车的运量应较拌和能力和摊铺速度有所富余,摊铺机前进方向应有 5 辆以上的运料车等候卸料。

运料车应用完好的双层篷布覆盖设施,以便保温防雨或避免污染环境。

连续摊铺过程中,运料车在摊铺前 10～30 cm 处停住,不得撞击摊铺机。卸料过程中,运料车应挂空挡,靠摊铺机推动前进。

(4) 沥青混合料的摊铺。

本项目在主线正常段上采用 1 台进口 DEMAG145CS 及 1 台 DYNAPAC141 摊铺机成梯队作业,2 台摊铺机宽度根据现场实际道路宽度组装,2 台摊铺机一前一后相距 8～10 m 进行同步摊铺,形成热接缝。后一台摊铺机摊铺的沥青混合料重叠在前台摊铺机摊铺的沥青混合料上约 30 cm,并用热熨平板将接缝熨平,然后一起进行碾压。摊铺时应特别注意接缝处要平整且紧密、顺直,既不能下凹也不能凸出,并宜设置样桩控制厚度。连续稳定的摊铺,是提高路面平整度最主要的措施,摊铺机的摊铺速度应根据拌和机的产量、施工机械配套情况及摊铺厚度按 2.5 m/min 左右予以调整选择,做到缓慢、均匀不间断摊铺。不应快速摊铺几分钟后再停下来等下一车料,午饭应分批交替轮换进行,切忌停铺用餐,做到每天收工停机一次。摊铺的混合料未压实前,施工人员不得进入并踩踏。一般不用人工进行整修,只有在特殊情况下,需在现场主管人员指导下,允许用人工找补或更换混合料。上面层用移动式找平基准装置控制摊铺厚度,在加宽段采用 3 台摊铺机成梯队形联合作业实施摊铺,相邻摊铺机距离保持在 5～10 m。摊铺机应调整到最佳状态,调试好螺旋布料器两端的自动料位器,并使料门开度、链板送料器的转速相匹配。螺旋布料器的料量以略高于螺旋布料器的中心为度,使熨平板的挡料板前后混合料在全宽范围内均匀分布,避免摊铺层出现离析现象,并随时判断粗、细集料是否均匀,检测松铺厚度是否符合规定,以便随时进行上述各项调整。摊铺前应将熨平板预热到规定温度(不低于 85 ℃),摊铺时熨平板应采用中强夯实等级,使初始压实度不小于 85%,摊铺机熨平板必须拼接紧密,不许存有缝隙,防止卡入料将路面拉出条痕。要注意摊铺机接料斗的操作程序,以减少粗集料离析现象的发生。摊铺机集料斗应在刮板尚未露出,尚有约 10 cm 厚的热料时扰料,这是在运料车刚退出时进行,而且应该做到料斗两翼才恢复原位时,下一辆运料车即开始卸料,做到连续供料,并避免粗料集中。严禁雨天或夜间无照明设施时摊铺。摊铺遇雨时,立即停止施工,并清除未压实成型的混合料,遭雨淋的混合料应废弃,不得卸入摊铺机摊铺。

基准控制方法如下。

a. 下面层:采用基准钢丝绳,在两侧各布设一条钢丝绳。前台摊铺机靠中央分隔侧走钢丝绳,配合横坡仪控制,后台摊铺机靠中间一侧采用滑板,以摊铺好混合料为基准,靠路肩侧走钢丝绳。在加宽段 3 台摊铺机摊铺时,中间摊铺机以滑板配合横坡仪。

b. 中面层、上面层:由于中面层、上面层为 SBS(苯乙烯-丁二烯-苯乙烯)改性沥青混合料,黏度大,故采用非接触式红外线基准梁控制。前台摊铺机配备两片基准梁,后台摊铺机靠中央分隔一侧靠中间采用滑板，靠路肩侧配备一片基准梁。

(5) 沥青混合料的压实成型。

改性沥青混合料的压实是保证沥青上面层质量的重要环节，压实必须在摊铺后紧接着进行，不得等混合料稍冷以后碾压。在初压和复压过程中，采用同类压路机并列成纵队压实，不宜采用首尾相接的纵列方式。

采用振动压路机压实改性沥青混合料路面时，压路机轮迹重叠宽度不应超过 20 cm，当采用静载压路机，压路机轮迹应重叠 1/3～1/2 的碾压宽度。

压路机应以均匀的速度碾压，采用振动压路机碾压，应采用高频、低幅操作，终压时不得开振。压路机的适宜碾压速度随初压、复压、终压及压路机的类型而不同。初压采用 CC522 型双轮钢筒式压路机静压 1 遍，振压 3 遍，温度不低于 140 ℃，速度为 2.5 km/h；复压应紧接在初压后进行，复压采用 YL25 型轮胎压路机静压 4 遍，至稳定无明显轮迹，速度为 3.0 km/h，复压温度下面层控制在 130 ℃以上；终压采用 CC522 双轮钢筒式压路机静压 2 遍，以消除轮迹，下面层终压在 90 ℃之前完成，上面层终压在 130 ℃之前完成。

改性沥青混合料摊铺和碾压时，应有专人负责指挥协调各台压路机的碾压路线和碾压遍数，使铺筑面在较短时间内达到规定的压实度。碾压长度控制在 20～30 m。压路机折返应呈阶梯形，不应在同一断面上，初压不得使用轮胎压路机。为避免碾压时混合料推挤产生拥包，碾压时应将驱动轮朝向摊铺机；碾压路线及方向不应突然改变；压路机启动、停止必须减速缓行，对压路机无法压实的死角、边缘、接头等，采用小型压路机、手扶振动压路机或手扶振动夯趁热压实。初压时应尽量减少喷雾，防止沥青混合料降温过快。复压后用 3 m 直尺检查平整度，发现问题用压路机集中处理压平。

在当天碾压的尚未冷却的沥青混凝土层面上，不得停放压路机或其他车辆，并防止矿料、油料和杂物散落在沥青层面上。

要对初压、复压、终压路段设置明显标志，便于司机辨认。对松铺厚度、碾压顺序、碾压遍数、碾压速度及碾压温度应设专人检查。

待摊铺层自然降温至表面温度低于 50 ℃后，方可开放交通。

(6) 施工接缝的处理。

① 本项目沥青混凝土路面摊铺采用 2 台摊铺机摊铺，在加宽段采用 3 台摊铺机摊铺，2 台摊铺机中间重叠部分加宽约 10 cm，首先为接缝创造有利的准备条件。

② 针对横缝接缝时出现的表面粗料较多、离析较大的情况，建立岗位责任制，并加强专业人员的质量意识和技能。

③ 针对摊铺机和路缘石处接缝情况，要求摊铺机和路缘石间距缩小至 3～5 cm，协助人员用钢扒再进一步处理，确保该接缝处饱满密实。

④ 2 台摊铺机摊铺时中间纵缝处厚度稍微偏薄的情况，重新调整 2 台摊铺机拱度，确保中缝处厚度。采用 2 台摊铺机成梯队联合摊铺方式的纵向接缝应在已摊铺混合料部分留下 10 cm 左右的摊铺层重叠，以热接缝形式在最后进行跨接缝碾压以消除缝迹。

⑤ 横向施工缝全部采用平接缝。碾压终了后，用 3 m 直尺沿纵向位置在摊铺段端部的直尺呈悬臂状，摊铺层与直尺相交处为切缝的最佳位置，用锯缝机割齐后铲除，继续摊铺时将接缝锯切时留下的灰浆冲洗干净，涂上少量黏层沥青，摊铺机熨平板从接缝后起步摊铺，碾压时用钢筒式压路机先进行碾压，每次推进 10～20 cm，等到在新铺层压实长

度超过压路机 2/3 轮宽时(采用横斜相结合碾压法),再在昨天已铺好的油面层上调头纵向碾压。

4. 要点提示

(1) 沥青混凝土面层是该工程的精华部分,要从设备选型、技术准备、施工工艺、保证措施等各方面做好充分的准备,这是精品工程成功的关键。

(2) 设备要足量、性能良好(拌和能力为 160 t/h,摊铺机 2 台)。

(3) 原材料一定要符合要求,严格把好进料关,不合格的原材料要坚决不进、坚决不用。

(4) 确保配比准确。

(5) 下面层严格控制好标高。

(6) 上面层严格控制厚度、平整度。

(7) 施工压实度应派专人进行现场跟踪检测。上面层铺筑前要完成除标线外的一切工程,要对下面层进行平整度检测,尤其是桥头、接头等部位,凡满足不了平整度标准要求或行车有明显感觉的要进行处理,直到达到要求。

(8) 不准对上面层带来任何污染。

(9) 沥青废料不准抛撒到边坡、路肩、中央分隔带上。

(10) 接缝一律采取垂直搭接,用切割机切割,用 3 m 直尺检查,确保切割断面符合标准断面要求,接缝处搭接时要涂热沥青。

(11) 路缘石安装在水泥碎石基层完成后即可砌筑,但必须在表面层铺筑之前完成,并注意在碾压沥青底、上面层时不得将路缘石撞坏或错位。

第四节　水泥混凝土路面施工技术

本节主要介绍普通水泥混凝土路面混凝土的配合比设计、搅拌、运输、浇筑施工、接缝设置及养护等。

一、原材料

(一) 水泥应符合的规定

(1) 重交通以上等级道路、城市快速路、主干路应采用 42.5 级以上的道路硅酸盐水泥或硅酸盐水泥、普通硅酸盐水泥;中、轻交通等级的道路可采用矿渣水泥,其强度等级宜不低于 32.5 级。水泥应有出厂合格证(含化学成分、物理指标),并经复验合格,方可使用。

(2) 不同等级、厂牌、品种、出厂日期的水泥不得混存、混用。出厂期超过 3 个月或受潮的水泥,必须经试验合格后方可使用。

(3) 用于不同交通等级道路面层水泥的弯拉强度、抗压强度最小值应符合表 3-13 的规定。

表 3-13　道路面层水泥的弯拉强度、抗压强度最小值

道路等级	特重交通		重交通		中、轻交通	
龄期/d	3	28	3	28	3	28
抗压强度/MPa	25.5	57.5	22.0	52.5	16.0	42.5
弯拉强度/MPa	4.5	7.5	4.0	7.0	3.5	6.5

(4) 水泥的化学成分、物理指标应符合表 3-14 的规定。

表 3-14 各交通等级路面用水泥的化学成分和物理指标

水泥性能	交通等级	
	特重、重交通	中、轻交通
铝酸三钙	不宜大于 7.0%	不宜大于 9.0%
铁铝酸三钙	不宜小于 15.0%	不宜小于 12.0%
游离氧化钙	不得大于 1.0%	不得大于 1.5%
氧化镁	不得大于 5.0%	不得大于 6.0%
三氧化硫	不得大于 3.5%	不得大于 4.0%
碱含量	Na_2O 含量+0.658×K_2O 含量≤0.6%	怀疑有碱活性集料时,≤0.6%; 无碱活性集料时,≤1.0%
混合材料种类	不得掺窑灰、煤矸石、火山灰和黏土,有抗(盐)冻要求时不得掺石灰、石粉	
出磨时安定性	雷氏法或蒸煮法检验必须合格	蒸煮法检验必须合格
标准稠度需水量	不宜大于 28%	不宜大于 30%
烧失量	不得大于 3.0%	不得大于 5.0%
比表面积	宜在 300~450 m^2/kg	
细度(80 μm)	筛余量≤10%	
初凝时间	≥1.5 h	
终凝时间	≤10 h	
28 d 干缩率*	不得大于 0.09%	不得大于 0.10%
耐磨性*	≤3.6 kg/m^2	

注:* 表示 28 d 干缩率和耐磨性试验方法采用《道路硅酸盐水泥》(GB/T 13693—2017)中的规定方法。

(二) 粗集料应符合的规定

(1) 粗集料应采用质地坚硬、耐久、洁净的碎石、砾石、破碎砾石,并应符合表 3-15 的规定。城市快速路、主干路、次干路及有抗(盐)冻要求的次干路、支路混凝土路面使用的粗集料级别应不低于Ⅰ级。Ⅰ级粗集料吸水率不应大于 1.0%,Ⅱ级粗集料吸水率不应大于 2.0%。

表 3-15 粗集料技术指标

项 目	技 术 要 求	
	Ⅰ级	Ⅱ级
碎石压碎指标/%	<10	<15
砾石压碎指标/%	<12	<14
坚固性(按质量损失计)/%	<5	<8
针片状颗粒含量(按质量计)/%	<5	<15
含泥量(按质量计)/%	<0.5	<1.0
泥块含量(按质量计)/%	<0	<0.2

表 3-15(续)

项 目	技 术 要 求	
	Ⅰ级	Ⅱ级
有机物含量(比色法)	合格	合格
硫化物及硫酸盐(按 SO_3 质量计)/%	<0.5	<1.0
孔隙率/%	<47	
碱集料反应	经碱集料反应试验后无裂缝、酥缝、胶体外溢等现象,在规定试验龄期的膨胀率小于 0.10%	
抗压强度/MPa	火成岩≥100,变质岩≥80,水成岩≥60	

(2) 粗集料宜采用人工级配。其级配范围宜符合表 3-16 的规定。

表 3-16 人工合成级配范围

粒径/mm	方筛孔尺寸/mm							
	2.36	4.75	9.50	16.0	19.0	26.5	31.5	37.5
	累计筛余百分率/%							
4.75～16	95～100	85～100	40～60	0～10	—	—	—	—
4.75～19	95～100	85～95	60～75	30～45	0～5	0	—	—
4.75～26.5	95～100	90～100	70～90	50～70	25～40	0～5	0	—
4.75～31.5	95～100	90～100	75～90	60～75	40～60	20～35	0～5	0

(3) 粗集料的最大公称粒径,碎砾石不得大于 26.5 mm,碎石不得大于 31.5 mm,砾石不宜大于 19.0 mm;钢纤维混凝土粗集料最大粒径不宜大于 19.0 mm。

(三) 细集料应符合的规定

(1) 宜采用质地坚硬、细度模数在 2.5 以上,且符合级配规定的洁净粗砂、中砂。

(2) 砂的技术要求应符合表 3-17 的规定。

表 3-17 砂的技术指标

项 目		技 术 要 求					
筛孔尺寸/mm		0.15	0.30	0.60	1.18	2.36	4.75
累计筛余百分率/%	粗砂	90～100	80～95	71～85	35～65	5～35	0～10
	中砂	90～100	70～92	41～70	10～50	0～25	0～10
	细砂	90～100	55～85	16～40	10～25	0～15	0～10
泥土杂物含量(冲洗法)/%		一级		二级		三级	
		<1		<2		<3	
硫化物和硫酸盐含量(折算为 SO_3)/%		<0.5					
氯化物含量(氯离子质量计)/%		≤0.01		≤0.02		≤0.06	
有机物含量(比色法)		颜色不应深于标准溶液的颜色					
其他杂物		不得混有石灰、煤渣、草根等其他杂物					

(3) 使用机制砂时，除应满足表 3-17 的规定外，还应检验砂磨光值，其值宜大于 35，不宜使用抗磨性较差的水成岩类机制砂。

(4) 城市快速路、主干路宜采用一级砂和二级砂。

(5) 海砂不得直接用于混凝土面层。淡化海砂不得用于城市快速路、主干路、次干路，可用于支路。

(四) 水应符合的规定

宜使用饮用水及不含油类等杂质的清洁中性水(pH 值为 6～8)，且应符合《混凝土用水标准(附条文说明)》(JGJ 63—2006)的规定。

(五) 外加剂应符合的规定

(1) 外加剂宜使用无氯盐类的防冻剂、引气剂、减水剂等。

(2) 外加剂应符合《混凝土外加剂》(GB 8076—2008)的有关规定，并应有合格证。

(3) 使用外加剂应经掺配试验，并应符合《混凝土外加剂应用技术规范》(GB 50119—2013)的有关规定。

(六) 钢筋应符合的规定

(1) 钢筋的品种、规格、成分应符合设计和国家现行标准规定，应具有生产厂的牌号和炉号、检验报告和合格证，并经复试(含见证取样)合格。

(2) 钢筋不得有锈蚀、裂纹、断伤和刻痕等缺陷。

(3) 钢筋应按类型、直径、钢号、批号等分别堆放，并应避免油污、锈蚀。

(七) 用于混凝土路面的钢纤维应符合的规定

(1) 单丝钢纤维抗拉强度不宜小于 600 MPa。

(2) 钢纤维长度应与混凝土粗集料最大公称粒径相匹配，最短长度宜大于粗集料最大公称粒径的 1/3，最大长度不宜大于粗集料最大公称粒径的 2 倍；钢纤维长度与标称值的偏差不得超过±10%。

(3) 宜使用经防蚀处理的钢纤维，严禁使用带尖刺的钢纤维。

(4) 应符合《混凝土用钢纤维》(YB/T 151—2017)的有关要求。

(八) 滑动套材质、胀缝板、填缝材料应符合的规定

(1) 可用镀锌铁皮管、硬塑料管等制作滑动套。

(2) 胀缝板宜采用厚 20 mm、水稳定性好、具有一定柔性的板材制作，且经防腐处理。

(3) 宜用树脂类、橡胶类、聚氯乙烯胶泥类、改性沥青类填缝材料，并宜加入耐老化剂。

二、混凝土配合比设计、搅拌和运输

(一) 混凝土配合比设计

混凝土的配合比设计在兼顾经济性的同时应满足弯拉强度、工作性、耐久性三项指标要求；符合《城镇道路工程施工与质量验收规范》(CJJ 1—2008)的有关规定。

混凝土 28 d 弯拉强度值应符合《公路水泥混凝土路面设计规范》(JTG D40—2011)的规定，并按统计数据得出变异系数、试验样本的标准差、保证率系数。不同摊铺方式混凝土最佳工作性范围及最大用水量、混凝土含气量、混凝土最大水灰比和最小单位水泥用量应符合规范要求，严寒地区混凝土抗冻等级不宜小于 F250，寒冷地区不宜小于 F200。

混凝土外加剂的使用应符合：高温施工时，混凝土拌和物的初凝时间不得小于 3 h，低

温施工时，终凝时间不得大于 10 h；外加剂的掺量应由混凝土试配确定，当引气剂与减水剂或高效减水剂等外加剂配在同一水溶液中时，不得发生絮凝现象。

混凝土配合比参数的计算应符合下列要求：

(1) 水胶比中水灰比的确定应在满足弯拉强度计算值和耐久性两者要求的水灰比中取小值。

(2) 根据砂的细度模数和粗集料种类按设计规范查表确定砂率。

(3) 根据粗集料种类和适宜的坍落度，按规范的经验公式计算单位用水量，并取计算值和满足工作性要求的最大单位用水量两者中的小值。

(4) 根据水胶比计算确定单位水泥用量，并取计算值与满足耐久性要求的最小单位水泥用量中的大值。

(5) 可按密度法或体积法计算砂石料用量。

(6) 必要时可采用正交试验法进行配合比优选。

按照以上方法确定的普通混凝土配合比、钢纤维混凝土配合比应在实验室内经试配检验弯拉强度、坍落度、含气量等配合比设计的各项指标，从而依据结果进行调整，并经试验段的验证。

（二）搅拌

(1) 搅拌设备应优先选用间歇式拌和设备，并在投入生产前进行标定和试拌，搅拌机配料计量偏差应符合规范规定。根据拌和物的黏聚性、均质性及强度稳定性经试拌确定最佳拌和时间。单立轴式搅拌机总拌和时间宜为 80～120 s，投料齐全后的最短纯拌和时间不宜短于 40 s；行星立轴和双卧轴式搅拌机总拌和时间为 60～90 s，投料齐全后最短纯拌和时间不宜短于 35 s；连续双卧轴搅拌机投料齐全后最短纯拌和时间不宜短于 40 s。

(2) 搅拌过程中，应对拌和物的水胶比及稳定性、坍落度及均匀性、坍落度损失率、振动黏度系数、含气量、泌水率、视密度、离析等项目进行检验与控制，均应符合质量标准。

(3) 钢纤维混凝土的搅拌应符合《城镇道路工程施工与质量验收规范》(CJJ 1—2008)的有关规定。

（三）运输

(1) 应根据施工进度、运量、运距及路况，选配车型和车辆总数。不同摊铺工艺的混凝土拌和物从搅拌机出料到铺筑完成的允许最长时间应符合规定。如施工气温为 10～19 ℃时，滑模、轨道机械施工 2.0 h，三辊轴机组、小型机具施工 1.5 h；施工气温为 20～29 ℃时，前者施工 1.5 h，后者施工 1.25 h；施工气温为 30～35 ℃时，前者施工 1.25 h，后者施工1.0 h。

(2) 混凝土拌和物出料到运输、铺筑完毕允许最长时间见表 3-19。

表 3-19 混凝土拌和物出料到运输、铺筑完毕允许最长时间

施工气温*/℃	到运输完毕允许最长时间/h		到铺筑完毕允许最长时间/h	
	滑模、轨道机械	三辊轴机组、小型机具	滑模、轨道机械	三辊轴机组、小型机具
5～9	2.0	1.5	2.5	2.0
10～19	1.5	1.0	2.0	1.5
20～29	1.0	0.75	1.5	1.25
30～35	0.75	0.5	1.25	1.0

注：表中*指施工时间的日间平均气温，使用缓凝剂延长凝结时间后，本表数值可增加 0.25～0.5 h。

三、混凝土面板施工

（一）模板

(1) 宜使用钢模板，钢模板应顺直、平整，每 1 m 设置 1 处支撑装置。如采用木模板，应质地坚实，变形小，无腐朽、扭曲、裂纹，且用前须浸泡，木模板直线部分板厚不宜小于 50 mm，每 0.8～1 m 设 1 处支撑装置。弯道部分板厚宜为 15～30 mm，每 0.5～0.8 m 设 1 处支撑装置，模板与混凝土接触面及模板顶面应刨光。模板制作偏差应符合规范规定要求。

(2) 模板安装要求：支模前应核对路面标高、面板分块、胀缝和构造物位置；模板应安装稳固、顺直、平整，无扭曲，相邻模板连接应紧密、平顺，不得错位；严禁在基层上挖槽嵌入模板；使用轨道摊铺机应采用专用钢制轨模；模板安装完毕，应进行检验，合格后方可使用；模板安装检验合格后表面应涂隔离剂，接头应粘贴胶带或塑料薄膜等密封。

（二）钢筋设置

钢筋安装前应检查其原材料品种、规格与加工质量，确认符合设计要求与规范规定；钢筋网、角隅钢筋等安装应牢固、位置准确。钢筋安装后应进行检查，合格后方可使用；传力杆安装应牢固、位置准确。胀缝传力杆应与胀缝板、提缝板一起安装。

（三）摊铺与振动

(1) 三辊轴机组铺筑混凝土面层时，辊轴直径应与摊铺层厚度匹配，且必须同时配备 1 台安装插入式振捣器组的排式振捣机；当面层铺装厚度小于 150 mm 时，可采用振捣梁；当一次摊铺双车道面层时应配备纵缝拉杆插入机，并配有插入深度控制和拉杆间距调整装置。

铺筑作业时卸料应均匀，布料应与摊铺速度相适应；设有纵缝、缩缝拉杆的混凝土面层，应在面层施工中及时安设拉杆；三辊轴整平机分段整平的作业单元长度宜为 20～30 m，振捣机振实与三辊轴整平工序之间的时间间隔不宜超过 15 min；在一个作业单元长度内，应采用前进振动、后退静滚方式作业，最佳滚压遍数应经过试验段确定。

(2) 采用轨道摊铺机铺筑时，最小摊铺宽度不宜小于 3.75 m，并选择适宜的摊铺机型；坍落度宜控制在－40～20 mm，根据不同坍落度时的松铺系数计算出松铺高度；轨道摊铺机应配备振捣器组，当面板厚度超过 150 mm，坍落度小于 30 mm 时，必须插入振捣；轨道摊铺机应配备振动梁或振动板对混凝土表面进行振捣和修整，使用振动板振动提浆并密实饰面时，提浆厚度宜控制在(4±1) mm；面层表面整平时，应及时清除余料，用抹平板完成表面整修。

(3) 采用滑模摊铺机摊铺时应布设基准线，清扫湿润基层，在拟设置胀缝处牢固安装胀缝支架，支撑点间距为 40～60 cm。

调整滑模摊铺机各项工作参数达到最佳状态，根据前方卸料位置，及时旋转布料器，横向均匀地两侧布料。振动仓内料位高度一般应高出路面 10 cm。混凝土坍落度小，应用高频振动、低速度摊铺；混凝土坍落度大，应用低频振动、高速度摊铺。

在摊铺过程中要做到起步缓慢、机械运行平稳、速度均匀、机组人员配合默契，摊铺机行走速度为 1～3 m/min，振捣频率为 8 000～9 000 r/min。

(4) 采用小型机具摊铺混凝土施工时，松铺系数宜控制在 1.10～1.25；摊铺厚度达到混凝土板厚的 2/3 时，应拔出模内钢钎，并填实钎孔；混凝土面层分两次摊铺时，上层混凝土的摊铺应在下层混凝土初凝前完成，且下层厚度宜为总厚的 3/5；混凝土摊铺应与钢筋网、传力杆及边缘角隅钢筋的安放相配合；一块混凝土板应一次连续浇筑完毕，并按要求做好振捣。

（四）接缝

（1）普通混凝土路面的胀缝应设置胀缝补强钢筋支架、胀缝板和传力杆。胀缝应与路面中心线垂直；缝壁必须垂直；缝宽必须一致，缝中不得连浆。缝上部灌填缝料，下部安装胀缝板和传力杆。

（2）传力杆的固定安装方法有两种。一种是端头木模固定传力杆安装方法，宜用于混凝土板不连续浇筑时设置的胀缝。传力杆长度的一半应穿过端头挡板，固定于外侧定位模板中。混凝土拌和物浇筑前应检查传力杆位置；浇筑时，应先摊铺下层混凝土拌和物并用插入式振捣器振实，且应校正传力杆位置后，再浇筑上层混凝土拌和物。浇筑邻板时应拆除端头木模，并应设置胀缝板、木制嵌条和传力杆套管。胀缝宽 20～25 mm，使用沥青或塑料薄膜滑动封闭层时，胀缝板及填缝宽度宜加宽到 25～30 mm。传力杆一半以上长度的表面应涂防黏涂层。另一种是支架固定传力杆安装方法，宜用于混凝土板连续浇筑时设置的胀缝。传力杆长度的一半应穿过胀缝板和端头挡板，并应采用钢筋支架固定就位。浇筑时应先检查传力杆位置，再在胀缝两侧前置摊铺混凝土拌和物至板面，振捣密实后，抽出端头挡板，孔隙部分填补混凝土拌和物，并用插入式振捣器振实。宜在混凝土未硬化时，剔除胀缝板上的混凝土，嵌入(20～25) mm×20 m 的木条，整平表面。胀缝板应连续贯通整个路面板宽度。

（3）横向缩缝采用切缝机施工，切缝方式有全部硬切缝、软硬结合切缝和全部软切缝 3 种。应由施工期间混凝土面板摊铺完毕到切缝时的昼夜温差确定切缝方式。如温差小于 10 ℃，最长时间不得超过 24 h，硬切缝 1/5～1/4 板厚。温差为 0～15 ℃时，软硬结合切缝，软切深度不应小于 60 mm；不足者应硬切补深到 1/3 板厚。温差大于 15 ℃时，宜全部软切缝，抗压强度登记为 1～1.5 MPa，人可行走。软切缝不宜超过 6 h。软切深度应大于或等于 60 mm，未断开的切缝，应硬切补深到不小于 1/4 板厚。对已插入拉杆的纵向缩缝，切缝深度不应小于 1/4～1/3 板厚，最浅切缝深度不应小于 70 mm，纵缝缩缝宜同时切缝。缩缝切缝宽度控制在 4～6 mm，填缝槽深度宜为 25～30 mm，宽度宜为 7～10 mm。纵向施工缝有平缝、企口缝等形式。混凝土板养护期满后应及时灌缝。

（4）灌填缝料前，应清除缝中砂石、凝结的泥浆、杂物等，并冲洗干净。缝壁必须干燥、清洁。填缝料灌注深度宜为 15～20 mm，热天施工时填缝料宜与板面平，冷天填缝料应填为凹液面，中心宜低于板面 1～2 mm。填缝必须饱满均匀、厚度一致、连续贯通，填缝料不得缺失、开裂、渗水。填缝料养护期间应封闭交通。

（五）养护

混凝土浇筑完成后应及时进行养护，可采取喷洒养护剂或保湿覆盖等方式；在雨天或养护用水充足的情况下，可采用保湿膜、土工毡、麻袋、草袋、草帘等覆盖物洒水湿养护方式，不宜使用围水养护；昼夜温差大于 10 ℃以上的地区或日均温度低于 5 ℃施工的混凝土板应采用保温养护措施。养护时间应根据混凝土弯拉强度增长情况而定，不宜小于设计弯拉强度的 80%，一般宜为 14～21 d。应特别注重前 7 d 的保湿(温)养护。

四、检验标准

(一) 原材料质量检验标准

主控项目检验标准如下。

(1) 水泥品种、级别、质量、包装、贮存,应符合国家现行有关标准的规定。

检查数量:按同一生产厂家、同一等级、同一品种、同一批号且连续进场的水泥,袋装水泥不超过 200 t 为一批,散装水泥不超过 500 t 为一批,每批抽样 1 次。

水泥出厂超过 3 个月(快硬硅酸盐水泥超过 1 个月)时,应进行复验,复验合格后方可使用。

检验方法:检查产品合格证、出厂检验报告、进场复验报告。

(2) 混凝土中掺加外加剂的质量符合《混凝土外加剂》(GB 8076—2008)和《混凝土外加剂应用技术规范》(GB 50119—2013)的规定。

检查数量:按进场批次和产品抽样检验方法确定。每批不少于 1 次。

检验方法:检查产品合格证、出厂检验报告和进场复验报告。

(3) 钢筋品种、规格、数量和下料尺寸应符合设计要求。

检查数量:全数检查。

检验方法:观察,用钢尺量,检查出厂检验报告和进场复验报告。

(4) 钢纤维的规格质量应符合设计要求及规范的有关规定。

检查数量:按进场批次,每批抽检 1 次。

检验方法:现场取样、试验。

(5) 粗集料、细集料应符合规范的有关规定。

检查数量:同产地、同品种、同规格且连续进场的集料,每 400 m^3 或 600 t 为一批,不足 400 m^3 或 600 t 按一批计,每批抽检 1 次。

检验方法:检查出厂合格证和抽检报告。

(6) 水应符合规范的规定。

检查数量:同水源检查 1 次。

检验方法:检查水质分析报告。

(二) 混凝土面层质量检验标准

1. 主控项目

(1) 混凝土弯拉强度应符合设计规定。

检查数量:每 100 m^3 的同配合比的混凝土,取样 1 次;不足 100 m^3 时按 1 次计。每次取样应至少留置 1 组标准养护试件。同条件养护试件的留置组数应根据实际需要确定。

检验方法:检查试件强度试验报告。

(2) 混凝土面层厚度应符合设计规定,允许误差为±5 mm。

检查数量:每 1 000 m^2 抽检 1 组(1 点)。

检验方法:查试验报告、复测。

(3) 抗滑构造深度应符合设计要求。

检查数量:每 1 000 m^2 抽检 1 点。

检验方法:铺砂法。

2. 一般项目

(1) 水泥混凝土面层应板面平整、密实，边角应整齐、无裂缝，并不得有石子外露和浮浆、脱皮、踏痕、积水等现象，蜂窝麻面面积不得大于总面积的 0.5%。

检查数量：全数检查。

检验方法：观察、检查技术处理方案。

(2) 伸缩缝应垂直、直顺，缝内不得有杂物。伸缩缝在规定的深度和宽度范围内应全部贯通，传力杆应与缝面垂直。

检查数量：全数检查。

检验方法：观察。

(3) 混凝土路面允许偏差应符合表 3-20 的规定。

表 3-20 混凝土路面允许偏差

项目		允许偏差与规定值		检验频率		检验方法
		城市快速路、主干路	次干路、支路	范围	点数	
纵断高程		±15 mm		20 m	1	用水准仪测量
中线偏位		≤20 mm		100 m	1	用经纬仪测量
平整度	标准差 σ	1.2 mm	2.0 mm	100 m	1	用测平仪检测
	最大间隙	3 mm	5 mm	20 m	1	用 3 m 直尺和塞尺连续量两尺，取较大值
宽度		−20～0 mm		40 m	1	用钢尺量
横坡		±0.30%且不反坡		20 m	1	用水准仪测量
井框与路面高差		≤3 mm		每座	1	十字法，用直尺和塞尺量最大值
相邻板高差		≤3 mm		20 m	1	用钢板尺和塞尺量
纵缝直顺度		≤10 mm		100 m		
横缝直顺度		≤10 mm		40 m	1	用 20 m 线和钢尺量
蜂窝麻面面积①		≤2%		20 m	1	观察和用钢板尺量

注：① 每 20 m 查 1 块板的侧面。

第四章　人　行　道

第一节　概　　述

(1) 人行道指的是道路中用路缘石或护栏及其他类似设施加以分隔的专供行人通行的部分。

(2) 人行道应与相邻建(构)筑物接顺,不得反坡。

(3) 有特殊要求的人行道,应按设计要求及现场条件制定铺装方案及验收标准。

第二节　人行道施工要点和质量检验标准

一、施工要点

(一) 料石与预制砌块铺砌人行道面层

(1) 料石应表面平整、粗糙,色泽、规格、尺寸应符合设计要求,其抗压强度不宜小于 80 MPa。

(2) 水泥混凝土预制人行道砌块的抗压强度应符合设计规定,设计未规定时,不宜低于 30 MPa。砌块应表面平整、粗糙、纹路清晰、棱角整齐,不得有蜂窝、露石、脱皮等现象;彩色道砖应色彩均匀。

(3) 料石、预制砌块宜由预制厂生产,并应提供强度、耐磨性能试验报告及产品合格证。

(4) 预制人行道料石、砌块进场后,应经检验合格后方可使用。

(5) 盲道铺砌应遵守下列规定:

① 行进盲道砌块与提示盲道砌块不得混用。

② 盲道必须避开树池、检查井、杆线等障碍物。

(6) 路口处盲道应铺设为无障碍形式。

(二) 沥青混合料铺筑人行道面层

(1) 施工中应根据场地环境条件选择适宜的沥青混合料摊铺方式与压实机具。

(2) 沥青混凝土铺装层厚度不得小于 3 cm,沥青石屑、沥青砂铺装层厚度不得小于 2 cm。

(3) 压实度不得小于 95%。表面应平整,无明显轮迹。

二、质量检验标准

(一) 料石铺砌人行道面层质量检验标准

1. 主控项目

(1) 路床与基层压实度应大于或等于 90%。

检查数量：每 100 m 查 2 点。

检验方法：查检验报告（环刀法、灌砂法、灌水法）。

（2）砂浆强度应符合设计要求。

检查数量：同一配合比，每 1 000 m^2 抽检 1 组（6 块），不足 1 000 m^2 取 1 组。

检验方法：查试验报告。

（3）石材强度、外观尺寸应符合设计及相关规范要求。

检查数量：每检验批抽样检验。

检验方法：查出厂检验报告及复检报告。

（4）盲道铺砌应正确。

检查数量：全数检查。

检验方法：观察。

2. 一般项目

（1）铺砌应稳固、无翘动，表面平整、缝线直顺、缝宽均匀、灌缝饱满，无翘边、翘角、反坡、积水现象。

（2）料石铺砌允许偏差应符合表 4-1 的规定。

表 4-1　料石铺砌允许偏差

项目	允许偏差	检验频率		检验方法
		范围	点数	
平整度	≤3 mm	20 m	1	用 3 m 直尺和塞尺量 3 点
横坡	±0.3%且不反坡	20 m	1	用水准仪测量
井框与面层高差	≤3 mm	每座	1	十字法，用直尺和塞尺量最大值
相邻块高差	≤2 mm	20 m	1	用钢尺量 3 点
纵缝直顺度	≤10 mm	40 m	1	用 20 m 线和钢尺量
横缝直顺度	≤10 mm	20 m	1	沿路宽用线和钢尺量
缝宽	−2～3 mm	20 m	1	用钢尺量 3 点

（二）混凝土预制砌块铺砌人行道质量检验标准

1. 主控项目

（1）路床与基层压实度应符合相关规范规定。

（2）混凝土预制砌块（含盲道砌块）强度应符合设计规定。

检查数量：同一品种、规格，每检验批 1 组。

检验方法：查抗压强度试验报告。

（3）砂浆平均抗压强度等级应符合设计规定，任一组试件抗压强度最低值不得低于设计强度的 85%。

检查数量：同一配合比，每 1 000 m^2 抽检 1 组（6 块），不足 1 000 m^2 取 1 组。

检验方法：查试验报告。

（4）行进盲道砌块与指示盲道砌块铺砌正确。

检查数量：全数。

检验方法：观察。

2. 一般项目

(1) 铺砌应稳固、无翘动，表面平整、缝线直顺、缝宽均匀、灌缝饱满，无翘边、翘角、反坡、积水现象。

(2) 预制砌块铺砌允许偏差应符合表 4-2 的规定。

表 4-2　预制砌块铺砌允许偏差

项目	允许偏差	检验频率		检验方法
		范围	点数	
平整度	≤5 mm	20 m	1	用 3 m 直尺和塞尺量
横坡	±0.3%且不反坡	20 m	1	用水准仪量测
井框与面层高差	≤4 mm	每座	1	十字法，用直尺和塞尺量最大值
相邻块高差	≤3 mm	20 m	1	用钢尺量
纵缝直顺度	≤10 mm	40 m	1	用 20 m 线和钢尺量
横缝直顺度	≤10 mm	20 m	1	沿路宽用线和钢尺量
缝宽	−2～3 mm	20 m	1	用钢尺量

(三) 沥青混合料铺筑人行道面层的质量检验标准

1. 主控项目

(1) 路床与基层压实度应符合相关规范规定。

(2) 沥青混合料品质应符合马歇尔试验配合比技术要求。

检查数量：每日、每品种检查 1 次。

检验方法：现场取样试验。

2. 一般项目

(1) 沥青混合料压实度不得小于 95%。

检查数量：每 100 m 查 2 点。

检验方法：查试验记录(马歇尔击实试件密度，实验室标准密度)。

(2) 表面应平整、密实，无裂缝、烂边、掉渣、推挤现象，接茬应平顺、烫边无枯焦现象，与构筑物衔接平顺、无反坡积水。

检查数量：全数检查。

检验方法：观察。

(3) 沥青混合料铺筑人行道面层允许偏差应符合表 4-3 的规定。

表 4-3　沥青混合料铺筑人行道面层允许偏差

项目		允许偏差	检验频率		检验方法
			范围	点数	
平整度	沥青混凝土	≤5 mm	20 m	1	用 3 m 直尺和塞尺连续量两点，取较大值
	其他	≤7 mm			
横坡		±0.3%且不反坡	20 m	1	用水准仪量测

表 4-3(续)

项目	允许偏差	检验频率		检验方法
		范围	点数	
井框与面层高差	≤5 mm	每座	1	十字法，用直尺和塞尺量最大值
厚度	±5 mm	20 m	1	用钢尺量

第三节　人行道铺筑施工流程与案例分析

一、人行道铺筑施工流程介绍

(1) 基层清理，平整度验收，如图 4-1 所示。

图 4-1　平整度验收

(2) 依据施工宽度确定拉纵线数量，横向每 1 m 拉一道纵线，横线随施工前移；施工前应将基底、花砖湿润，如图 4-2 所示。

图 4-2　纵线数量确定

(3) 采用挂浆法铺设花砖，挂浆应均匀、平整，如图 4-3 所示。

图 4-3 铺设花砖

(4) 施工过程中及时检测平整度,如图 4-4 所示。

图 4-4 检测平整度

(5) 施工完成及时灌缝,灌缝应分次进行,直至饱满,灌缝用砂需过筛,如图 4-5 所示。

图 4-5 灌缝

(6) 细部处理要求衔接紧密,美观大方,如图 4-6 所示。

图 4-6　细部处理

二、人行道铺筑施工案例分析

（一）工程简介

该市政道路为城市次干路，长度为 327 m。两侧为慢行一体铺装路面，慢行一体铺装结构分为：5 cm 厚火烧面花岗岩板（25 cm×50 cm）、3 cm 厚 M10 干硬性水泥砂浆、16 cm 厚 C20 水泥混凝土、16 cm 厚石灰土（压实度≥95%，含灰量为 12%）。路缘石及镶边石均采用花岗岩石材。

（二）施工方案编制依据

（1）国家及地方颁布并实施的法律、法规、办法、条例等；

（2）国家现行技术规范及设计技术标准；

（3）设计图纸、工程量清单、施工合同；

（4）现场踏勘的实际情况、实际施工经验能力、机械设备装备能力、施工技术与管理水平以及多年来工程实践中积累的施工和管理经验。

（三）主要工程量

该工程总工程量：花岗岩板铺装为 3 950 m^2，混凝土垫层为 3 950 m^2，灰土垫层为 4 328 m^2，路缘石安装 2 414.4 m。

（四）进度计划安排及保证措施

1. 从组织管理上保证工期

组织充足精干人员，调集精良设备投入该工程施工，并成立由主管生产副经理领导的、施工经验丰富的人员组成的工程施工项目部，加强施工现场的协调和指导，以各施工队为生产实施对象，形成一个自上而下主管施工进度的强有力组织体系。建立以项目为核心的责权利体系，定岗、定人、授权，各负其责。

2. 从计划安排上保证工期

制订周密详细的施工总进度计划，抓住关键工序，对影响到总工期的工序和作业，从人力、物力上充分保证，确保工程总进度计划的顺利实现。对生产要素进行优化组合、动态管理，灵活机动地对人员、设备、物资进行调度安排，保证连续作业。

3. 从资源上保证工期

（1）公司优先保证该工程的机械、设备、人员、材料、资金等，同时成立一个施工经验丰富、组织管理能力强、结构形式合理的项目领导班子,配备一批优秀的技术骨干、生产骨干和状况良好的施工机械,组成一个高素质、高效益的施工队伍。

(2) 施工机械统筹安排,合理使用,尽可能组织机械化流水作业,提高施工机械生产率。

(3) 制订严格的材料供应计划,根据施工现场进度情况,保证各施工段材料及时供应,杜绝停工待料的情况出现,以免耽误工期。

4. 从技术上保证工期

(1) 由项目部技术负责人全面负责施工技术工作,项目部设置工程技术部,负责编制施工方案、施工工艺,及时解决施工中出现的技术问题,以方案指导施工,防止出现返工现象影响工期。

(2) 实行图纸会审及技术交底制度,及时发现问题及时解决,使工程顺利进行。

(3) 采用新技术、新工艺,尽量压缩工序时间,安排好工序衔接,统一调度、指挥,平衡远期与近期可能出现的各类矛盾,使工程按部就班有节奏地进行。

(五) 施工准备及资源配备计划

1. 施工准备

(1) 根据施工场地情况,做好平面布置,施工用水、临时用电到位。

(2) 原材料准备:对进场的花岗岩板、路缘石进行进场检验,检验合格后方可使用。根据工程量提前制订材料采购计划,保证工程按期完成。花岗岩板、路缘石等分类、分段堆放。

(3) 技术准备:由分管技术的副经理组织,进行技术交底。交底分为三级,逐层交底,责任到人。

(4) 组织相关人员对下承层进行验收,验收合格后方可进行人行道的施工。

(5) 施工前,根据设计图纸及计划安排及时组织路缘石的进场等工作,以满足工程的正常生产需要。

2. 资源配备计划

(1) 机械设备配置计划。

施工机械设备组织配置及原则要满足招标文件对质量、工期和安全的要求。

(2) 劳动力安排计划。

① 根据本项目的施工总体部署和工期计划的要求,在公司范围内,选派与公司有多年合作经历的,具有同类工程施工经验的劳务队伍。他们专业过硬,善于打硬仗、打苦仗,能够顾全大局。所有进场工人均进行进场安全教育,经安全考试合格后方可上岗,施工现场定期对场内施工人员进行安全再教育。

② 对现场的施工队伍进行严格的资格审查,对审查合格的也必须做好技术安全交底、职业道德教育等方面的工作。

③ 该工程投入的劳动力计划见表 4-4。

表 4-4 劳动力计划表

工种	人数/名	备注
技工	20	
壮工	40	
管理人员	6	

(3) 材料供应计划。

根据工程施工内容制订合理的材料供应计划、采购计划、材料运输计划及材料发放计划等，确保工程的顺利实施。

(六) 主要施工工艺

新建人行道采用 3 cm 厚 M10 干硬性水泥砂浆+5 cm 厚花岗岩。

工艺流程：准备下承层→测量放线→面层铺设→平面、高程检测→灌缝及养护。

(1) 准备下承层。

施工前先将基层清理干净，并洒水湿润。

(2) 测量放线。

施工前，根据设计的平面及高程，沿中线(或边线)进行测量放线，每 5～10 m 安装一块面板作为控制点，并建立方格网，以控制高程及方向。按设计图纸复核放线，用施工线打方格，并以对角线检验方正，在桩橛上标注该点面层设计高程。

(3) 面层铺设。

采用 1∶3 水泥砂浆进行面层铺设，摊铺宽度应大于板宽度 50～100 mm。

在清理干净的基层上洒水使之湿润，然后铺砂浆，厚度为 30 mm，用刮板找平，铺砂浆应随砌板同时进行。

铺砌花岗岩板，按桩橛高程，在方格内由第一行板纵横线绷紧，按线按标准缝宽砌第一行样板，然后纵线不动，横线平移，依次照样板砌筑。

直线段纵线应向远处延伸，以保持纵缝直顺。曲线段板间可夹水泥砂浆楔形缝成扇状，也可按直线段顺延铺筑，然后在边缘处用 M10 水泥砂浆补齐并刻缝。

砌筑时，板要轻放，用木槌或橡胶锤轻击板的中心，但不得损伤板的边角。板如不平，应拿起板平垫砂浆重新铺筑，不准向板底塞灰或支垫硬料，必须使板平铺在满实的砂浆上稳定无动摇，无任何孔隙。

砂浆层不平时，应拿起面板重新用砂浆找平，严禁填塞砂浆或支垫碎板块等。井室周边、边角及不合模数处，采取切割的方式。

(4) 平面、高程检测。

面层铺好后，应对其进行平面及高程检测，当平面及高程超过规定时，应返工处理。并检查面板是否稳固及表面平整度，发现有活动现象时，应立即修整。

(5) 灌缝及养护面层铺筑后，经检查合格方可进行灌缝。用过筛干砂掺灰将板缝灌满，养生完成后方可通行。

(七) 质量保证措施

1. 组织措施

建立以项目经理为组长，项目副经理为副组长的质量领导小组。施工队设立质量管理小组，质量管理小组对所发生的质量问题进行决策，并展开经常性的质量教育工作。

质量领导小组名单如下。

组长：项目经理；

副组长：项目技术负责人；

组员：质量检查员(4 名)。

2. 内部质量检查机构

建立健全内部质量检查机构，该部门负责现场施工的质量管理，并负责对监理的工程报检工作。施工队设立兼职质量检查员，负责本施工队的质量检查工作，质量检查员由工作认真、业务能力强、具有丰富经验的专业技术人员担任。

3. 质量目标责任制

根据工程项目的管理要求，确定质量目标为优良，并将此目标分解落实到具体人员的工作中，建立一定的奖罚制度，从而保证质量目标的贯彻实施。

4. 加强质量检查验收制度

质量检查员依据规定的频率、检查方法对产品进行检查验收。

5. 质量分析会制度

在对施工质量进行数理统计分析的基础上，根据质量的波动情况、存在的问题，由项目经理部总工程师召开质量分析会，对其进行质量分析，找出原因，对实施结果进行反馈，从而提高施工质量。

6. 加强施工过程的全面质量管理

(1) 施工方案必须经过审批，上报监理同意后方可施工；施工中必须严格执行施工方案，不得擅自更改。

(2) 进行详细的工程技术交底。技术交底分为三级：一级是公司技术部门向项目部交底；二级是技术员向施工员交底；三级是施工员向班组长交底。

(3) 加强施工测量控制管理工作。对建设单位移交的基准线、点进行认真复核。根据施工需要，合理布置现场测量控制网，并按规范要求进行闭合测量，控制测量精度。

(4) 加强工序质量控制。各工序施工过程中，严格按照设计图纸和规范要求施工。各工序隐蔽前必须经过项目部质量检查人员和监理工程师签字认可后，方可进行下道工序施工。

(5) 及时对已完成工序的检查验收。现场质量检查员在每道工序完成后，须进行外观和实测、实量检查。对达不到要求的，提出纠正和预防措施进行改正。

7. 加强材料管理

(1) 严格控制原材料、半成品的质量。施工中所用的水泥、砂、花岗岩板等原材料均应具有质量证明书，必须按照规范要求进行抽检和试验，合格后方可使用。不合格严禁使用。

(2) 加强对砂浆质量的控制。分别对砂浆的配合比、坍落度等进行验收。

(3) 施工中投入足够的机械设备，保证施工的顺利进行。加强机械设备的管理工作，做好保养、维护工作，保证机械处于最佳状态。

8. 加强测量仪器、计量器具的管理

(1) 测量仪器、计量器具必须确定专人保管、专人使用。他人不得随意动用以免造成人为损坏。

(2) 损坏的测量仪器、计量器具及时修理调整，不得带病工作。

(3) 测量仪器、计量器具要定期进行校对、鉴定，严禁使用未经校对过的仪器和器具。

(八) 文明施工及环境保护措施

(1) 成立环境保护领导机构。项目部设环境保护委员会，项目组长任主任，专职副书记任副主任，各处室领导及工程队长为成员，全面负责该工程施工期间的环境保护工作。

(2) 保持施工现场整洁、有序。施工机具整体停放,搞好施工区、场地环境卫生。

(3) 文明施工,保护现场周围环境,全面规划、综合治理、采取一切合理措施保证施工现场周围的污染程度降至最低。

(4) 禁止随意倾倒垃圾和废弃物,防止水源和流动水的污染,及时处理垃圾。

(5) 每天对施工地段定期洒水,避免尘土飞扬。

(6) 夜间避免加班,防止噪声扰民。

(7) 对近期无法施工的区域及时覆盖防尘网。

(8) 易于引起粉尘的细料或松散料应予遮盖或适当洒水湿润。运输时应用帆布、盖套及类似遮盖物覆盖。

(9) 减少会产生噪声、废气污染的机械设备的工艺操作;建筑施工场地的噪声符合相关规定,并应遵守当地有关部门对夜间施工的规定。

第五章　附属构筑物

道路附属构筑物工程包括路缘石、雨水支管与雨水口、排水沟或截水沟、护坡、隔离墩、隔离栅、护栏等。

第一节　附属构筑物施工要点和质量检验标准

一、施工要点

(一) 路缘石

(1) 路缘石宜采用石材或预制混凝土标准块。路口、隔离带端部等曲线段路缘石，宜按设计弧形加工预制，也可采用小标准块。

(2) 路缘石宜由加工厂生产，并应提供产品强度、规格尺寸等技术资料及产品合格证。

(3) 石质路缘石强度应符合设计要求，宜选用花岗石。

(4) 预制混凝土路缘石，混凝土强度等级应符合设计要求。设计未规定时，混凝土强度不得小于C30。

(5) 路缘石基础宜与相应的基层同步施工。

(6) 路缘石应以干硬性砂浆铺砌，砂浆应饱满、厚度均匀。路缘石砌筑应稳固、直线段顺直、曲线段圆顺、缝隙均匀；路缘石灌缝应密实，平缘石表面应平顺不阻水。

(7) 路缘石背后宜浇筑水泥混凝土支撑。

(8) 路缘石宜采用M10水泥砂浆灌缝。灌缝后，常温期养护不得少于3 d。

(二) 雨水支管与雨水口

(1) 雨水支管应与雨水口配合施工。

(2) 雨水支管、雨水口位置应符合设计规定，且满足路面排水要求。当设计规定位置不能满足路面排水要求时，应在施工前办理变更设计。

(3) 雨水支管、雨水口基底应坚实，现浇混凝土基础应振捣密实，强度符合设计要求。

(4) 砌筑雨水口应符合下列规定：

① 雨水管端面应露出井内壁，其露出长度不得大于2 cm。

② 雨水口井壁应表面平整，砌筑砂浆应饱满，勾缝应平顺。

③ 雨水管穿井墙处，管顶应砌砖券。

④ 井底应采用水泥砂浆抹出雨水口泛水坡。

(5) 雨水支管敷设应直顺，不得错口、反坡、凹兜。检查井、雨水口内的外露管端面应完好，不得将断管端置入雨水口。

(6) 雨水支管与雨水口四周回填应密实。处于道路基层内的雨水支管应做360°混凝土包封，且在包封混凝土达到设计强度75%前不得放行交通。

(7) 雨水支管与既有雨水干线连接时，宜避开雨期。施工过程中，需进入检查井时，必须采取防缺氧、防有毒和有害气体的安全措施。

(8) 支管与雨水干管连接，需新建检查井，其砌筑施工应符合《给水排水管道工程施工及验收规范》(GB 50268—2008)的有关规定。

(三) 排水沟或截水沟

(1) 排水沟或截水沟应与道路配合施工。位置、高程应符合设计要求。

(2) 土沟不得超挖，沟底、边坡应夯实，严禁用虚土贴底、贴坡。

(3) 砌体和混凝土水沟的土基应夯实。

(4) 砌体沟应坐浆饱满、勾缝密实，不得有通缝。沟底应平整，无反坡、凹兜现象；边坡应表面平整，与其他排水设施的衔接应平顺。

(5) 混凝土水沟的混凝土应振捣密实，强度应符合设计要求，外露面应平整。

(6) 盖板沟的预制盖板，混凝土振捣应密实，混凝土强度应符合设计要求，配筋位置应准确，表面无蜂窝、无缺损。

(四) 护坡

(1) 护坡宜安排在枯水或少雨季节施工。

(2) 施工护坡所用砌块、石料、砂浆、混凝土等均应符合设计要求。

(3) 护坡砌筑应按设计坡度挂线，并应按有关规定施工。

(五) 隔离墩

(1) 隔离墩宜由有资质的生产厂供货。现场预制时宜采用钢模板，拼装严密、牢固，混凝土拆模时的强度不得低于设计强度的75%。

(2) 隔离墩吊装时，其强度应符合设计规定，设计无规定时不得低于设计强度的75%。

(3) 安装必须稳固，坐浆饱满；当采用焊接连接时，焊缝应符合设计要求。

(六) 隔离栅

(1) 隔离网、隔离栅板应由有资质的工厂加工，其材质、规格及防腐处理均应符合设计要求。

(2) 固定隔离栅的混凝土柱宜采用预制件。金属柱和连接件规格、尺寸、材质应符合设计规定，并应进行防腐处理。

(3) 隔离栅立柱应与基础连接牢固，位置应准确。

(4) 立柱基础混凝土达到设计强度的75%后，方可安装隔离栅板(网)片。隔离网、隔离栅板应与立柱连接牢固，框架、网面平整，无明显凹凸现象。

(七) 护栏

(1) 护栏应由有资质的工厂加工。护栏的材质、规格及防腐处理应符合设计要求。加工件表面不得有剥落、气泡、裂纹、疤痕、擦伤等缺陷。

(2) 护栏立柱应埋置于坚实的土基内，埋设位置应准确，深度应符合设计规定。

(3) 护栏的栏板、波形梁应与道路竖曲线相协调。

(4) 护栏的波形梁的起讫点和道口处应按设计要求进行端头处理。

二、质量检验标准

(一) 路缘石安砌质量检验标准

1. 主控项目

(1) 混凝土路缘石强度应符合设计要求。

检查数量：每种、每检验批取1组(3块)。

检验方法：查出厂检验报告。

2. 一般项目

路缘石应砌筑稳固、砂浆饱满、勾缝密实，外露面清洁、线条顺畅，平缘石不阻水。

检查数量：全数检查。

检验方法：观察。

(2) 立缘石、平缘石安砌允许偏差应符合表5-1的规定。

表5-1　立缘石、平缘石安砌允许偏差

项目	允许偏差/mm	检验频率		检验方法
		范围/m	点数	
直顺度	≤10	100	1	用20 m线和钢尺量①
相邻块高差	≤3	20	1	用钢板尺和塞尺量①
缝宽	±3	20	1	用钢尺量①
顶面高程	±10	20	1	用水准仪测量

注：曲线段缘石安装的圆顺度允许偏差应结合工程具体确定。

① 表示随机抽样，量3点取最大值。

(二) 雨水支管与雨水口质量检验标准

1. 主控项目

(1) 管材应符合《混凝土和钢筋混凝土排水管》(GB/T 11836—2009)的有关规定。

检查数量：每种、每检验批。

检验方法：查合格证和出厂检验报告。

(2) 基础混凝土强度应符合设计要求。

检查数量：每100 m^3 抽检1组(3块)，不足100 m^3 取1组。

检验方法：查试验报告。

(3) 砌筑砂浆强度应符合相关规范的有关规定。

(4) 回填土应符合相关规范的有关规定。

检查数量：全部。

检验方法：查检验报告(环刀法、灌砂法或灌水法)。

2. 一般项目

(1) 雨水口内壁勾缝应直顺、坚实，无漏勾、脱落。井框、井箅应完整、配套，安装平稳、牢固。

检查数量：全数检查。

检验方法：观察。

(2) 雨水支管安装应直顺，无错口、反坡、存水，管内清洁，接口处内壁无砂浆外露及破损现象。管端面应完整。

检查数量：全数检查。

检验方法：观察。

(3) 雨水支管与雨水口允许偏差应符合表5-2的规定。

表5-2　雨水支管与雨水口允许偏差

项目	允许偏差/mm	检验频率		检验方法
		范围	点数	
井框与井壁吻合	≤10	每座	1	用钢尺量
井框与周边路面吻合	-10～0		1	用直尺靠量
雨水口与路边线间距	≤20		1	用钢尺量
井内尺寸	0～20		1	用钢尺量，取最大值

(三) 排水沟或截水沟质量检验标准

1. 主控项目

(1) 预制砌块强度应符合设计要求。

检查数量：每种、每检验批取1组。

检验方法：查试验报告。

(2) 预制盖板的钢筋品种、规格、数量，及混凝土的强度应符合设计要求。

检查数量：同类构件，抽查1/10，且不少于3件。

检验方法：用钢尺量、查出厂检验报告。

(3) 砂浆强度应符合相关规范的有关规定。

2. 一般项目

(1) 砌筑砂浆饱满度不得小于80%。

检查数量：每100 m或每班抽查不少于3点。

检验方法：观察。

(2) 砌筑水沟沟底应平整、无反坡、凹兜，边墙应平整、直顺、勾缝密实。与排水构筑物衔接畅顺。

检查数量：全数检查。

检验方法：观察。

(3) 砌筑排水沟或截水沟允许偏差应符合表5-3的规定。

表5-3　砌筑排水沟或截水沟允许偏差

项目	允许偏差/mm		检验频率		检验方法
			范围/m	点数	
轴线偏位	≤30		100	2	用经纬仪和钢尺量
沟断面尺寸	砌石	±20	40	1	用钢尺量
	砌块	±10			

表 5-3(续)

项目	允许偏差/mm		检验频率		检验方法
			范围/m	点数	
沟底高程	砌石	±20	20	1	用水准仪测量
	砌块	±10			
墙面垂直度	砌石	≤30	40	2	用垂线、钢尺量
	砌块	≤15			
墙面平整度	砌石	≤30		2	用 2 m 直尺、塞尺量
	砌块	≤10			
边线直顺度	砌石	≤20		2	用 20 m 线和钢尺量
	砌块	≤10			
盖板压墙长度	±20			2	用钢尺量

(4) 土沟断面应符合设计要求，沟底、边坡应坚实，无贴皮、反坡和积水现象。

检查数量：全数检查。

检验方法：观察。

(四) 护坡质量检验标准(一般项目)

(1) 预制砌块强度应符合设计要求。

检查数量：每种、每检验批取 1 组(3 块)。

检验方法：查出厂检验报告。

(2) 砂浆强度应符合相关规范的有关规定。

(3) 基础混凝土强度应符合设计要求。

检查数量：每 100 m^3 抽检 1 组(3 块)。

检验方法：查试验报告。

(4) 砌筑线型顺畅、表面平整、咬砌有序、无翘动。砌缝均匀、勾缝密实。护坡顶与坡面的间隙封堵密实。

检查数量：全数检查。

检验方法：观察。

(5) 护坡允许偏差应符合表 5-4 的规定。

表 5-4　护坡允许偏差

项目		允许偏差			检验频率		检验方法
		浆砌块石	浆砌料石	混凝土砌块	范围	点数	
基底高程	土方	±20 mm			20 m	2	用水准仪测量
	石方	±100 mm				2	
垫层厚度		±20 mm			20 m	2	用钢尺量
砌体厚度		不小于设计值			每沉降缝	2	用钢尺量顶、底各 1 处
坡度		不陡于设计值			每 20 m	1	用坡度尺量

表 5-4(续)

项目	允许偏差			检验频率		检验方法
	浆砌块石	浆砌料石	混凝土砌块	范围	点数	
平整度	≤30 mm	≤15 mm	≤10 mm	每座	1	用 2 m 直尺、塞尺量
顶面高程	±50 mm	±30 mm	±30 mm	每座	2	用水准仪测量两端部
顶边线型	≤30 mm	≤10 mm	≤10 mm	100 m	1	用 20 m 线和钢尺量

（五）隔离墩质量检验标准

1. 主控项目

(1) 隔离墩混凝土强度应符合设计要求。

检查数量：每种、每批(2 000 块)取 1 组。

检验方法：查出厂检验报告。

(2) 隔离墩预埋件焊接应牢固，焊缝长度、宽度、高度均应符合设计要求，且无夹渣、裂纹、咬肉现象。

检查数量：全数检查。

检验方法：查隐蔽工程的验收记录。

2. 一般项目

(1) 隔离墩安装应牢固、位置正确、线型美观，墩表面整洁。

检查数量：全数检查。

检验方法：观察。

(2) 隔离墩安装允许偏差应符合表 5-5 的规定。

表 5-5　隔离墩安装允许偏差

项目	允许偏差/mm	检验频率		检验方法
		范围	点数	
直顺度	≤5	每 20 m	1	用 20 m 线和钢尺量
平面偏位	≤4	每 20 m	1	用经纬仪和钢尺量测
预埋件位置	≤5	每件	2	用经纬仪和钢尺量测(发生时)
断面尺寸	±5	每 20 m	1	用钢尺量
相邻高差	≤3	抽查 20%	1	用钢板尺和钢尺量
缝宽	±3	每 20 m	1	用钢尺量

（六）隔离栅质量检验标准(一般项目)

(1) 隔离栅材质、规格、防腐处理均应符合设计要求。

检查数量：每种、每批(2 000 件)取 1 次。

检验方法：查出厂检验报告。

(2) 隔离栅柱(金属、混凝土)材质应符合设计要求。

检查数量:每种、每批(2 000 根)取 1 次。

检验方法:查出厂检验报告或试验报告。

(3) 隔离栅柱安装应牢固。

检查数量:全数检查。

检验方法:观察。

(4) 隔离栅允许偏差应符合表 5-6 的规定。

表 5-6　隔离栅允许偏差

项目	允许偏差/mm	检验频率		检验方法
		范围/m	点数	
直顺度	≤220	20	1	用 20 m 线和钢尺量
立柱垂直度	≤8	40	1	用垂线和直尺量
柱顶高度	±20		1	用钢尺量
立柱中距	±30		1	用钢尺量
立柱埋深	不小于设计规定		1	用钢尺量

(七) 护栏质量检验标准

1. 主控项目

(1) 护栏质量应符合设计要求。

检查数量:每种、每批取 1 次。

检验方法:查出厂检验报告。

(2) 护栏立柱质量应符合设计要求。

检查数量:每种、每批(2 000 根)取 1 次。

检验方法:查检验报告。

(3) 护栏柱基础混凝土强度应符合设计要求。

检查数量:每 100 m^3 抽检 1 组(3 块)。

检验方法:查试验报告。

(4) 护栏柱置入深度应符合设计规定。

检查数量:全数检查。

检验方法:观察、量测。

2. 一般项目

(1) 护栏安装应牢固、位置正确、线型美观。

检查数量:全数检查。

检验方法:观察。

(2) 护栏安装允许偏差应符合表 5-7 的规定。

表 5-7　护栏安装允许偏差

项目	允许偏差/mm	检验频率		检验方法
		范围	点数	
直顺度	≤5	20 m	1	用 20 m 线和钢尺量
中线偏位	≤20		1	用经纬仪和钢尺量
立柱间距	±5		1	用钢尺量
立柱垂直度	≤5		1	用垂线、钢尺量
横栏高度	±20		1	用钢尺量

第二节　附属构筑物施工方法

一、路缘石施工方法

(1) 定位放线,使用开槽机开槽,如图 5-1 所示。

图 5-1　定位放线与开槽

(2) 人工清槽,摆放路缘石,如图 5-2 所示。

图 5-2　清槽与摆放路缘石

(3) 机械拌和砂浆,同步留取强度试块,如图 5-3 所示。

图 5-3　拌和砂浆与留取试块

(4) 挂双线控制路缘石的高程及平面线型,如图 5-4 所示。

图 5-4　控制高程和线型

(5) 安装过程同步检测平整度、垂直度,如图 5-5 所示。

图 5-5　检测平整度和垂直度

(6) 采用卡缝法控制缝宽,如图 5-6 所示。

图 5-6　控制缝宽

(7) 采用弹墨线、检测尺等方法控制路缘石靠背高程，如图 5-7 所示。

图 5-7　控制路缘石靠背高程

(8) 采用门形架法支设靠背模板，如图 5-8 所示。

图 5-8　支设靠背模板

(9) 靠背混凝土浇筑，如图 5-9 所示。

图 5-9　靠背混凝土浇筑

(10) 靠背混凝土养护，如图 5-10 所示。

图 5-10　靠背混凝土养护

(11) 靠背混凝土成型，如图 5-11 所示。

图 5-11　靠背混凝土成型

二、检查井、雨水斗施工方法

(一) 检查井砌筑

(1) 支管接入高程采用顶平式控制，依据接入数量参照标准图集选取接入形式。

(2) 雨水管线流槽顶与管中心平，直径不同时与小管径中心平，污水管线流槽顶一般与管内顶平，ϕ800 mm 以上管径检查井流槽需在安装踏步的同时加设脚窝。

(3) 管道安装过程中预留检查井井位，如图 5-12 所示。

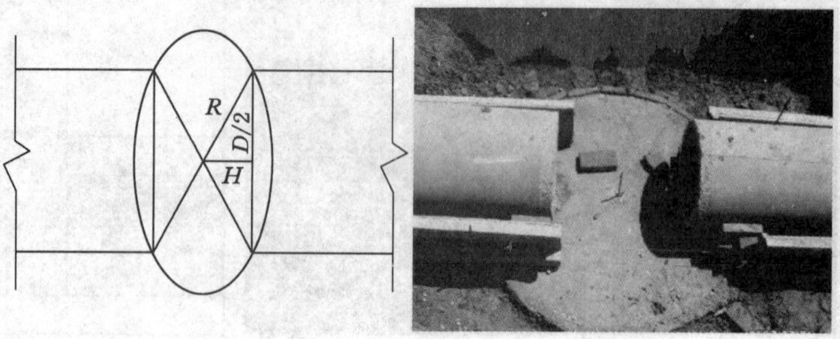

图 5-12　预留检查井井位

(4) 管径≥1 000 mm 时，发券高度为 250 mm，如图 5-13 所示。

图 5-13　确定发券高度

(5) 踏步安装方向依据设计要求，设计无要求时面向流水上游，右手边安装；安装应与检查井砌筑同步进行，避免后期二次破坏，如图 5-14 所示。

图 5-14　安装踏步

(6) 检查井砌筑完成后按照设计要求抹面，设计无要求时，雨水检查井内侧抹面、污水检查井内外侧均需抹面，如图 5-15 所示。

图 5-15　检查井抹面

（二）雨水斗砌筑

（1）雨水斗宜在中粒式面层施工完成后进行砌筑，准确定位后对基层进行割缝、破除，如图 5-16 所示。

图 5-16　对基层进行割缝、破除

（2）基础施工完毕及时进行砌筑，摆砖均缝，砌体灰浆饱满，管顶应砌砖券，如图 5-17 所示。

图 5-17　基础完工后及时砌筑

（3）按设计留置沉泥池，尺寸符合要求，雨水斗内壁抹面完成后与沿石内面距离为 12 cm，如图 5-18 所示。

图 5-18 沉泥池设计

(4) 雨水斗抹面采用灰杆技术，最后一遍压光成活，如图 5-19 所示。

图 5-19 雨水斗抹面

三、柔性检查井盖加固安装施工方法

(一) 施工准备

施工前由项目部技术人员组织操作队伍进行详细交底,包括施工质量标准、技术要求、安全防护措施等,并确保交底至每个操作人员。

(二) 检查井加固施工流程

1. 基坑开挖

先找出检查井中心,以井筒中心为圆心画圆,用切割机沿线进行切割,然后用风镐破除,破除不得扰动路面结构(严禁产生隆起或裂纹);基底清理干净。基坑开挖如图 5-20 所示。

图 5-20　基坑开挖

2. 井筒砌筑及调节块安装

井筒高度不足的应向上加砌,砌砖按检查井砌筑标准控制,调节块上顶与二步水稳齐平,井筒砌筑至调节块下底,挂双线安装调节块并用 M7.5 水泥砂浆稳固调节块后,井周部分采用 C30 混凝土浇筑,浇筑至调节块上顶。安装调节块的高度根据结构层反推,检查井盖需插入调节块 8 cm。

3. 安装沥青加固内膜

调节块固定好后,将内膜安置至调节块上,并使内膜放置水平。沥青混合料回填前,必须预先在基底和坑槽周圈涂抹乳化沥青。

4. 沥青混合料回填

混凝土强度达到 50%后,方可进行沥青混合料的回填。沥青混合料为 AC-16 中粒式沥青混凝土或开级配沥青碎石。每 10 cm 回填一层,回填至中粒式沥青混凝土标高。用气夯夯实,夯实过程中如碰撞限位圈时,要及时调整内膜,使内膜保持水平。沥青混合料回填过程如图 5-21 所示。

5. 加固内膜更换检查井盖

沥青混凝土回填至中粒式后,适当洒水降温,均匀用力松动、拔出加固内膜,对准棱槽安装井盖(图 5-22)。气夯直接夯实井盖至稳定。有条件时,可采用平板夯进行找平,以保证顺接平滑。施工完成后,可临时放行。

图 5-21　沥青混合料回填过程

图 5-22　更换检查井盖

6. 施工面层前检查井盖最终调整

根据检查井盖的数量安排施工班组，每班组 5 人，配备井盖调整所用工具。摊铺前可适当松动井盖，但不能高于摊铺面。沥青摊铺后及时跟进，清理井盖表面沥青，用平杆测量井盖与沥青虚铺面高差，并确认井盖需提升的高度(一般与沥青虚铺相平或略高 1 cm)，使用 3 根撬棍，同时用力，撬起并擎住井盖，利用小耙子在井周填实沥青料。放稳井盖，用大锤敲击使井盖初平，再补热沥青混合料将井周顺平。人工平整周边沥青混凝土。双轮钢筒式压路机先骑井盖中心与沥青面层同步压实(低频率、高振幅)两遍，再从井盖两侧压实。再次用平杆测量井盖与路面高差，如误差较大(主要是井盖高于沥青路面)，再重复调平过程。沥青路面自然冷却前，禁止重载车辆碾压井盖。

7. 质量控制要点

(1) 结构层施工必须严格按照设计高程施工。

(2) 检查井位置的确定、调节块的高程控制及加固完成后的高程复核是重中之重。

第六章　海 绵 工 程

第一节　海绵工程的概念

城镇化是保持经济持续健康发展的强大引擎，是推动区域协调发展的有力支撑，也是促进社会全面进步的必然要求。然而，快速城镇化的同时，城市发展也面临巨大的环境与资源压力，外延增长式的城市发展模式已难以为继，《国家新型城镇化规划(2014～2020年)》明确提出，我国的城镇化必须进入以提升质量为主的转型发展新阶段。为此，必须坚持新型城镇化的发展道路，协调城镇化与环境资源保护之间的矛盾，才能实现可持续发展。党的十八大报告明确提出“面对资源约束趋紧、环境污染严重、生态系统退化的严峻形势，必须树立尊重自然、顺应自然、保护自然的生态文明理念，把生态文明建设放在突出地位”。建设具有自然积存、自然渗透、自然净化功能的海绵城市是生态文明建设的重要内容，是实现城镇化和环境资源协调发展的重要体现，也是今后我国城市建设的重大任务。

顾名思义，海绵城市是指城市能够像海绵一样，在适应环境变化和应对自然灾害等方面具有良好的“弹性”，下雨时吸水、蓄水、渗水、净水，需要时将蓄存的水“释放”并加以利用。海绵城市建设应遵循生态优先等原则，将自然途径与人工措施相结合，在确保城市排水防涝安全的前提下，最大限度地实现雨水在城市区域的积存、渗透和净化，促进雨水资源的利用和生态环境保护。在海绵城市建设过程中，应统筹自然降水、地表水和地下水的系统性，协调给水、排水等水循环利用各环节，并考虑其复杂性和长期性。

海绵城市的建设途径主要有以下几方面：一是对城市原有生态系统的保护。最大限度地保护原有的河流、湖泊、湿地、坑塘、沟渠等水生态敏感区，留有足够涵养水源、应对较大强度降雨的林地、草地、湖泊、湿地，维持城市开发前的自然水文特征，这是海绵城市建设的基本要求。二是生态恢复和修复。对传统粗放式城市建设模式下，已经受到破坏的水体和其他自然环境，运用生态的手段进行恢复和修复，并维持一定比例的生态空间。三是低影响开发。按照对城市生态环境影响最低的开发建设理念，合理控制开发强度，在城市中保留足够的生态用地，控制城市不透水面积比例，最大限度地减少对城市原有水生态环境的破坏，同时，根据需求适当开挖河湖、沟渠，增加水域面积，促进雨水的积存、渗透和净化。

海绵城市建设应统筹低影响开发雨水系统、城市雨水管渠系统及超标雨水径流排放系统。低影响开发雨水系统可以通过对雨水的渗透、储存、调节、转输与截污净化等功能，有效控制径流总量、径流峰值和径流污染；城市雨水管渠系统即传统排水系统，应与低影响开发雨水系统共同组织径流雨水的收集、转输与排放。超标雨水径流排放系统，用来应对超过雨水管渠系统设计标准的雨水径流，一般通过综合选择自然水体、多功能调蓄水体、行泄通道、调蓄池、深层隧道等自然途径或人工设施构建。以上三个系统并不是孤立的，也没有严格的界限，三者相互补充、相互依存，是海绵城市建设的重要基础元素。

第二节　城市道路中海绵工程

城市道路径流雨水应通过有组织的汇流与转输，经截污等预处理后引入道路红线内、外绿地内，并通过设置在绿地内的以雨水渗透、储存、调节等为主要功能的低影响开发设施进行处理。低影响开发设施的选择应因地制宜、经济有效、方便易行，如结合道路绿化带和道路红线外绿地优先设计下沉式绿地、生物滞留带、雨水湿地等。城市道路低影响开发雨水系统典型流程如图 6-1 所示。

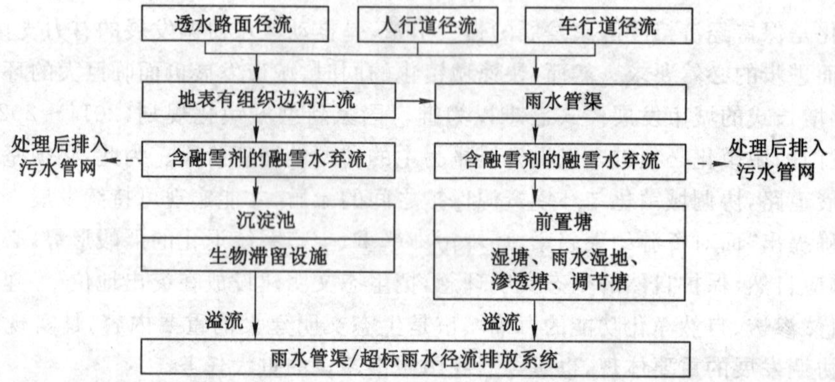

图 6-1　城市道路低影响开发雨水系统典型流程示例

(1) 城市道路应在满足道路基本功能的前提下达到相关规划提出的低影响开发控制目标与指标要求。为保障城市交通安全，在低影响开发设施的建设区域，城市雨水管渠和泵站的设计重现期、径流系数等设计参数应按《室外排水设计规范》(GB 50014—2006)中的相关标准执行。

(2) 道路人行道宜采用透水铺装，非机动车道和机动车道可采用透水沥青路面或透水水泥混凝土路面，透水铺装设计应满足国家有关标准、规范的要求。

(3) 道路横断面设计应优化道路横坡坡向、路面与道路绿化带及周边绿地的竖向关系等，便于径流雨水汇入低影响开发设施。

(4) 规划作为超标雨水径流行泄通道的城市道路，其断面及竖向设计应满足相应的设计要求，并与区域整体内涝防治系统相衔接。

(5) 路面排水宜采用生态排水的方式，也可利用道路及周边公共用地的地下空间设计调蓄设施。路面雨水宜首先汇入道路红线内绿化带，当红线内绿地空间不足时，可由政府主管部门协调，将道路雨水引入道路红线外城市绿地内的低影响开发设施进行消纳。当红线内绿地空间充足时，也可利用红线内低影响开发设施消纳红线外空间的径流雨水。低影响开发设施应通过溢流排放系统与城市雨水管渠系统相衔接，保证上、下游排水系统的顺畅。

(6) 城市道路绿化带内低影响开发设施应采取必要的防渗措施，防止径流雨水下渗对道路路面及路基的强度和稳定性造成破坏。

(7) 城市道路经过或穿越水源保护区时，应在道路两侧或雨水管渠下游设计雨水应急处理及储存设施。雨水应急处理及储存设施的设置，应具有截污与防止事故情况下泄露的有毒有害化学物质进入水源保护地的功能,可采用地上式或地下式。

(8) 道路径流雨水进入道路红线内外绿地内的低影响开发设施前,应利用沉淀池、前置塘等对进入绿地内的径流雨水进行预处理,防止径流雨水对绿地环境造成破坏。有降雪的城市还应采取措施对含融雪剂的融雪水进行弃流,弃流的融雪水宜经处理(如沉淀等)后排入市政污水管网。

(9) 低影响开发设施内植物宜根据水分条件、径流雨水水质等进行选择,宜选择耐盐、耐淹、耐污等能力较强的乡土植物。

(10) 城市道路低影响开发雨水系统的设计应满足《城市道路工程设计规范》(CJJ 37—2012)中的相关要求。

第三节 工程建设

一、基本要求

(1) 城市规划、建设等相关部门应在建设用地规划或土地出让、建设工程规划、施工图设计审查、建设项目施工、监理、竣工验收备案等管理环节,加强对低影响开发雨水系统构建及相关目标落实情况的审查。

(2) 政府投资项目(如城市道路、公共绿地等)的低影响开发设施建设工程一般可由当地政府、建设主体筹集资金。社会投资项目的低影响开发设施建设一般由企事业建设单位自筹资金。当地政府可根据当地经济、生态建设情况,通过建立激励政策和机制鼓励社会资本参与公共项目低影响开发雨水系统的建设投资。

(3) 低影响开发设施建设工程的规模、竖向、平面布局等应严格按规划设计文件进行控制。

(4) 施工现场应有针对低影响开发雨水系统的质量控制和质量检验制度。

(5) 低影响开发设施所用原材料、半成品、构(配)件、设备等产品,进入施工现场时必须按相关要求进行进场验收。

(6) 施工现场应做好水土保持措施,减少施工过程对场地及其周边环境的扰动和破坏。

(7) 有条件地区,低影响开发雨水设施工程的验收可在整个工程经过一个雨季运行检验后进行。

二、透水路面分类

(1) 透水沥青路面。

透水沥青路面又称排水沥青路面,指压实后孔隙率在20%左右,能够在混合料内部形成排水通道的新型沥青混凝土面层,其实质为单一粒径碎石按照嵌挤机理形成骨架-孔隙结构的开级配沥青混合料。此外,针对以改善表面抗滑功能为主的开级配表面薄层又称开级配磨耗层(OGFC)、多孔隙沥青磨耗层(PAWC)等。这些材料的构成特征基本相同,但由于使用功能、描述角度和突出重点有所区别被赋予不同名称;有时在技术特点上也有所不同。

(2) 透水水泥混凝土路面。

透水水泥混凝土路面又称多孔水泥混凝土路面,其结构自上而下为透水混凝土面层、透水基层、路基。级配砂砾以及级配砾石基层和底基层、级配碎石以及级配砂砾基层和底基层总厚度不小于 150 mm。

(3) 露集料透水水泥混凝土路面。

露集料透水水泥混凝土是由集料、高标号水泥、掺合料、水性树脂、强化剂、稳定剂及水等拌制而成的一种多孔、轻质混凝土。透水水泥混凝土是由粗集料表面包覆一薄层浆料相互黏结而成且孔穴均匀分部的蜂窝状结构，故具有透气、透水和质量轻的特点。露集料透水水泥混凝土是以胶结料为黏合材料，将一定粒级的集料黏合在一起形成多孔型铺面，以透水水泥混凝土为基层，构成的一种透水铺装地面。其特点是运用天然石头自身的色彩、形状以及永远润湿的光泽效果，使面层集料实现非人工雕琢的自然铺面效果。

三、施工方法

下面以透水水泥混凝土路面为例阐述透水路面的施工方法。

（一）透水路面施工前准备

透水水泥混凝土路面施工前的准备工作是指透水水泥混凝土路面施工前各工序完成，已通过验收，符合透水水泥混凝土路面施工的前期准备工作。

透水路面(彩色透水路面)施工允许工序：

(1) 施工现场已达到“一平三通”，即施工场地平整、水通、电通、路通。施工场地符合原料堆放条件，设备安装已经完成，施工机械进场满足施工要求。

(2) 底层、基层施工已经达到设计标高，基层已经碾压平整；施工面准备完毕，符合施工条件。

(3) 施工人员进场，材料进场，通过检验合格，符合施工条件。

（二）透水路面施工机械

根据项目工程量决定进场机械的配置，一般配置如下：

(1) 混凝土运输车辆；

(2) 小铲车；

(3) 翻斗车；

(4) 低频平板振动夯；

(5) 混凝土磨光机；

(6) 锯缝机；

(7) 无气喷涂机；

(8) 水泵，高压水枪；

(9) 基本手工工具等。

（三）透水路面材料准备

(1) 水泥：根据混凝土设计强度要求 C20、C25、C30 强度混凝土宜用 42.5# 以上普通硅酸盐水泥。

(2) 基层石子：要求无粉尘、含泥量低。普通石子粒径为 10～20 mm 的即可，透水率要求高于 25%的混凝土可采用 10～30 mm 的石子。面层石子粒径 5～8 mm 为适宜，要求石粉含量低，粒径均匀，单级配，满足强度要求。

检查面层石子石粉含量，现场可用人工方法检验，即用手先在水中湿润，将手伸进石子堆中抓起一把石子，放开后检查吸附在手面上的石粉含量多少，用观感方法确定是否适宜施工。要求单手伸进石子堆中30～40 cm即可。

(3) 透水混凝土添加剂(SR透水混凝土增强剂或者SRS保湿透水混凝土增强剂)为专用添加剂，检查添加剂有无潮湿破损。

(4) 混凝土搅拌用水采用清洁用水。

(四) 透水路面施工工艺

1. 透水混凝土配合比

C20、C25、C30透水混凝土配合比如表6-1～表6-3所列。

表6-1 C20透水混凝土配合比 单位:kg

强度	特征描述	石子	水泥	SR增强剂	水
C20	立方配合比	1 650	358	10	130
	单机配合比	825	179	5	65

表6-2 C25透水混凝土配合比 单位:kg

强度	特征描述	石子	水泥	SR增强剂	水
C25	立方配合比	1 650.0	378.0	12.0	137.0
	单机配合比	825.0	189.0	6.0	68.5

表6-3 C30透水混凝土配合比 单位:kg

强度	特征描述	石子	水泥	SR增强剂	水
C30	立方配合比	1 650.0	398.0	15.0	145.0
	单机配合比	825.0	199.0	7.5	72.5

2. 透水混凝土施工流程

(1) 搅拌。

① 透水混凝土搅拌投料必须严格按配合比进行，不得错投。一次投料必须过称，随后可在投料机械容器中做参考记号。

② 投料顺序：先将集料、水泥、透水混凝土增强剂加入搅拌机中干拌30 s，加入50%水拌和60 s，后再将剩余水加入搅拌120 s。

③ 搅拌时间：从投料搅拌到出料，一般情况下，350型搅拌机所需时间为4 min，500型强制式搅拌机所需时间为3.5 min。

(2) 透水路面(彩色透水路面)成品料运输。

搅拌好的成品料出机后应及时运到施工现场，40 min以内运到现场施工为宜。透水混凝土运输必须采用彩条布等覆盖保持水分，防止水分损失，影响施工质量。

(3) 透水路面(彩色透水路面)摊铺。

透水混凝土拌和物摊铺应均匀，平整度与排水坡度应符合要求，摊铺厚度应考虑松铺系数，其松铺系数宜为1.1。

透水混凝土摊铺施工，在结构层施工中应优先确定胀缝位置，规定尺寸、做好标记、按照要求留置，摊平后用低频平板夯夯实，夯实后表面应符合设计高度，以保证面层的施工厚度。留置的胀缝应采用挤塑板类的回弹性好的柔性材料填充。

面层施工必须计算前期高度，合理控制高度能够使其压实后与设计高度一致，符合道路面层的设计要求，摊平后采用人工或机械进行碾压，以保证透水混凝土路面的密实性，从而保证混凝土的强度。

透水混凝土路面摊铺有两种施工方法：一种为连续施工法，在基层浇筑单块体积后，随即摊铺面层，这种施工方法使基层与面层黏结牢固不容易发生空鼓现象，但容易压坏结构层，不能保证基层混凝土强度，施工时应尽量不损坏基层。另一种方法是间隔式施工法，就是上午铺设基层，下午施工面层。这种方法能保证结构层混凝土强度，交叉施工影响小，还可以减少搅拌机械，降低机械投入和人工投入。但是必须在面层施工时，在基层表面充分浇水养护湿润的情况下，采用同标号水泥浆作黏结层，防止空鼓现象发生。

(4) 透水路面(彩色透水路面)整平。

透水混凝土宜采用平整压实机或低频平板振动器振动和专用滚压工具滚压。压实时应辅以人工补料及找平，人工找平时施工人员应穿上减压鞋进行操作。

透水混凝土压实后，宜使用抹平机对透水混凝土面层进行收面，必要时应配合人工拍实、整平。整平时必须保持模板顶面整洁，接缝处板面应平整。

(5) 透水路面(彩色透水路面)养护。

整平碾压后应及时用混凝土磨光机磨平，磨光机无法磨到的边角进行人工钢板抹平，要求表面平整，石子分布均匀，无缺少石子现象，禁止有积浆现象。

透水混凝土浇筑成型后的养护工作，是透水混凝土施工过程中的重要环节，由于透水混凝土内添加了无机胶结材料，混凝土的早期强度增长较快，水泥硬化会产生水化热，需要充足水分来降温。

所以我们采取的方法是塑料薄膜全覆盖保护，即面层周边的塑料薄膜要大于面层50 cm以上，塑料薄膜的搭接宽度满足30 cm以上，并在覆盖好的薄膜上洒水湿润，使薄膜均匀地贴盖在面层石子上；做到密闭完好，不留缝隙。

薄膜不能有损坏现象，局部损坏直接导致养护漏缺，会产生掉石子现象，透水混凝土的养护周期为两周，每天浇水养护必须保证两次以上，不可缺少，养护的最佳效果是薄膜内有大量露珠浮在面层石子表面为好。

薄膜覆盖养护必须压牢，防止风吹造成薄膜飘起，避免局部透水混凝土因养护不当造成损坏。

(6) 透水路面(彩色透水路面)切缝、填缝。

当透水混凝土强度达到70%左右时(冬天10 ℃以下2个星期，春秋季10 d，夏季2～5 d)，可以进行机械切缝。机械切缝的厚度必须满足面层厚度的贯通。切缝后必须用水及时冲洗缝内的石粉积浆，保证缝内干净无粉尘，并将切缝时造成的混凝土表面的泥浆冲洗干净。

切到胀缝时保持基层与面层的缝口上下一致，不得错缝。单块缩缝面积的设置首先满足设计要求，其次必须按规范规定的25～30 m^2，不得超过30 m^2 以上，最佳的单块缩缝面积控制在25 m^2 以内，面积过大会造成混凝土面层产生裂纹，甚至会有空鼓现象发生。

对胀缝的填置采取挤塑板填充，缩缝内填泡沫条，填缝时的缝表面预留 2～3 mm 高度，然后注入结构胶封闭，嵌完的缝口宽度一致，表面平直，观感良好，所以要求嵌缝材料必须黏结力强，回弹性好，适应混凝土的膨胀与收缩，并且不溶于水，不渗水，耐老化，高温时不流淌，低温时不脆裂。

(7) 透水路面(彩色透水路面)产品保护。

透水混凝土路面在施工和养护过程中，必须注重成品保护，路面上应严格禁止人和动物行走、车辆行驶。因修补困难，表面不容易黏结成原来的水平，所以产品保护一直要坚持到竣工验收交付使用后方能结束。

(8) 透水路面(彩色透水路面)喷漆罩面。

面层喷漆材料为道路专用彩色罩面漆，这种罩面漆色彩鲜艳、观感好，抗紫外线功能较强、耐久性能好。喷涂机械为无气喷涂机。浅色路面耗漆量会稍大一些。因为浅色遮盖率差，所以耗料较大。喷漆时应对周边的前道工序材料予以保护，可采用胶带等材料粘贴遮挡。调漆时要保证配比统一，防止发生色差现象，喷漆时搭接度要一致。

如果在辅导施工过程中遇特殊情况和其他要求时，应参照《透水混凝土路面技术规程》(DB11/T 775—2010)为指导。

第四节　典型案例分析

案例一：某市门户区市政道路

某市门户区 23 条市政道路，共计 17 km。工程设计按照低影响开发理念配套设置雨水综合利用措施，将道路红线范围内的雨水优先汇集进入两侧的生物滞留带进行渗滤、滞蓄处理，将径流雨水用于补充地下水，发挥径流污染控制、峰值流量削减、水文生态修复等方面的作用。

低影响开发设施设计标准包括控制径流峰值流量、综合径流系数和径流污染，在三个标准中选择最大的标准作为控制目标。

根据设计标准计算各项低影响开发设施的尺寸，包括其附属设施，如预处理设施、临时存储空间、各个过滤层厚度、配水设施等。

所有低影响开发设施均按径流峰值控制目标设计，可实现城市雨水管渠的综合设计重现期标准由 2 年一遇提高到 4 年一遇，设施的规模相当于设计降雨量 28 mm，可实现年径流总量控制率约为 70%。低影响开发雨水系统不改变传统设计中的雨水管渠排放系统，只是在雨水排放到雨水管渠系统前对峰值流量、径流污染等进行控制。

所有低影响开发设施的绿化均满足景观要求，设计最大雨水排空时间为 24 h。

植物配种主要满足以下要求：

(1) 景观设计的认可；

(2) 低影响开发设施排水时间满足植物受淹时间要求；

(3) 低影响开发设施的种植土层需满足植物种植要求。

市政道路剖面示意图如图 6-2 所示；生物滞留带实景如图 6-3 所示。

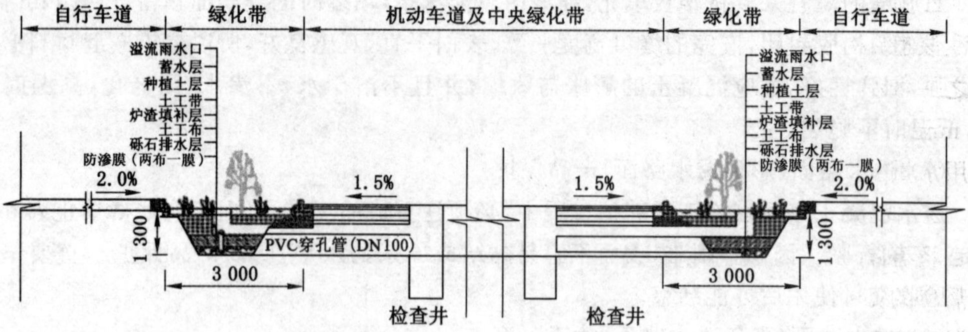

图 6-2　道路剖面示意图

图 6-3　生物滞留带实景

案例二：西部某省会经济技术开发区某道路低影响开发雨水系统建设项目

1. 项目概况

该道路等级为城市主干路，南北走向，全长 0.84 km，道路断面宽 50 m(图 6-4)，组成为：4 m 中央绿化带＋2×12 m 机动车道＋2×5 m 绿化带＋2×6 m 人行道和非机动车道(以下简称人非混行道)，道路纵坡 2.8%，横坡 1.5%，人非混行道横坡 1%。机动车道为沥青混凝土路面，人非混行道路面为普通花砖铺砌。

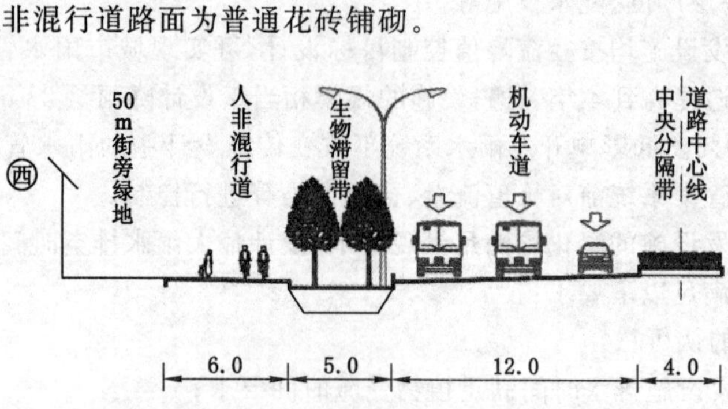

图 6-4　道路横断面设计方案

2. 低影响开发雨水系统设计目标

该道路为“该市建设科技项目——雨水利用在道路绿化带设计中的应用研究”的示范工程之一，该工程将通过雨水下渗实现道路年径流总量控制率85%(对应的设计降雨量为13 mm)，2年一遇重现期下道路雨水经调蓄后安全排放，并提高绿化带土壤保水量，降低绿化用水量。

3. 低影响开发雨水系统设计方案

将道路两侧5 m宽绿化带建设为生物滞留带(图6-5)，低于路面0.15 m，采用道路立缘石豁口的方式将机动车道雨水径流引入绿化带，并设置过滤池对路面初期雨水进行截污；人非混行道雨水径流直接进入绿化带。

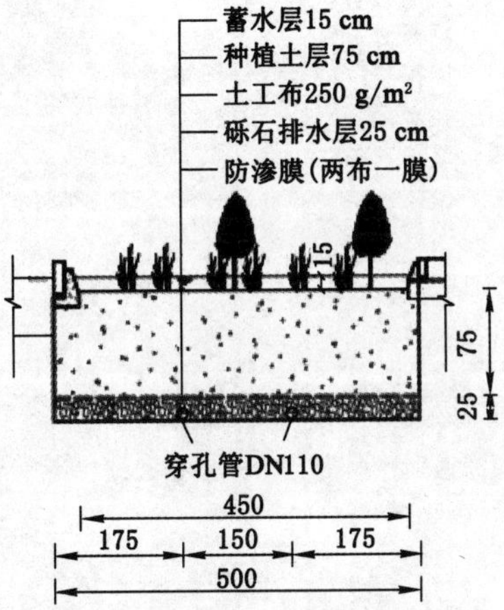

图6-5　生物滞留带构造(单位:cm)

由于不承担雨水转输任务，因此本段道路地下无市政雨水管线，依靠道路竖向设计及生物滞留带实现道路径流调蓄与排放，土壤饱和后的下渗雨水及溢流雨水通过溢流井排入市政污水管线。

4. 综合效益

(1) 项目利用生物滞留带渗透、净化道路雨水，道路低影响开发雨水系统的实际年径流总量控制率大于85%，道路排水综合设计重现期标准达到2年一遇；由于有效利用了道路雨水，可有效降低绿化带绿化需水量。

(2) 项目年径流污染削减量大于75%(以固体悬浮物计)，减少了因径流污染而带来的城市水环境污染。

第二篇

道路工程施工安全管理

第七章　通用规定

第一节　施工安全技术准备

一、组织机构及人员配置

(1) 施工企业必须具备安全生产许可证，建立健全本企业的安全生产责任制度，指导企业所属工程项目部进行施工安全管理，对承建工程进行定期和专项安全检查。

(2) 施工项目部必须按照住房和城乡建设部《建筑施工企业安全生产管理机构设置及专职安全生产管理人员配备办法》(建质〔2008〕91 号)的要求，建立项目安全管理机构或设立项目安全管理部门，配备专职安全管理人员。

(3) 市政工程项目专职安全生产管理人员配备应当满足下列要求：

① 5 000 万元以下的工程，项目经理部不少于 1 人；

② 5 000 万～1 亿元的工程，项目经理部不少于 2 人；

③ 1 亿元及以上的工程，项目经理部不少于 3 人，且按专业配备专职安全生产管理人员；

④ 专业承包单位应当配置至少 1 人，并根据所承担的分部分项工程的工程量和施工危险程度增加；

⑤ 劳务分包单位施工人员在 50 人以下的，应当配备 1 名专职安全生产管理人员；50～200 人的，应当配备 2 名专职安全生产管理人员；200 人及以上的，应当配备 3 名及以上专职安全生产管理人员，并根据所承担的分部分项工程施工危险实际情况增加，不得少于工程施工人员总人数的 0.5%。

(4) 施工现场的项目经理应当由取得相应执业资格的人员担任，对建设工程项目的安全生产全面负责，落实安全生产责任制等安全生产规章制度和操作规定，确保安全生产费用的有效使用，并根据工程的特点组织制定、实施施工安全措施，消除事故隐患，及时、如实报告生产安全事故。

(5) 项目部专职安全管理人员、各类施工管理人员、专业技术人员应掌握相应的专业理论知识与施工技术，熟悉国家、行业和地方现行的安全技术标准、规范、规定，取得相应的任职资格，方可上岗。

(6) 安全技术管理人员须根据项目的安全管理制度，建立健全项目经理部的安全管理资料体系并保证其规范有效运行。

二、安全制度建设

施工项目部应组织制定并落实以下(且不限于)安全生产管理制度，并满足本规程相关要求。

1. 安全生产责任制度

(1) 项目部应建立本项目横向到边、纵向到底的安全生产责任制度,主要包括项目经理、技术负责人、生产负责人、各职能部门负责人、专职安全管理人员、施工员、班组长及岗位作业人员的安全责任。

(2) 项目部对各级、各部门安全生产责任制应制定检查和考核办法,并按规定期限进行考核,对考核结果及兑现情况应有记录。

2. 安全教育培训制度

(1) 施工现场的作业人员,开工前及转岗作业前必须经过安全教育培训,掌握安全生产知识与技能,掌握相关工种的施工安全操作规定要求,经考核合格后,方可上岗。

(2) 项目部应开展定期的安全教育活动,把经常性的安全教育培训贯穿于项目建设的全过程,对各级管理人员、作业人员进行多层次的安全教育培训活动。

(3) 班组长应在班前对作业人员进行上岗安全交底和岗前检查,保证上岗人员劳动防护用品的使用安全、作业环境安全和现场安全技术措施的落实,做好班前安全活动记录。

(4) 施工单位在采用新技术、新工艺、新设备、新材料时,施工技术人员应当仔细研究并编制该"四新技术"的安全技术操作规定,并对作业人员进行相应的安全培训。

(5) 项目部应建立健全项目参建人员的安全培训档案,详细、准确记录培训考核情况。

3. 特种作业人员持证上岗制度

(1) 对于从事电气、起重、建筑登高架设作业、锅炉、压力容器、焊接、车辆驾驶、机动船艇驾驶、工程爆破、瓦斯检验等特种作业人员,必须按照国家有关规定经过专门的安全技术培训,取得特种作业操作资格证书后,方可上岗作业,严禁无证人员上岗作业。

(2) 施工单位应建立特种作业人员管理档案。

4. 安全隐患排查治理制度

(1) 施工项目部应建立健全本项目的安全生产事故隐患排查治理制度,项目经理对本项目事故隐患排查治理工作全面负责。

(2) 施工项目部应当定期组织安全生产管理人员、工程技术人员和其他相关人员排查本项目的事故隐患。对排查出的事故隐患,应当按照事故隐患的等级进行登记,建立事故隐患信息档案,并按照职责分工对事故隐患实施监控治理。

(3) 施工项目部应当每季、每年对本项目事故隐患排查治理情况进行统计分析,并根据有关规定向上级有关部门报送书面统计分析表。

(4) 对于一般事故隐患,由施工单位主要负责人或者有关人员立即组织整改。对于重大事故隐患,由施工单位主要负责人组织制定并实施事故隐患治理方案。

(5) 施工项目部在事故隐患治理过程中,应当采取相应的安全防范措施,防止事故发生。事故隐患排除前或者排除过程中无法保证安全的,应当从危险区域内撤出作业人员,并疏散可能危及的其他人员,设置警戒标志,暂时停产停业或者停止使用;对暂时难以停产或者停止使用的相关生产储存装置、设施、设备,应当加强维护和保养,防止事故发生。

5. 安全生产检查制度

(1) 项目部应制定项目安全检查制度,定期进行项目安全检查,不定期进行项目安全专项检查。

(2) 安全检查应有书面检查记录，对查出的安全问题要定人、定时间、定措施进行整改，并应有书面复查记录。

6. 专项施工方案专家论证审查制度

(1) 按照《危险性较大的分部分项工程安全管理规定》(中华人民共和国住房和城乡建设部令第 37 号)、《住房城乡建设部办公厅关于实施〈危险性较大的分部分项工程安全管理规定〉有关问题的通知》(建办质〔2018〕31 号)和《山东省住房和城乡建设厅关于印发〈山东省房屋市政施工危险性较大分部分项工程安全管理实施细则〉的通知》(鲁建质安字〔2018〕15 号)要求，编制安全专项施工方案，由施工企业技术负责人、监理单位总监理工程师签字后实施。

(2) 对需要进行专家论证的危险性较大的分部分项工程项目，施工单位应当组织对已编制的安全专项施工方案进行专家论证审查。专家组必须提出书面论证审查报告，施工企业应根据论证审查报告进行完善，由施工企业技术负责人、总监理工程师签字后，方可实施。专家组书面论证审查报告应作为安全专项施工方案的附件，在实施过程中，施工企业应严格按照安全专项方案组织施工。

7. 安全技术交底制度

(1) 工程开工前，工程项目部技术负责人应向全体施工管理人员进行施工组织设计及安全交底，并形成文件。

(2) 每项工序(分项工程)施工前，主管施工技术人员必须向参加作业的全体人员进行安全技术交底，如实告知作业场所存在的危险因素、应采取的防范措施和一旦发生事故(事件)的应急措施，并形成文件。

(3) 安全技术交底必须层层落实到每一位作业人员。

8. 生产安全事故报告及调查处理制度

(1) 施工单位应建立事故台账，按照《生产安全事故报告和调查处理条例》(国务院第 493 号令)的要求，进行事故报告、事故调查、事故处理。

(2) 事故发生后，事故现场有关人员应当立即向本单位负责人报告；单位负责人接到报告后，应当于 1 h 内向市安全生产监督管理部门和负有安全生产监督管理职责的有关部门报告。事故报告应当及时、准确、完整，任何单位和个人对事故不得迟报、漏报、谎报或者瞒报。

(3) 报告事故应当包括下列内容：

① 事故发生单位概况；

② 事故发生的时间、地点以及事故现场情况；

③ 事故的简要经过；

④ 事故已经造成或者可能造成的伤亡人数(包括下落不明的人数)和初步估计的直接经济损失；

⑤ 已经采取的措施；

⑥ 其他应当报告的情况。

(4) 事故发生单位负责人接到事故报告后，应当立即启动事故应急预案，采取有效措施组织抢救，防止事故扩大，减少人员伤亡和财产损失。

9. 重大危险源监控及生产安全事故应急救援制度

(1) 施工单位应当根据本项目的施工特点、范围，对施工现场易发生重大事故的部位、环节进行监控，制定施工现场生产安全事故应急救援预案，建立应急救援组织或者配备应急救援人员，配备救援器材、设备，并定期组织演练。

(2) 大型隧道工程、水下隧道工程和其他风险性较大的地下工程施工前，应由建设单位组织工程参建单位进行工程施工风险识别、评价，制定施工风险防范措施和突发事件的应急救援预案，建立应急救援组织机构，检查、督促施工单位进行相应的演练。

(3) 施工单位应建立重大危险源安全管理档案和台账，建立重大危险源公示制度，在施工现场醒目位置挂设“重大危险源公示牌”，公示施工中不同阶段、不同时段的重大危险源，注明危险源名称、施工部位、防护措施和责任人等内容。

10. 劳动保护及意外伤害保险制度

(1) 施工单位必须根据作业内容、气候和环境状况，为施工现场管理人员、作业人员提供符合国家或行业标准的劳动保护用品，劳动保护用品必须具有“三证一标志”，即生产许可证、产品合格证、安全鉴定证和安全标志，并监督、教育施工人员正确佩戴、使用。

(2) 施工单位采购、租赁的安全防护用具、机械设备、施工机具及配件等，应当具有生产(制造)许可证、产品合格证，并在进入施工现场前进行查验。

(3) 施工现场的安全防护用具、机械设备、施工机具及配件必须由专人管理，定期进行检查、维修和保养，按照国家有关规定及时报废，并建立相应的资料档案。

(4) 施工单位应按规定为施工现场从事危险作业的人员办理保险。

11. 设备管理及特种设备使用登记制度

(1) 施工单位应建立设备验收确认制度，对进入施工现场的各类施工机械、设备等，应按规定及相关标准进行检查验收、确认。

(2) 进入施工现场的起重机械的使用管理应满足《建筑起重机械安全监督管理规定》(建设部第 166 号令)的有关规定。

(3) 起重机械作业必须设信号工指挥，施工现场机械运行、移动和车辆装卸作业必须设专人指挥。

(4) 自购建筑起重机械的施工单位在建筑起重机械首次安装前，应当持建筑起重机械特种设备制造许可证、产品合格证和制造监督检验证明到本单位工商注册所在地县级以上地方人民政府建设主管部门办理备案。

(5) 自购建筑起重机械的施工单位，应当建立建筑起重机械安全技术档案，建筑起重机械安全技术档案应当包括以下资料：

① 购销合同、制造许可证、产品合格证、制造监督检验证明、安装使用说明书、备案证明等原始资料；

② 定期检验报告、定期自行检查记录、定期维护保养记录、维修和技术改造记录、运行故障和生产安全事故记录、累计运转记录等运行资料；

③ 历次安装验收资料。

(6) 在施工单位与出租单位签订的建筑起重机械租赁合同中，应明确租赁双方的安全责任，并由出租单位出具建筑起重机械特种设备制造许可证、产品合格证、制造监督检验证明、备案证明和自检合格证明，提交安装使用说明书。

(7) 建筑起重机械使用单位和安装单位应当在签订的建筑起重机械安装、拆卸合同中明确双方的安全生产责任。实行施工总承包的，施工总承包单位应当与安装单位签订建筑起重机械安装、拆卸工程安全协议书。

(8) 建筑起重机械安装完毕后，使用单位应委托当地具有相应资质的检验检测机构进行验收。建筑起重机械经验收合格后方可投入使用，未经验收或者验收不合格的不得使用。

(9) 使用单位应当自建筑起重机械安装验收合格之日起30日内，将建筑起重机械安装验收资料、建筑起重机械安全管理制度、特种作业人员名单等，向工程所在地县级以上地方人民政府建设主管部门办理建筑起重机械使用登记。登记标志置于或者附着于该设备的显著位置。

(10) 使用单位应当履行下列安全职责：

① 根据不同施工阶段、周围环境以及季节、气候的变化，对建筑起重机械采取相应的安全防护措施；

② 制定建筑起重机械生产安全事故应急救援预案；

③ 在建筑起重机械活动范围内设置明显的安全警示标志，对集中作业区做好安全防护；

④ 设置相应的设备管理机构或者配备专职的设备管理人员；

⑤ 指定专职设备管理人员、专职安全生产管理人员进行现场监督检查；

⑥ 建筑起重机械出现故障或者发生异常情况的，立即停止使用，消除故障和事故隐患后，方可重新投入使用。

(11) 使用单位应当对使用的建筑起重机械及其安全保护装置、吊具、索具等进行经常性和定期的检查、维护和保养，并做好记录。

三、安全技术准备

(1) 工程开工前，施工企业及项目经理部应组织施工技术人员学习合同文件、设计文件和有关的法规、标准、规范、规定；根据建设单位提供的地下管线等建(构)筑物资料、地质资料、水文地质资料，踏勘施工现场，掌握工程情况、现状设施和环境状况，编制施工组织设计。

① 施工项目经理部经理、总工程师和施工、技术、安全等管理人员，应审查设计图，参加设计交底，掌握设计要求，掌握工程地质、水文地质和工程情况。

② 工程项目经理部负责人和施工、技术、安全等管理人员应实地踏勘现场，了解地形地貌、工程用地状况、交通和供水供电条件、建(构)筑物等状况，掌握现场情况。

③ 工程开工前，应由建设单位召开工程范围内的有关建(构)筑物和供电、通信、燃气、供热、给水、排水、人防、地铁、轻轨等设施管理单位的调查配合会，由产权管理单位指认其所属设施和准确位置，并设置明显标志。必要时应由产权管理单位人员指导坑探，确定其准确位置。

④ 工程需穿越道(公)路、铁路、轨道交通等重要交通设施时，建设单位应在开工前组织设计、监理、施工与相关设施管理单位，召开施工协调会议，研究施工配合事宜，确定设施加固和监控量测方案。

⑤ 施工项目经理部应根据合同文件、设计文件、现场情况和设施现况，组织施工技术人员研究并确定合理的施工部署、适宜的施工方法、交通疏解和导行方案、施工影响区域内建

(构)筑物的处理方案、监控量测方案和相应的安全技术措施,编制施工组织设计。

(2) 施工组织设计应符合《市政工程施工组织设计规范》(GB/T 50903—2013)要求。必须含有施工方案、施工方法、施工用电方案、地下管线等建(构)筑物改移或加固方案、监控量测方案和职业健康安全及环境保护技术措施等。施工组织设计应按审批程序批准后实施,需修订时必须经原审批程序批准。

(3) 工程开工前,宜由建设单位牵头组织设计单位、监理单位和施工单位等对该工程的危险源进行全面调查、辨识和评价工作,对设计、施工过程中可能出现的不安全行为、不安全状态、管理缺陷等进行分析,识别各类危险和有害因素,评价其危害程度,对辨识出的重大危险源进行重点控制,制定相应的安全技术措施和应急救援预案。编制安全技术措施应遵守下列规定:

① 大型、群体、综合性工程,在总施工组织设计中应编制专项安全施工组织设计。

② 单位工程的施工组织设计,必须编制各分部、分项工程安全技术措施。

③ 安全技术措施应切合实际、简明具体,应能防范危险、消除隐患。

④ 凡承载结构、构件必须对不同施工阶段的最不利荷载组合条件下的强度、刚度、稳定性进行验算,确认符合施工安全要求。

⑤ 需要制定专项施工方案的工程项目,应遵照国家现行有关安全技术规定,制定专项安全技术措施。

⑥ 需要进行专家论证的专项施工方案,应组织专家进行论证。

⑦ 重要的安全设施必须执行与主体工程“三同时”的原则,即:同时设计、审批,同时施工,同时验收,投入使用。

⑧ 地下工程施工必须制定防坍塌、防窒息、防有毒有害气体的安全技术措施和监控量测方案。

⑨ 盾构机等大型施工设备的安装调试、爆破施工等,应遵照国家现行有关安全技术规定,制定专项安全技术措施。

⑩ 冬、雨期和高温季节施工的工程项目,必须编制冬、雨期施工方案和防暑降温安全技术措施。冬期施工,必须采取以防冻、防滑、防火为重点的安全技术措施;雨期施工必须采取以防汛、防坍塌、防触电为重点的安全技术措施;高温季节施工必须采取以防火、防中暑为重点的安全技术措施。

(4) 应急救援预案的编制应执行有关规定,其应急救援组织宜按照施工单位、建设单位、政府部门的层次分级设立,逐级响应。

四、安全协调管理

(1) 施工企业在同一施工现场内组织两个(含)以上施工项目经理部进行施工时,应在开工前组织协调,研究施工配合事宜,制定相应的安全技术措施,并在施工中检查落实。一个施工现场内有两个(含)以上不同施工企业的工程项目部进行施工时,建设单位应在开工前组织协调,研究施工配合事宜,制定相应的安全技术措施,并在施工中检查落实。

(2) 实行总承包的工程,总承包单位应严格审查、选择合格的分包单位,并对施工现场的安全生产负总责。在工程分包合同中,必须规定总、分包单位安全生产方面的权利和义务。总承包单位和分包单位对分包工程的安全生产承担连带责任。分包单位应当服从总承包单位的安全生产管理。

(3) 实行联合体总承包的工程，在联合体协议中必须明确规定联合体各成员单位在本项目安全生产方面的权利、义务和责任。

第二节 施工现场安全管理

一、平面布置及公示牌

(1) 施工单位在施工组织设计中应对施工平面布置进行科学合理的规划，在施工实施阶段按照总平面布置图的要求，进行施工生产区、办公生活区、材料堆放区、机械设备作业区、现场道路等的布置和安排。

(2) 施工平面布置应满足施工要求，场内道路畅通，运输方便，各种材料能按计划分期分批进场，充分利用场地；材料应尽量靠近使用地点，减少二次搬运；现场布置应紧凑，减少施工用地；平面布置应符合安全、消防、环境保护的要求。

(3) 施工项目部应在施工现场显著位置设置整齐、明显的施工总平面布置图、工程概况牌、管理人员名单及监督电话牌、安全生产牌、文明施工牌、消防保卫牌、两承诺公示牌、扬尘治理公示牌等。

二、场地及临时道路

(1) 工程开工前，建设单位应当组织召开工程施工交通组织协调会议，编制交通组织方案，科学合理地组织施工现场及周边的交通。

(2) 市政工程施工单位应在交通管理部门的支持协助下，做好施工现场及周边的交通管理工作。

(3) 市政道路、排水、桥梁、管线等工程在施工段(或标段)的两端，应当按规定设置交通安全警示灯及照明灯，便于车辆、行人安全通行；交通繁忙的复杂路段应配备专人在交通警察的指导下协助指挥交通。现场根据交通流量、路况和环境状况确定车辆行驶速度，并于道路明显处设限速标志。

(4) 施工现场场地应平整，宜采取硬化措施，并满足施工安全和环境保护的要求。场地内应具有良好的排水系统，设置排水沟及沉淀池，现场废水不得直接排入市政污水管网。

(5) 施工现场临时道路应平整、坚实、不积水、不扬尘，满足交通、消防、安全、防汛和环境保护等要求。

(6) 临时道路的布置应与现场的材料、仓库、堆场、吊车位置等相协调。

(7) 场内道路应经常维护，保持畅通。载重车辆通过较多的道路，其车道宽度不得小于 3.75 m，弯道半径一般不小于 15 m，特殊情况不得小于 10 m，手推车道路的宽度不小于 1.5 m。急弯及陡坡地段应设置明显交通标志。与铁路交叉处应有专人照管，并设信号装置和落杆。

(8) 靠近河流湖塘高压铁塔处的施工道路，应设置护栏和明显警示标志，护栏高度不小于 1.2 m。

(9) 施工、维修单位必须落实交通组织方案的各项措施。在不封闭或半封闭交通施工的路段，要设置确保车辆、行人安全通行的车行道和人行道；在封闭交通施工的路段，要有满足特种车辆和沿线单位车辆、行人安全出入的通道。

（10）市政工程各类地下管线沟槽施工，造成交通不便的，必须搭设安全、可靠的通道，确保车辆、行人安全通行。沿沟槽铺设道路，路边与槽边的距离应依施工荷载、土质、槽深、槽壁支护情况经验算确定，且不得小于 1.5 m，并设防护栏杆和安全标志，夜间和阴暗时尚须加设警示灯。道路临近河岸、峭壁的一侧必须设置安全标志，夜间和阴暗时尚须加设警示灯。运输道路与社会道路、公路交叉时宜正交。在距社会道路、公路边 20 m 处应设交通标志，并满足相应的视距要求。

（11）刨掘工程施工完毕后，应当按照规定及时予以修复；对已开放交通而尚未完工的穿越道路的横向刨掘工程，应当采取切实可靠的覆盖措施，确保机动车、非机动车和行人的通行安全。

（12）道路、管线、桥梁的养护维修工程施工，应当避开车辆运行高峰；作业人员必须穿着安全识别服；夜间作业人员、作业机具和设备应当按照有关规定配备安全识别标志。

（13）穿越电力架空线路时，应符合《施工现场临时用电安全技术规范》(JGJ 46—2005)中有关安全距离的规定。穿越各种架空管线处，其净空应满足运输安全要求，并在管线外设限高标志。穿越建(构)筑物处，其净空应满足运输安全要求，并在建(构)筑物外设限高、限宽标志。

（14）跨越河流、沟槽应架设临时便桥，并遵守以下规定：

① 施工前，应根据工程地质、水文地质、使用条件和现场情况，按照现行《公路钢结构桥梁设计规范》(JTG 064—2015)等的有关规定，对便桥结构进行施工设计。

② 施工机械、机动车与行人桥宽度应根据现场交通流量、机械和车辆的宽度，在施工设计中确定：人行便桥宽不得小于 80 cm；手推车便桥宽不得小于 1.5 m；机动翻斗便桥宽不得小于 2.5 m；汽车便桥宽不得小于 3.5 m。

③ 便桥两侧必须设不低于 1.2 m 的防护栏杆，其底部设挡脚板。防护栏杆、挡脚板应安设牢固。

④ 便桥桥面应具有良好的防滑性能，钢质桥面应设防滑层。

⑤ 便桥两端须设限载标志，并设专人值守，疏导交通。

⑥ 便桥搭设完成后应经验收，确认合格并形成文件后，方可使用。

⑦ 在使用过程中，应随时检查和维护，保持完好。

三、安全防护

（1）进行洞口作业以及在因工程和工序需要而产生的，使人与物有坠落危险或危及人身安全的其他洞口进行作业时，必须按规定设置盖板、防护栏杆、安全网或其他防坠落的防护设施等。

（2）施工中上下立体交叉作业时，严禁在没有采取防护措施条件下，于同一竖直方向上作业；下层作业的位置，必须处于依上层高度确定的可能坠落范围之外。不符合以上条件时，必须设置防护棚。

（3）临边作业必须设防护栏杆，并应遵守下列规定：

① 防护栏杆应由上、下两道栏杆和栏杆柱组成，上杆离地高度应为 1.2 m，下杆离地面高度应为 50～60 cm。栏杆柱间距应经计算确定，且不宜大于 2 m。

② 栏杆材料一般采用钢管，钢管横杆、栏杆柱均应采用 $\phi 48$ mm×(2.75～3.5)mm 的管材，以扣件固定或焊接牢固。采用其他材料时，材料的强度不得低于钢管的强度。

③ 栏杆的整体构造和栏杆柱的固定应牢固，应使防护栏杆在任何处能承受任何方向的 1 000 N 外力。

④ 防护栏杆的底部必须设置牢固的、高度不低于 18 cm 的挡脚板。挡脚板下的孔隙不得大于 1 cm。竖井口防护栏杆的底部宜设高 50 cm 的挡墙。

(4) 悬空作业必须有牢靠的立足处和相应的防护设施，并应遵守下列规定：

① 作业处一般应设作业平台。作业平台必须坚固，支搭牢固，临边设防护栏杆。上下平台必须设攀登设施。

② 单人作业，高度较小，且不移位时，可在作业处设安全梯等攀登设施。作业人员应正确使用安全带。

③ 不易搭设作业平台的短时间悬空作业，可采用吊篮载人作业，但起重设备的钢丝绳、吊篮等应根据载人质量计算，具有足够的强度和刚度，并留有 9 倍以上的安全系数，作业人员必须正确使用安全带。

(5) 脚手架作业应遵守下列规定：

① 脚手架施工前应编制专项施工方案，根据构筑物的施工要求选择合理的脚手架形式，按相关规范对脚手架结构构件和地基承载力等进行设计计算，规定搭设、拆除程序和相应的安全技术措施。该专项施工方案应经相应的审批、论证程序，审核批准后执行。

② 脚手架的材料和配件质量应符合现行相关规范的有关规定，并经进场验收合格，形成文件后方可使用。

③ 施工单位技术人员应将脚手架专项施工方案向脚手架架设和使用人员进行安全技术交底。

④ 脚手架必须由专业架子工搭设和拆除。架子工必须经过考核合格，持证上岗，并定期体检，不适于高处作业者，不得进行脚手架作业。

⑤ 架子工搭设、拆除脚手架时必须戴安全帽、系安全带、穿防滑鞋。

⑥ 脚手架必须配合施工进度搭设，一次搭设高度不得超过相邻连墙件以上两步，每搭设一步，应按相应规定检查架体质量，发现超过允许偏差值，必须立即纠正。

⑦ 脚手架与架空输电线路的安全距离、接地避雷措施等应按现行《施工现场临时用电安全技术规范》(JGJ 46—2005)的有关规定执行。

⑧ 风力六级(含)以上、高温、大雨、大雪、大雾等恶劣天气，应停止露天脚手架搭设、拆除等作业。

⑨ 上下脚手架必须设置斜道、安全梯等攀登设施。攀登设施应坚固，并与脚手架连接牢固。

⑩ 脚手架应在下列阶段进行检查和验收，确认合格：

a. 脚手架搭设前，必须对地基基础进行验收；

b. 作业层上施加荷载前；

c. 每搭设完 10～13 m 高度后；

d. 达到设计高度后；

e. 露天脚手架遇有六级及以上大风、大雨后；

f. 停用超过一个月。

⑪ 脚手架使用中，应定期检查下列项目：

a. 地基基础是否有变化，脚手架底座是否松动、是否悬空；

b. 相关扣件、连接件、安全附件等是否松动；

c. 安全防护措施是否符合要求；

d. 是否超载等。

⑫ 严禁在架体基础及其附近进行挖掘作业。严禁擅自拆除架体杆件和连接件；需要临时拆除部分杆件时，必须事先经主管部门批准，采取加固措施，并形成文件。

⑬ 工程完成后，脚手架应及时拆除，并应遵守下列规定：

a. 拆除现场应设作业区和警戒线，并由专人值守，非作业人员严禁入内；

b. 拆除作业必须由上而下逐层进行，严禁上、下同时作业，分段拆除时，其高差不得大于两步；

c. 连墙件、通长水平杆和剪刀撑等，必须在脚手架拆卸到相应部位时方可拆除，架体的自由悬臂高度不得超过两步；

d. 严禁敲击、硬拉杆件和配件；

e. 严禁抛掷杆件、配件；

f. 被拆除的杆件、配件应分类码放整齐，及时出场。

（6）高处作业施工应遵守下列规定：

① 高处作业的含义和级别划分按照《高处作业分级》(GB/T 3608—2008)规定的“凡在坠落高度基准面 2 m 以上(含 2 m)，有可能坠落的高处进行的作业”。

② 高处作业人员以及搭设高处作业安全设施的人员，必须经过专业技术培训及专业考试合格，持证上岗，并必须定期进行体检。发现有不宜登高的病症，不得从事高处作业。严禁酒后登高作业。

③ 高处作业必须视具体情况，采取可靠的安全防护措施，如搭设作业平台，配置防护栏、安全网或其他安全防护设施，安全防护设施应按照《建筑施工高处作业安全技术规范》(JGJ 80—2016)进行验收合格并形成记录后方可投入使用。

④ 作业人员应系安全带、穿防滑鞋。高处作业所需的材料要事先准备齐全，工具应放在工具袋内。

⑤ 高处作业中所用的物料，均应堆放平稳，不妨碍通行和装卸。作业中的走道、通道板和登高用具，应随时清扫干净；拆卸下的物件及余料和废料均应及时清理运走，不得任意乱置或向下丢弃。传递物件禁止抛掷。

⑥ 雨天和雪天进行高处作业时，必须采取可靠的防滑、防寒和防冻措施。凡水、冰、霜、雪均应及时清除。对进行高处作业的高耸建(构)筑物，应事先设置避雷设施。遇有六级以上强风、浓雾等恶劣气候，不得进行露天攀登与悬空高处作业。暴风雪及台风暴雨后，应对高处作业安全设施逐一加以检查，发现有松动、变形、损坏或脱落等现象，应立即修理完善。

⑦ 进行上下立体交叉作业时，不得在同一垂直方向上操作。下层作业的位置，必须处于依上层高度确定的可能坠落范围半径之外。不符合以上条件时，应设置安全防护棚。

⑧ 高处作业遇有架空输电线路时，应保持安全距离。当保持安全距离有困难时，应停电或采取可靠的安全防护措施，并经有关部门批准后方可作业。

四、安全警示标志

(1) 施工现场入口处、起重机械、临时用电设施、脚手架、模板支架、围挡和护栏、施工道路交叉口、便桥端部、井孔口、沟槽边缘、爆破现场及有毒有害危险物品存放处等重要部位，应设明显安全标志。

(2) 安全标志应符合《安全标志及其使用导则》(GB 2894—2008)的规定。施工现场设置的安全标志不得擅自拆除。现场设置的安全防护设施必须坚固、醒目、整齐、安设牢固、具有抗风能力。在夜间和阴暗时现场设置安全防护设施的地方必须设警示灯。施工现场的安全防护设施必须设专人管理，随时检查，保持其完整性和有效性。

五、消防

(1) 施工单位应当在施工现场建立消防安全责任制度，确定消防安全责任人，制定用火、用电、使用易燃易爆材料等安全管理制度和操作规定，设置消防通道、消防水源，配备消防设施和灭火器材。

(2) 施工现场应绘制消防平面布置图，生活区、仓库、配电箱柜、模板制作区等易燃易爆场所必须配置相应的消防器材，并有专人负责。消防器材应定期检查，确保完好有效。

(3) 施工组织设计中应根据施工中使用的机具、设备、材料、气候和现场环境状况，分析施工过程中可能出现的消防隐患与可能出现的火灾事故(事件)，制定相应的防火措施和应急预案，施工中定期组织消防演练。

(4) 施工现场使用的消防产品、电气设备、建筑构件、建筑材料等的质量和防火性能必须符合国家标准或行业标准。

(5) 施工现场应设置消防通道，其宽度不得小于 3.5 m。消防通道不能环行时，应在适当地点修建回转车辆场地。

(6) 施工现场应设置水量和直径满足要求的消防水管，消火栓应设置在消防通道附近。

(7) 设置灭火器应遵守下列规定：

① 灭火器应设置在明显和便于取用的地点，且不得影响安全疏散。

② 灭火器应设置稳固，其铭牌必须朝外。

③ 手提式灭火器应设置在挂钩、托架或灭火器箱内，其顶部距地面高度不得大于 1.5 m，底部距地面高度不宜小于 80 cm。

④ 灭火器不得设置在潮湿和有腐蚀性的地点，必须设置时，应有相应的保护措施。设置在室外的灭火器，应设防雨、防晒设施。

⑤ 灭火器不得设置在超出其使用温度范围的地点。

⑥ 施工现场一个灭火器配置场所内的灭火器不得少于 2 具，要害部位配备的灭火器不得少于 4 具。

(8) 材料库设置应遵守下列规定：

① 各种材料应分类存放，易燃易爆和压缩可燃气容器等物品必须按其性质设置专用库房存放。

② 施工需用的易燃、易爆物品应根据施工计划限量进入现场。

③ 现场存放易燃材料的库房、木工加工场所、油漆配料房、防水和防腐作业场所，不得

使用高热强光灯具。

(9) 施工现场必须建立用火管理制度。用火前,现场必须制定消防措施,并申请动火证;消防管理人员必须到现场检查验收,确认消防措施已落实,并形成文件,方可发放动火证;作业人员领取动火证后,方可在指定地点、时间内作业。

(10) 现场焊接(切割)作业应遵守下列规定:

① 焊工必须取得资质证书,持证上岗。

② 施焊前,必须办理用火审批手续,方可操作。

③ 装过易燃液体或气体的管道、容器,未经彻底清除,严禁焊接(切割)。

④ 焊(割)作业现场周围 10 m 内的易燃、易爆物必须清除或采取隔离措施。

⑤ 作业现场应配备足够的消防器材。

⑥ 施焊(割)时,现场应设专人对消防、电气等安全状况进行监护。

⑦ 焊(割)作业完毕,必须检查现场,确认无遗留火种后,方可离开。

(11) 现场一旦发生火灾事故(事件),必须立即组织人员扑救,及时拨打火警电话并保护现场,配合消防部门开展火灾原因调查,吸取教训,采取预防措施。

六、治安综合治理

(1) 施工现场应建立安全保卫制度,做好治安工作,防止发生偷盗、打架等事件。与派出所建立联系制度,在施工现场公示报警电话。

(2) 施工现场应建立防疫应急预案,发现疫情及时向卫生行政主管部门和建设行政主管部门报告,并采取有效处理措施。

(3) 施工现场应备有担架、止血药、绷带和其他常用药品,以及保健药箱和急救器材等。

(4) 施工前,应了解施工现场周围环境,与施工现场有关的政府机关、部队、学校、村庄、企事业单位等取得联系,并建立协调工作制度,开展施工宣传活动;取得周边单位及群众的谅解与支持,在当地街道办事处(乡、镇政府)和公安部门支持下,为施工创造良好的社会环境。

(5) 施工过程中,应根据工程需要召开社会各有关单位参加的座谈会,通报工程情况,听取意见,采取文明、安全的施工措施。

(6) 施工过程中,应经常征求社会有关各方面的意见,完善施工安全管理。

七、季节性施工及防汛

1. 冬季施工应遵守的规定

(1) 冬期施工应采取以防火、防冻、防滑及员工宿舍安全用电为重点的安全技术措施。

(2) 入冬前应对临时生产、生活设施采取防寒、保暖措施。

(3) 现场采用电气设备供暖时,必须选择有专业资质的企业生产的合格产品(具有合格证)。使用前,必须对供暖电气设备进行检验,确认符合要求并记录。

(4) 施工中遇雨、雪、结冰天气应对施工范围内的道路、竖井和工作坑顶部、隧道出入口等施工人员出行和作业场地采取防滑措施。

2. 汛期施工应遵守的规定

(1) 汛期前应建立防汛指挥系统,成立抢险队伍,明确岗位责任,及时掌握天气预报信息,应急物资应到现场。

(2) 汛期施工应采取以防汛、防坍塌、防触电为重点的安全技术措施,并有重点部位的抢险预案。

(3) 汛期前应检查临时施工、生活设施的防雨状况,确认合格,发现屋顶防水层破损应及时修理,并经检查、验收,确认合格。

(4) 汛期施工前,应对施工现场的地形和原有排水系统的排洪能力进行调查,结合施工进度,制定排水方案和竖井、工作坑、隧(通)道出入口的防汛措施与相应的安全技术措施。

(5) 汛期前和汛期中,应对施工现场防汛措施落实情况和现况排水系统进行检查,确认措施符合要求,排水系统畅通。

(6) 施工范围内的雨水管道(沟)应临时改移至施工范围以外,或对其采取防渗漏加固措施。

(7) 汛期,竖井口和隧道范围的地面与暗挖施工影响区内的雨水和污水管道、道路、房屋等建(构)筑物,应设人员巡视,发现险情应及时采取安全技术措施。

3. 高温季节施工应遵守的规定

(1) 高温季节施工,应按劳动保护规定做好防暑降温措施。有条件的宜搭设凉棚,供应冷饮,准备防暑药品等。

(2) 高温季节施工应适当调整作息时间,尽量避开高温时间,若当日最高气温超过37 ℃时,上午 11 点至下午 4 点应停止室外露天作业。

八、文明施工及环境保护

文明施工要按国家、省市有关文明施工及扬尘防治要求来执行。文明施工管理包括对施工现场围挡、材料堆放及运输、临时设施、安全设施、施工噪声控制、渣土处理、污水排放、施工周围环境管理等内容。

环境保护工作应当遵守有关环境保护法律、法规和山东省或济南市相关文件规定,在施工现场采取措施,防止或者减少粉尘、废气、废水、固体废物、噪声、振动和施工照明对人体的危害和对环境的污染。

1. 方案编制

(1) 施工前应由工程技术人员和安全管理人员编制文明施工专项方案。方案应由施工单位技术负责人审批,项目总监、建设单位项目负责人审核并签字。

(2) 施工单位的项目经理(项目负责人)全面负责施工过程中文明施工的管理,根据工作规模、技术繁简程度和施工现场的具体情况,建立文明施工责任制,并组织实施。

2. 现场围挡

(1) 工程施工现场必须设置围挡,临近主干道和市容景观道路及机场、码头、车站广场等的工程施工现场,围挡高度应不低于 2.5 m;其他路段的工程施工现场,围挡高度应不低于 1.8 m。围挡应当牢固、整洁、美观。

(2) 围挡墙内外保持整洁,禁止依靠围挡墙堆放物料、器具等。禁止用围挡墙作挡土、挡水墙或作宣传牌(含广告牌)、机械设备等的支撑体。

(3) 施工单位应对围挡墙进行验收,验收合格后方可使用,并建立巡察制度。恶劣天气条件下应进行重点检查。

3. 材料堆放

(1) 施工现场应做到工完、料尽、场清。建筑垃圾及时清运，临时存放于现场的也应集中堆放整齐、悬挂标牌。施工现场的临时设施设置和材料堆放应符合以下要求：

(2) 临时设施应按照施工组织设计(或施工方案)中的总平面布置图安排设置。

(3) 机械设备、施工材料应按照施工总平面布置图安排的地点堆放，并分类挂牌。材料标牌上应标明材料名称、品种、规格。

(4) 易燃、易爆物品应分类进行安全存放。

(5) 各种材料应堆放整齐，妥善保管。工程竣工时，应做到工完、场清。

(6) 施工现场围挡外，不得堆放建筑材料和停放机械设备。

4. 安全标志

(1) 安全标志应在作业区、加工区、生活区等位置醒目设置，特别是施工现场入口处、起重机械、临时用电设施、脚手架、模板支架、围挡和护栏、施工道路交叉口、便桥端部、井孔口、基坑边缘、爆破现场、有毒有害危险物品存放处等重要部位。安全标志应符合《安全标志及其使用导则》(GB 2894—2008)的要求。

(2) 施工现场的安全标志应满足数量和警示要求，不得擅自拆除。

5. 临时设施

(1) 施工现场临时设施布置搭设应统一规划、合理布局、利于施工、方便员工生活，并满足《建筑工程现场环境与卫生标准》(JGJ 146—2013)的规定。

(2) 施工项目经理部应当将施工现场的办公、生活区与作业区分开设置，并保持安全距离；办公、生活区的选址应当符合安全性要求。职工的膳食、饮水、休息场所等应当符合卫生标准。

(3) 临时建筑应满足下列要求：

① 临时建筑应执行《施工现场临时建筑物技术规范》(JGJ/T 188—2009)要求，采用符合规定要求的阻燃材料。活动房屋应当具有产品合格证，并应满足安全、卫生、保温、通风等要求，夏季应安装纱窗。

② 电力架空线路下不得支搭临时建筑，需在其一侧搭建时，应符合《施工现场临时用电安全技术规范(附条文说明)》(JGJ 46—2005)相关要求。

③ 临时建筑与铁路、火灾危险区以及易燃易爆物品、仓库边缘的距离，不得小于 30 m。

④ 施工现场厨房、锅炉房、汽车库、变电室之间的距离不得小于 15 m。

⑤ 生活区临时建筑应分组布置，组与组间应保持防火安全距离；门窗宜向外开，室内净高不得小于 2.5 m。

⑥ 材料库设置应遵守下列规定：各种材料应分类存放，易燃易爆和压缩可燃气容器等物品必须按其性质设置专用库房存放。施工需用的易燃、易爆物品应根据施工计划限量进入现场。现场需设临时油库时，库房应有良好的自然通风；房内净高不得小于 3.5 m；地面应具有耐火、防静电性能，坡度应为 1%(向内)；门净高不得小于 2 m；门口应设内斜坡式门槛；照明必须采用外布线，灯具必须嵌入墙内。现场存放易燃材料的库房、木工加工场所、油漆配料房、防水和防腐作业场所，不得使用明露高热强光灯具。

(4) 职工宿舍应满足下列要求：

① 职工宿舍内净高不低于 2.6 m，通道宽度不小于 0.9 m，每间宿舍居住人数不超过

16人，宿舍内床铺不得超过2层，层间高度不得低于1.0 m，严禁设通铺。

② 宿舍内应设置住宿员工名单标牌，宿舍内应整洁卫生，卧具、用具应摆放整齐。

③ 宿舍夏季应有降温设备，冬季有取暖设备，针对不同的取暖设备应有相应的防触电或防煤气中毒措施。

(5) 职工食堂应满足下列要求：

① 食堂所用建筑、装饰材料和设施应符合安全、消防、卫生及防疫要求，食堂应有卫生管理制度，应具有“卫生许可证”；炊事人员应按规定进行体检，取得“健康证”后方可上岗，工作时应穿戴工作服、工作帽，并按规定定期体检；食堂应配备必要的消毒设备，炊具、餐具和各类用品应摆放整齐，保持食堂清洁、卫生。食堂距厕所、垃圾点等污染源的距离不得小于15 m，且不应设在污染源的下风侧。

② 灶间、售饭间、食品储藏室应分隔设置，食堂内禁止人员住宿和放置施工料具、有毒有害物品等。生、熟炊具器皿应有明显标记，分别放置，经常消毒，保持洁净。温暖季节食品出售前应加盖防蝇罩。严禁购买、出售变质食品。

③ 食堂应设上、下水设施，排水、排气口应采用金属网封闭，通风、排气良好。

④ 食堂应使用油、气、电等清洁燃料，禁止使用散煤等污染性燃料。

(6) 厕所、盥洗室、浴室应符合以下规定：

① 施工现场应设置自动水冲式或移动式厕所。

② 厕所的厕位设置应满足男厕每50人、女厕每25人设1个蹲便器，男厕每50人设1 m长小便槽的要求。蹲便器间距不应小于900 mm，蹲位之间宜设置隔板，隔板高度不宜低于900 mm。

③ 盥洗间应设置盥洗池和水嘴。水嘴与员工的比例宜为1∶20，水嘴间距不宜小于700 mm。

④ 淋浴间的淋浴器与员工的比例宜为1∶20，淋浴器间距不宜小于1 000 mm。

⑤ 淋浴间应设置储衣柜或挂衣架。

⑥ 厕所、盥洗室、淋浴间的地面应进行硬化和防滑处理。

(7) 施工现场宜单独设置文体活动室，使用面积不宜小于50 m^2。

6. 场容场貌

(1) 施工现场应设置大门，大门宽度不小于6 m，门头应有企业的形象标志，力求美观。采用门楼式大门时，高度不小于5 m。有条件时宜使用金属电动门。

(2) 大门处应设门卫室，实行人员、车辆出入登记和门卫交接班制度，严禁无关人员进入施工现场。

(3) 施工现场主要进口处应有整齐明显的工程概况牌、管理人员名单及监督电话牌、安全生产纪律牌、文明施工制度牌、防火责任制度牌、施工进度牌、施工现场总平面图。重点工程还应加设公示牌。标识牌规格为1.2 m×0.8 m，应设置牢固、美观。

(4) 施工现场生活区、作业区应按照平面布置图设置，并有明显划分。

(5) 水泥、钢筋等建筑材料应按生产厂家、品种和生产日期分类存放，稳定牢固、整齐有序，并设置材料状态标识牌。水泥存放应设专用库房，并有防潮、防雨措施。

(6) 现场使用的机械设备要定点安放，摆放整齐，机身经常保持清洁，标记编号明显，安全装置可靠，机棚内外干净整齐，棚内视线良好，操作方便。

(7) 施工现场道路、加工区和生活区地面应进行硬化。道路应采用混凝土硬化,并满足车辆行驶和抗压要求。

(8) 施工现场出入口应当设置符合标准和规范的运输车辆冲洗和排水设施,保持出场车辆清洁,严禁车辆带泥上路。

(9) 施工现场易产生扬尘污染的作业区应进行封闭作业。堆放、装卸、运输等易产生扬尘污染的物料应采取遮盖、封闭、洒水等措施。风速四级以上天气应停止易产生扬尘的作业。

(10) 砂浆、混凝土在运输、使用过程中,要做到不洒、不漏、不剩、不倒;洒漏的要及时清理。

(11) 施工现场有条件的可以进行绿化。

7. 夜间施工应遵守的规定

(1) 晚 22 点至早 6 点属于夜间施工期间,应按规定办理相关手续。除抢修抢险外,夜间施工期间在居民区、文教区、疗养区和其他需要安静环境的地区进行施工,禁止使用打桩机、破碎机、推土机、挖掘机、打夯机、发电机、电锯、混凝土电动振捣机等机械,以及从事其他产生环境噪声污染的作业。

(2) 由于生产工艺上的连续性或者其他特殊原因,夜间施工不能避免环境噪声污染的,施工单位必须事先报经环保部门审查同意、批准,核发夜间施工许可证。

(3) 夜间施工时,现场必须有符合操作要求的照明设备,施工驻地要设置路灯。

(4) 夜间施工时,轨行式起重设备、水平运输设备等应设置声光报警装置,竖井口、基坑边入口等危险区域应设置明显的警示装置。

8. 渣土运输应遵守的规定

(1) 有渣土、泥浆外运的施工现场,出口处应按规定设置洗车槽和车辆冲洗设备,保证驶出施工现场的车辆不带泥上路。

(2) 运输渣土、泥浆的车辆,必须采用封闭式运输车,保证在运输过程中不遗漏抛洒,不污染城市道路。

(3) 运输车辆应按照政府相关管理部门批准的路线和时间段进行渣土运输。

9. 噪声的防护措施

(1) 施工噪声的控制应符合《建筑施工场界环境噪声排放标准》(GB 12523—2011)的要求。

(2) 由于生产工艺上的连续性或者其他特殊原因,需夜间施工不能避免环境噪声污染的,施工单位必须事先报经有关部门审查同意。

10. 生产、生活污水的处理

(1) 施工单位必须依据施工现场的实际情况做好排水、排污施工组织设计并组织实施。

(2) 施工现场污水排放应达到《污水综合排放标准》(GB 8978—1996)的要求。

(3) 施工现场应设置良好的排水系统,保持排水畅通,地面无积水;针对不同的污水,设置相应的处理措施,如沉淀池、隔油池、化粪池等,严禁污水未经处理直接排入城市管网和河流。

(4) 实行钻孔灌注桩工艺施工的桩基工程,施工现场应当采取降尘或者硬地坪覆盖等防止泥浆漫溢的有效措施。

(5) 施工中的泥浆,未经处理不得直接排入城市排水系统和河流。

11. 生产、生活垃圾的处理

(1) 建筑垃圾应集中、分类堆放,及时清运;生活垃圾应采用封闭式容器,日产日清。垃圾清运应委托有资格的运输单位,不得乱卸乱倒。不得在施工现场熔融沥青、焚烧垃圾等有毒有害物质。

(2) 运输流体、砂石等容易飞扬的建筑材料和建筑垃圾,应当密封、遮盖,不得沿途抛撒、遗漏。

(3) 处置施工渣土,施工单位(项目部)应当事先按照有关规定到市容环境卫生管理部门办理有关审批手续,并按照规定的数量、运输线路、时间、倾倒地点进行处置。严禁将有害废弃物用于土方回填。

(4) 工程竣工后,施工单位应当在1个月内拆除现场围挡和临时设施,清除场内余留物料和垃圾。

12. 光污染控制

(1) 尽量避免或减少施工过程中的光污染。夜间室外照明加设灯罩,透光方向集中在施工范围内。

(2) 电焊作业采取遮挡措施,避免电焊弧光外泄。

第三节 拆迁、建(构)筑物加固

一、基本规定

(1) 开工前,施工项目部应组织施工、技术、安全等有关管理人员赴现场落实合同文件规定的建设单位应完成的拆迁工作情况。

(2) 当建设单位依合同文件规定,委托施工单位代理工程范围内的拆除工作时,施工项目部必须在施工前组织施工、技术、安全等有关管理人员,确认工程范围内的全部拆除项目,明确安全责任,并按合同要求进行拆除。

(3) 施工单位对因建设工程施工可能产生影响或可能造成损害的毗邻建(构)筑物、地下管线、市政道路、轨道交通、铁路交通、文物、堤防等,应当采取专项施工安全措施。专项施工安全措施须征得管理部门的同意。

(4) 施工中需占用社会道路、公路,或下穿铁路交通、长江大堤、文物建筑,或加固、改移、拆除各种管线、建(构)筑物时,应经其管理部门批准,并遵守其安全技术规定。

二、拆迁

(1) 拆迁施工必须由具有专业资质的施工企业承担。

(2) 房屋拆除前,必须依据竣工图纸与现况,分析结构受力状态,确定拆除方法与程序,编制拆除方案和安全技术措施,经建设、监理、房屋产权管理单位签认后,方可实施,严禁违规拆除。

(3) 房屋拆除时必须严格按方案执行,并由安全技术管理人员现场检查、监控,严禁违规作业。拆除后应检查、验收,确认符合要求。

（4）各种架空线拆移，应结合工程需要，征求有关管理单位意见，确定拆移方案，经建设、监理、管理单位签认后，方可实施。

（5）采用非爆破方法拆除时，必须自上而下、先外后里，严禁上下、里外同时拆除。

（6）拆除砖、石、混凝土建（构）筑物时，必须采取防止残渣飞溅危及人员和附近建（构）筑物、设备等安全的保护措施，并随时洒水降尘。

（7）使用液压振动锤、挖掘机拆除建（构）筑物时，应使机械与被拆建（构）筑物之间保持安全距离。使用推土机拆除房屋、围墙时，被拆物高度不得大于 2 m。施工中作业人员必须位于安全区域。

（8）切割拆除具有易燃、易爆和有毒介质的管道或容器时，必须首先切断介质供给源，管道或容器内残留的介质应根据其性质采取相应的方法清除，并确认安全后，方可拆除。遇带压管道或容器时，必须先泄除压力，确认安全后，方可切割。

（9）采用爆破方法拆除时，必须明确对爆破效果的要求，选择具有相应爆破设计资质的企业，依据《爆破安全规程》(GB 6722—2014/XG1—2016）等的有关规定，进行爆破设计，编制爆破设计书或爆破说明书，制定爆破专项施工方案，规定相应的安全技术措施，报主管和有关管理单位审批，并按批准要求由具有相应爆破施工资质的企业进行爆破。

（10）各项施工作业范围，均应设围挡或护栏和安全标志。

三、建（构）筑物加固

（1）施工区域内的建（构）筑物的安全受施工影响，或其危及施工安全时，均应进行临时加固。加固方案应征得管理单位的同意，临时加固应经检查、验收，确认符合要求并形成文件后，方可施工。

（2）各类建（构）筑物的加固应遵守下列规定：

① 施工前应依据被加固对象的特征，结合现场的水文地质条件、施工环境与有关管理单位协商确定方案，进行加固设计，经批准后方可实施。隧道、地铁等跨度较大的设施应由具有资质的设计单位进行加固设计。

② 加固设计应满足被加固对象的结构安全与施工安全的要求。

③ 加固施工必须按批准的加固设计进行，严禁擅自变更。

④ 加固施工完成后应经验收，确认符合加固设计的要求，并形成文件。

⑤ 在工程施工过程中，应随时检查、维护加固设施，使其保持完好。

四、管线迁改

（1）各种地下管线迁改或保护，必须向规划和管线管理单位咨询，查阅相关专业技术档案，掌握管线的施工年限、使用状况、位置、埋深等，并请相关管理单位到现场交底，必要时应在管理单位现场监护下做坑探。在探明情况的基础上，与管理单位确定迁改或保护方案，经规划、建设、监理、管理单位签认后，方可实施。实施中应请管理单位派人进行现场指导。

（2）道路、公路、人防、河道、树木（含绿地）等及其相关设施的迁改，应根据工程需要征求各管理部门（单位）对迁改措施的意见，商定迁改方案，经建设（监理）、管理部门（单位）批准或签认后，方可实施。

第八章 道路工程安全管理

第一节 路 基 工 程

一、清理场地

(1) 清除的丛草、树木严禁放火焚烧,以防引起火灾。

(2) 砍伐树木必须遵守下列规定:

① 伐树范围内应布置警戒,非工作人员不得逗留、接近;

② 截锯木料时,应将树干支撑牢固;

③ 伐树应拴系拉绳按预定方向倾倒,倾倒应采取防止伤人及破坏周边杆线和建(构)筑物的措施。

④ 大风、大雾和雨天不得进行伐树作业。

(3) 用起吊设备拔除电杆,应设置警戒线,由专人指挥。

二、土方开挖

(1) 路基开挖前,应按设计要求先挖好截排水沟,截水沟距坡顶开挖线不小于 5 m,开挖应自上而下进行,严禁掏洞挖土。

(2) 在直埋缆线 2 m 范围内,各建(构)筑物及基础、各电杆及基础、各地下管道 1 m 范围内,必须采用人工开挖,且应采取安全防护措施。严禁机械开挖。

(3) 分层开挖时,作业面应相互错开,严禁上下、双层同时作业。

① 人工开挖必须戴安全帽,开挖台阶符合规范要求,作业人员间隔不小于 2 m。

② 机械开挖必须有专人指挥,开挖台阶高度宜为 3～4 m,台阶宽度宜为 4～8 m,工作半径内严禁站人。

(4) 架空线路下挖掘机械挖土作业,其安全距离不得小于表 8-1 的规定。

表 8-1 挖掘机与架空线路边线的最小安全距离

电压/kV	安全距离/m	
	沿垂直方向	沿水平方向
<1	1.5	1.5
10	3.0	2.0
35	4.0	3.5
110	5.0	4.0
220	6.0	6.0

表 8-1(续)

电压/kV	安全距离/m	
	沿垂直方向	沿水平方向
330	7.0	7.0
500	8.5	8.5

三、石方开挖

(1) 采用爆破开挖石方的爆破方案,应由具有爆破设计资质的单位进行设计。爆破施工应制定专项施工方案,并报有关部门审查及公安部门批准备案。

(2) 爆破方案的选择原则:

① 城区交通要道应采用小药量的电力起爆、导爆管起爆或静态爆破。

② 郊区可采用中小型爆破,如采用裸露药包法、炮眼法、药壶法、猫洞法等控制爆破。

(3) 爆破器材、炸药必须设专用库房存放,专职管理,建立收发管理制度。

(4) 布眼、钻孔前,应将施爆区岩面的覆盖层和已风化松动岩石清除干净。

(5) 爆破工作应由具有爆破施工资质的施工企业承担,由经过爆破专业培训、具有爆破作业上岗证的人员施爆。

(6) 陡峭岩面钻孔、装药工人,应戴安全帽及防护用具作业。

(7) 爆破前准备工作:

① 由建设单位约请周边有关单位,检查对相关设施采取安全保护措施的落实情况。

② 向有关部门、单位、居民发布爆破书面通知书。

③ 在警戒范围边界,设置警戒线、警示标志,布置安全警戒岗哨。

④ 进一步检查爆破器材的性能、炮眼的装药情况,无法移动设备的覆盖情况。

⑤ 预告信号发出后,检查爆破区内非工作人员及家畜、家禽的撤离情况。

(8) 确认爆破区内安全无误后,发出起爆信号,按程序实施起爆。

(9) 爆破声毕、安全等待时间过后,检查人员进入爆破区检查、清理瞎炮,确认安全后,方可发出解除信号。

四、土石方的装运卸

(1) 石料装车前,应由有经验的工人戴安全帽、系安全带后清除坡面上的松石、危石。严禁在松动危石下方作业。

(2) 装料前,应检查装载机械和运输车辆的机械性能,严禁带病作业。

(3) 装卸土石方的车辆,在装卸地应有专人指挥。

(4) 运输车辆在指挥人员指定的位置停稳后,方可装料。装料时,铲斗到过车厢上方后应慢速下落,减少卸料高度及冲击力。

(5) 装料不得超过车厢的高度,以免撒落污染环境和伤及行人。

(6) 在开挖区域内,运料通道应符合下列要求:

① 人工运料通道的宽度不宜小于 2 m;机械运料单车通道不应小于 4 m,双车通道不宜小于 8 m。

② 汽车运输道路最大纵坡不宜大于9%，推土机推运土最大纵坡不宜大于18%，横坡不大于10%。

③ 两台以上推土机同时作业时，前后距离应大于8 m，左右距离应大于1.5 m。

(7) 运料车到达卸料地后，应听从指挥，将车停稳后再进行卸料作业，不得边卸料、边行驶。

(8) 卸料地上方有架空线路，应待确认车顶升起后距架空路线距离符合要求后，才允许进行卸料作业。不符要求，应采用其他方式卸料。

(9) 确需弃土，弃土堆应置于路堤坡脚或路堑两端，弃土堆边坡不应陡于1∶1.5，且不能堵塞排水边沟。

五、路基填筑、压实与防护

(1) 在软土地基上填筑路基，应先在路基坡脚线外挖好排水沟，按设计要求做好地基处理工作，并按不同的处理方法，做好安全保护工作。

① 严格按操作规程操作打桩、成桩机械。

② 水泥搅拌桩、水泥粉喷桩、水泥粉煤灰碎石桩的操作工人工作时，应戴安全帽、防尘口罩或面罩。

③ 当采用抛石挤淤法或填筑砂垫层时，卸料车辆应遵循“从一端驶向另一端，从中间向两侧”的程序卸料。抛石工人应戴防护手套。

(2) 在软土地基上填筑路堤，除控制填土层厚度，还应控制填土速率，做好沉降位移观测记录，防止路堤坍塌，危及人身安全。

(3) 填土宽度每侧均应大于路基宽度(50 cm)，压路机应在整个施工宽度内从边向中、从低向高碾压，不得超出设计宽度(10 cm)，以防压路机倾倒。

(4) 两台以上压路机同时作业，其前后安全间距不小于3 m。

(5) 地下管线覆土厚度小于50 cm，不得采用压路机压实，应采用电动蛙式夯夯实。采用蛙式夯夯实前，应检查机械性能及电缆接线绝缘，夯击应由二人配合进行，防止电缆缠接或被夯击。

(6) 有地下管线区域的地基或路基，不得采用强夯夯实。采用强夯夯实时，应编制专项施工方案，制定好安全生产技术措施。

(7) 老路基加宽、半填半挖路基的填筑，应沿老路基或半填方原地形边坡挖成向内倾斜2%～3%的台阶，台阶宽度应不小于1 m，台阶高度宜为0.5 m(土)～1 m(石)。

(8) 路基边坡采用块石或砌块护坡，应遵循下列规定：

① 土路基边坡应进行削坡、整平、夯实。

② 铺砌应自下而上进行，砌石或砌块应交错压紧，不得浮塞、叠砌。浆砌坐浆应饱满、密实，不得有空洞。

③ 坡面泄水孔泄水应通畅。

(9) 石质路堑边坡采用喷锚支护，应遵循下列规定：

① 沿坡面搭设的脚手架应牢固、稳定，工作平台应设护栏。

② 打眼安装锚杆的工人，应戴安全帽、系牢安全带。

③ 喷射混凝土的操作工人应戴安全帽、防护面罩及防护手套。

④ 工作顺序为自上而下进行。

第二节 路面工程

一、基层

(1) 高填土路基和软土地基,应在允许沉降达设计要求后方可进行基层施工。路基应坚实、平整,无障碍物。

(2) 现场调转推土机、平地机、压路机等机械时,应设专人指挥,各机械作业,应按相关操作规程进行。

(3) 消解石灰不得在浸水的同时边投料、边翻拌,人员应远避,以防烫伤。

(4) 装卸及翻拌粉状材料时,操作人员应戴防尘口罩站在上风口,作业时应轻拌、轻翻以减少粉尘。散装粉状材料宜使用粉料运输车运输,否则车厢上应采用篷布遮盖。装卸尽量避免在大风天气下进行。

(5) 城区不得采用路拌法施工基层。郊区采用机械路拌石灰土、水泥土应遵守下列规定:

① 拌和过程中,严禁机械急转弯或原地转向或倒行作业。

② 拌和机运转过程中,严禁人员触摸传动机构。

③ 机械发生故障必须停机后,方可检修。

(6) 集中拌和基层材料应遵守下列规定:

① 各机具设备之间应设安全通道。机具设备支架及其基础应进行受力验算,其强度、刚度、稳定性应满足机具运行的安全要求。

② 拌和场不得设在电力架空线路下方,确需设在其一侧时,其安全距离应符合有关规定,拌和机电缆接线及电源闸箱应符合安全要求。

③ 拌和场周围应设围挡,实行封闭管理,进出厂道路、场地应硬化。

④ 拌和机安装牢固,防护装置齐全、有效。

⑤ 拌和场地应采取降尘措施,空气中粉尘等有害物含量应符合国家现行规定。

⑥ 拌和机运转时,严禁人员触摸传动机构。

⑦ 拌和机具设备发生故障或检修时,必须关机、断电后方可进行,并必须固锁电源闸箱,设专人监护。

⑧ 拌和场应按消防安全规定配备消防器材。

(7) 基层施工中,各种现状地下管线的检查井(室)应随各结构层相应升高或降低,严禁掩埋,井口应设围挡及警示标志。

(8) 人工摊铺基层材料应遵守下列规定:

① 摊铺工作应由作业组长统一指挥,协调摊铺人员和运料车辆与碾压机械操作工人的相互配合关系;作业人员应相互协调,保证安全作业。

② 作业人员之间应保持 1 m 以上的安全距离。

③ 摊铺时不得随意抛撒,以免伤人。

(9) 机械摊铺与碾压基层应遵守下列规定:

① 作业中，应设专人指挥，协调各机械操作工、筑路工之间的相互配合关系，保证安全作业。

② 作业中，机械指挥人员应随时观察作业环境，使机械避开人员和障碍物；当人员妨碍机械作业时，必须及时疏导人员离开并撤至安全地点。

③ 机械运转时，严禁人员上、下机械，严禁人员触摸机械的传动部位。

④ 作业后，机械应停放在平整、坚实的场地，不得停置于临边、低洼、坡度较大处。停放后必须熄火、制动。

二、沥青路面

(1) 凡患有结膜炎、皮肤病及对沥青过敏者，不宜从事沥青作业。

(2) 从事沥青作业人员，必须穿戴长袖劳保工作服、劳保鞋和防护手套作业，皮肤外露部分均须涂抹防护药膏。工地上应配有医务人员。

(3) 沥青操作工人的工作服及防护用品，应集中存放，经常检查其有无破损；破损劳保用品，不得用于作业。

(4) 沥青的加热及混合料拌制，宜在沥青拌和站进行。拌和站宜设在人员较少、场地空旷的地段。拌和站应增设防尘及防污染设施。

(5) 液态沥青宜采用液态沥青车运送，使用时应遵守下列规定：

① 用泵抽送热沥青进出油罐时，工作人员应避让。

② 向储油罐注入沥青时，当浮标指示达到允许最大容量时，要及时停止注入。

③ 满载运行时，遇有弯道、下坡时要提前减速，避免紧急制动。油罐装载不满时，要始终保持中速行驶。

(6) 采用机械吊装桶装沥青时，应遵守下列规定：

① 吊装作业应有专人指挥。沥青桶的吊索应绑扎牢固。

② 吊臂旋转半径范围内严禁站人，吊起的沥青桶不得从运输车辆的驾驶室上空越过，装车时吊桶应稍高于车厢板，慢落、轻放，且不得碰撞车厢板。

③ 沥青桶未稳妥落地前，严禁卸取吊绳。

(7) 人工装卸桶装沥青时，应遵守下列规定：

① 运输车辆应停放在平坡地段，并拉上手闸制动，车轮下嵌塞垫木；

② 跳板应有足够的强度，坡度不应过陡；

③ 沥青桶不得漏油，发现漏油应先堵漏、后搬运；

④ 放倒的沥青桶经跳板向上(下)滚动装(卸)车时，应在铁桶两端各套一根绳索，收放绳索时要缓慢，并应同步进行。

(8) 人工运送液态沥青时，装油量不得超过容器的 2/3。

(9) 石油沥青的储存场地应有防火设施。普通石油沥青的储存及加热温度不得超过 170 ℃；液体石油沥青的储存温度不得超过 50 ℃，加热温度不得超过 100 ℃。

(10) 沥青的预热与熬制宜采用蒸汽、导热油、太阳能及远红外等加工工艺，不宜采用明火预热、熬制。

(11) 蒸汽加温沥青时，其蒸汽管道连接应牢固，管道应严加保护，在人员易触及的部位，必须用保温材料包扎。

(12) 远红外加热沥青,应遵守下列规定:

① 使用前应检查机电设备和短路过载保安装置是否良好,电气设备有无接地,确认符合要求后方可合闸作业。

② 沥青油泵应进行预热,当用手能转动联轴器时,方可启动油泵送油。

③ 输油完毕后将电机反转,使管道中余油流回锅内,并立即用柴油清洗沥青泵及管道。清洗前必须关闭有关阀门,严防柴油流入油锅。

(13) 导热油加热沥青应遵守下列规定:

① 对加热炉及设备应作全面检查,各种仪表应齐全、完好。泵、阀门、循环系统和安全附件应符合技术要求,超压、超温报警系统应灵敏、可靠,导油管防护措施符合要求。

② 加热炉使用前必须进行耐压试验,水压力应不低于额定工作压力的 2 倍。

③ 工作中应经常检查循环系统有无渗漏、振动和异声,定期检查膨胀箱的液面是否超过规定,自控系统的灵敏性和可靠性是否符合要求。

④ 定期清除炉管及除尘器内的积灰。

(14) 洒布车(机)工作地段应有专人警戒。施工现场的障碍物应清除干净,井口应加盖。施工现场严禁使用明火。

(15) 沥青洒布车作业应遵守下列规定:

① 检查机械、洒布装置及防护、防火设备是否齐全、有效。

② 采用固定式喷灯向沥青箱的火管加热时,应先打开沥青箱上的烟囱口,并在液态沥青淹没火管后,方可点燃喷灯。加热喷灯的火焰过大或扩散蔓延时应立即关闭喷灯,待多余的燃油烧尽后再行使用。喷灯使用前,应先封闭吸油管及进料口,手提喷灯点燃后不得接近易燃品。

③ 满载沥青的洒布车应中速行驶。遇有弯道、下坡时应提前减速,尽量避免紧急制动。行驶时严禁使用加热系统。

④ 驾驶员与喷洒操作人员应密切配合,操作人员应注意自身的安全。作业时在喷洒沥青方向 10 m 以内不得有人停留。

⑤ 发现喷头或管道堵塞,应立即关闭阀门,停止作业,进行检修。

(16) 沥青混合料拌和设备作业应遵守下列规定:

① 作业前,热料提升斗、搅拌器及各种称斗内不得有存料。

② 配有湿式除尘系统的拌和设备,其除尘系统的水泵应完好,并保证喷水量稳定且不中断。

③ 卸料斗处于地下底坑时,应防止坑内积水淹没电器元件。

④ 拌和机启动、停机,必须按规定程序进行。点火失效时,应及时关闭喷燃器油门,待充分通风后再行点火。需要调整点火时,必须先切断高压电源。

⑤ 液化气点火时,必须有减压阀及压力表。燃烧器点燃后,必须关闭总阀门。

⑥ 连续式拌和设备的燃烧器熄火时应立即停止喷射沥青。当烘干拌和筒着火时,应立即关闭燃烧器鼓风机及排风机,停止供给沥青,再用含水量高的细集料投入烘干拌和筒,并在外部卸料口用干粉或泡沫灭火器进行灭火。

⑦ 关机后应清除胶带上、各供料斗及除尘装置内外的残余积物,并清洗沥青管道。

(17) 沥青混合料拌和站的各种机电设备(包括使用微电脑控制进料的设备),在运转前均需由机工、电工、电脑操作人员进行详细检查,确认正常完好后才能合闸运转。

(18) 机组投入正常运转后,各部门、各工种都要随时监视各部位运转情况,不得擅离岗位。

(19) 运转过程中,如发现有异常情况,应报告机长,并及时排除故障。停机前应首先停止进料,等各部位(拌鼓、烘干筒等)卸完料后,才可提前停机。再次启动时,不得带负荷启动。

(20) 运转中严禁人员靠近各种运转机构。

(21) 搅拌机运行中,不得使用工具伸入滚筒内掏挖或清理。需要清理时必须停机。如需人员进入搅拌鼓内工作时,鼓外要有人监护。

(22) 料斗升起时,严禁有人在斗下工作或通过。检查料斗时应将保险链挂好。

(23) 拌和站机械设备需经常检查的部位应设置铁爬梯。采用胶带机上料时储料仓应加防护设施。

(24) 沥青混合料摊铺作业应遵守下列规定:

① 工作前应检查各部位螺栓是否紧固,连接是否可靠,空运转是否正常,转向操纵机构和制动器是否灵敏、可靠。

② 驾驶台及作业现场视野要开阔,清除一切有碍工作的障碍物。作业时无关人员不得在驾驶台上逗留。人员不准在料斗内坐立或作业,以免发生人身安全事故。驾驶员不得擅离岗位。

③ 工作过程中,摊铺机不得倒退,如需倒退,必须提起熨平板停止工作后方可进行。

④ 摊铺前熨平板应进行预热,预热应控制热量,加热过程中,必须有专人看管,防止伤人、伤机。

⑤ 运输沥青混合料的自卸汽车在倒车驶向摊铺机时,料斗要对准,并有专人指挥,汽车应在摊铺机前 10～30 cm 处停靠,避免发生冲撞、撒料等现象。

⑥ 摊铺时,熨平板上不准随意站人,非操作人员不得攀登摊铺机。

⑦ 摊铺机运输时,应提起熨平板,并用锁紧装置锁住。

⑧ 换挡必须在摊铺机完全停止时进行,严禁强行挂挡和在坡道上换挡或空挡滑行。

⑨ 驾驶力求平稳,不得急剧转向。在弯道作业时,熨平装置的端头与路缘石的间距不得小于 100 cm,以免发生碰撞。

⑩ 两台摊铺机成梯队作业时,其间距不得小于 10 m。

⑪ 停机后应认真做好保养工作。在清洗料斗、刮板、螺旋输运器和熨平板等部件时,必须将发动机熄火后进行,一次清理不完,可再次发动机械,转过一定距离或一个角度后再停机熄火清理,这样反复进行,直到清洗完毕。清洗摊铺机时必须使用柴油清洗,并不得接近明火。

(25) 沥青混合料碾压作业应有专人指挥,采用两台压机作业,其间距不得小于 3 m。

三、水泥混凝土路面

(1) 混凝土拌和应遵守下列规定:

① 安装及拆卸混凝土拌和机的吊装机械应有专人指挥。安装应牢固,电源电缆接线及开关闸箱应符合用电安全要求,搭设的工作平台应稳固,上、下扶梯及平台护栏高度不小于

1.05 m。防雨、防火设施齐全。

② 袋装水泥应按层码垛堆放，层高不得超过10袋，搬运人员应戴防尘口罩，取运应按自上而下的顺序进行。

③ 用手推车向料斗倒料，应在料斗停稳后，轻倒慢回，不得用力过猛，以免车斗回弹伤人。

④ 机械运转过程中，操作工人应集中精力、认真操作，不得擅自离岗，发现漏电征兆、缆线破损、机械故障时，应立即停机、断电、挂牌明示检修。

⑤ 机械转运过程中，工作平台下、入料口及出料口周围严禁站人。

⑥ 进入缆线筒内清洗检修，应关机、断电、闸箱上锁、挂牌明示、专人监护。

(2) 人工摊铺小型机具振捣应遵守下列规定：

① 支模使用的大锤与锤柄结合应牢固，锤顶平整、无飞刺。

② 装卸安装模板应稳抬轻放，严禁抛掷伤人。

③ 打锤时，扶钎人应在打锤人侧面，采用长柄夹具扶钎。打锤范围内不得有其他人员。

④ 手推车或小型翻斗车装运混凝土，车辆之间应保持一定的安全距离。

⑤ 自卸汽车运送混凝土拌和物，不得超载和超速行驶。进入作业面后应有专人指挥前进。车停稳后方准顶升车厢卸料。在架空线路下卸料，达不到安全距离，应辅以人工摊铺。车厢尚未放下时，操作人员不得上车清除残料。

⑥ 使用混凝土泵车，需在其一侧作业时，泵车就位地点应平整、坚实，作业后清洗的废水，不得污染环境，不得堵塞雨、污水排放设施。

⑦ 使用混凝土振动器应遵守下列规定：

a. 操作人员必须经过用电安全技术培训。作业时必须戴绝缘手套、穿绝缘胶鞋。

b. 电动机电源上必须安装漏电保护装置，接地或接零装置必须安全可靠，使用前应检查，确认合格。

c. 使用前应检查各部件，确认完好、连接牢固、旋转方向正确。

d. 作业中应随时检查振动器及其接线，发现漏电征兆、缆线破损等必须立即停机、断电，由电工处理。

e. 移动振动器时，不得用缆线牵引；移动缆线受阻时，不得强拉。

⑧ 作业后对运输车辆的清洗，应在停稳状态下进行，污物应妥善处理，不得随意排放。

⑨ 拆下的木模应及时起钉，堆放整齐。

(3) 机械摊铺作业应符合的要求。

① 使用轨模式水泥混凝土摊铺机摊铺时，应遵守下列规定：

a. 布料机与振平机之间应保持5～8 m的安全距离。

b. 布料机传动钢丝的松紧要适度。不得将刮板置于运行方向垂直的位置，也不得借助整机的惯性冲击料堆。

c. 作业中严禁驾驶员擅自离开驾驶台。无关人员不得在驾驶台上停留或上、下摊铺机。在弯道上作业时，要注意防止摊铺机脱轨。

② 使用滑模式水泥混凝土摊铺机摊铺时，应遵守下列规定：

a. 停机处应平整、坚实，并用支垫木块垫起机体。履带垫离地面后方可进行调整、安装工作。

b. 调整机器高度时，工作踏板及扶梯等处不得站人。作业期间严禁碰撞引导线。

c. 摊铺机应避免紧急转向，防止与预置钢筋、路缘石等碰撞。

d. 摊铺机不得牵引其他机械。其他机械牵引摊铺机时应使用刚性拖杆。

e. 摊铺机停放在通车道路上时，周围必须设置明显的安全标志。夜间应以红灯示警，其能见度不得小于 150 m。

③ 使用水泥混凝土抹平机时，其连接螺栓应紧固、不松动，并在无负荷状态下启动。电缆要有专人收放，确保不打结、不砸压，如发现有异常现象应立即停机检查。

④ 混凝土真空吸水操作应遵守下列规定：

a. 开机前应陪同电工检查电机、电器开关、电缆线及接线是否符合安全要求，接零或接地是否良好。

b. 开动电机应检查转向泵机真空度是否符合要求。当符合要求时，应检查泵组、管道及工作装置的密封情况；有损坏时，应及时修理或更换。

c. 真空泵不允许在出水量很少的情况下长时间运转，也不允许在达到极限真空度（"气蚀工况"）下长时间运转，以免影响使用寿命。

d. 真空吸水作业时，严禁操作人员在吸垫上行走或将物件置压在吸垫上。

e. 经常检查真空泵过滤网，发现破损应及时更换。

f. 做好维护保养工作。工作结束后应清洗水箱，去除泥砂，放尽余水，并及时冲洗底垫和盖垫。

⑤ 切缝、养生作业应符合下列规定：

a. 开机前应陪同电工先检查电机、电器开关、电缆线及接线是否正常，是否符合安全要求，同时检查刀盘的紧固度和转向，检查冷却水管是否破损，严禁刀盘正向、反向轮流作业。

b. 操作人员作业时应穿绝缘鞋并戴绝缘手套。

c. 切缝前应先打开冷却水管阀门，切割中还应注意水箱水位，当水位降至水箱高度 1/2 以下时，要及时补充水，冷却水中断时应停止切缝，严禁干燥作业。

d. 切缝时刀片进刀、退刀要缓慢，切割推进要均匀，并注意割切深度指示器，当遇有较大切割阻力时，应立即升起刀片检查，严禁刀片前方站人。

e. 喷涂薄膜养护溶剂，应做好安全防护工作。喷洒时应站在上风侧，并穿戴安全防护用品。

f. 洒水养护时，拉移输水胶管应顺直，不得扭结，不得倒退行走，水管敷设不得影响车辆、人员施工安全。

⑥ 现场加热填缝料灌缝，其配制现场应配置消防设施，注意用火安全，灌缝操作人员应戴防护手套。

第三节　道路附属构筑物

（1）道路附属构筑物应按道路施工总体部署，由下至上随道路结构层的施工相应地分段、分步完成，严禁在道路施工中掩埋地下管道检查井。

（2）施工中遇井、孔时，各种管线的井（室）口必须加盖，并设围挡标示，夜间设警示灯。

（3）作业区内不宜码放过多的砖材和预制构件，管材码放应加垫块；砖应交错码放，码放应整齐，其高度不宜超过 1.8 m。

(4) 进入沟槽前必须检查槽壁的稳定状况，确认安全。作业中应随时观察，发现槽壁有不稳定征兆，必须立即撤离危险地段，处理完毕，并确认安全后，方可恢复作业。

(5) 有断裂危及人身安全的路缘石、隔离墩、方砖、混凝土管等构件时，不得搬运至现场。

(6) 吊装管材入槽应采取安全保护措施。

(7) 倒虹吸管两端的检查井在施工中和完成后，必须及时盖牢或设置围挡。倒虹吸管在进行闭水试验和隐蔽工程验收合格后，应及时回填土，避免暴露时间过长留下安全隐患。

(8) 砌筑检查井、雨水口应遵守下列规定：

① 施工前，应在检查井周围设置安全标志，非作业人员不得入内。

② 砌筑井身及偏心收口，应按施工技术规定操作，砌筑砂浆应饱满，严禁坛式收口。

③ 升降现状的电力、信息管道等检查井时，应在管理单位人员现场监护下作业，并对井内设施采取保护措施。

④ 下井作业前，必须先打开拟进和相邻井的井盖通风，经检测确认井内空气中氧气符合标准，有毒、有害气体浓度低于现行国家标准规定，经检测确认其内空气质量合格后，应立即进入并抓紧作业；如未立即进入，当再进入前，必须重新检测，确认合格并记录。作业人员必须配备防护设备、防毒面具、氧气呼吸机并正确使用。作业过程中，对其内空气质量必须进行动态监测，确认符合要求并记录。操作人员应轮换作业，井外应设专人监护。

⑤ 现浇检查井混凝土盖需放在井内支设模板或作业平台时，必须支搭牢固，并能经受施工荷载的冲击。

(9) 路缘石、隔离墩安装及方砖铺砌应遵守下列规定：

① 路缘石、隔离墩、大方砖等构件质量超过 25 kg 时，应使用专用工具，由两人或多人抬运，动作应协调一致。

② 构件就位时或调整构件高程时，应采取防止砸伤手脚的措施。

③ 采用混凝土切割机切断构件时，应有防护措施。人工切割构件，应精神集中，稳拿工具，用力适度。构件断开时，应采取承托措施。

第四节　地下人行通道与挡土墙

一、一般规定

(1) 在现况道路下施工时，应在施工前根据施工安排、现场交通与环境状况，编制交通疏导方案，经道路交通管理部门批准后实施。

(2) 地下人行通道采用分段、分幅明挖施工时，车行道宽度应满足现况道路通行的基本要求。沟槽开挖边坡必须稳定，需支护时，应经稳定计算，形成专项支护方案，并报送有关部门审批。

(3) 在城区及交通繁忙路段施工时，应集中、快速和分段施工，采取有效的支撑防护措施，尽量减少沟槽暴露时间，维护行车、行人安全。

(4) 采用浅埋暗挖施工时，应做好降排水、土层加固、支撑、开挖、喷衬、浇筑混凝土等专项施工方案,加强施工安全监控。

(5) 进入基坑、沟槽应设攀登设施,人员应佩戴安全帽,在施工过程中应随时检查边坡土壁稳定状态,确保安全、可靠。

(6) 高处作业必须支搭作业平台,在平台宽度范围必须铺满、铺稳脚手板,平台临边必须设防护栏杆,上下平台应设安全梯等设施供作业人员使用,作业中应随时检查,确认安全。

(7) 用起重机吊运构件、混凝土、模板等应遵守下列规定:

① 吊装作业应设专人指挥,操作工和吊装指挥人员必须经安全技术培训,考试合格,持证上岗。作业前,指挥人员必须检查吊索具、周围环境状况,确认安全。

② 作业前,应了解周围环境、行驶道路、架空线路、建(构)筑物和被吊物质量与形状等情况,掌握吊装要点。

③ 起重机作业场地应坚实、平整,场地松软时必须加固,并确认合格;在临近沟槽、基坑边作业时,应根据土质、槽(坑)深、槽(坑)壁支护结构情况、起重机械及其吊装构件等质量和环境状况确定安全距离,且不得小于 1.5 m。

④ 起吊较大的构件、模板等吊物应拴系拉绳,并应进行试吊。

二、土方

(1) 采用明挖沟槽前,应摸清施工范围内地下管线的位置及埋深,采取迁移或保护措施。

(2) 采用机械挖槽时,轮胎距沟槽边线的距离应不小于 1 m,履带距沟槽边线的距离不小于 1.5 m。挖掘时,铲斗不得撞击槽边及支撑。

(3) 在电力架空线路下,不能采用机械挖掘时,则应辅以人工开挖,人工分层开挖的分层高度不得大于 2 m,层间台阶宽度:放坡开槽时不应小于 0.8 m,直槽时不应小于 0.5 m,安装井点设备时不应小于 1.5 m。

(4) 地下构筑物强度达设计要求,才允许进行回填土作业。有支撑的沟槽,回填土应与支撑拆除配合进行。

(5) 采用浅埋暗挖施工,应在检验加固土层注浆效果达设计要求后,方允许进行土方开挖。每开挖一片钢拱架的间距,应及时支护、喷锚、闭合。土层稳定性较差,可缩短开挖长度。严禁超挖。

三、模板及支撑

(1) 模板、支架必须置于坚实的基础上。

(2) 现场模板及其附件等应按规格码放整齐;废料、余料应及时清理,集中堆放,妥善处置。

(3) 高处安装模板必须设安全梯或斜道、作业平台、临边防护栏杆,严禁攀登模板和支架上、下。

(4) 支设、组装较大模板时,操作人员必须站位安全且相互呼应;支撑系统安装完成前,必须采取临时支撑措施,保持稳定。吊运组装模板时,吊点应合理布置,吊点构造应经计算确定;起吊时,吊装模板下方严禁有人。

(5) 模板拆除应遵守下列规定:

① 模板拆除应待混凝土强度达设计规定或规范要求后，方可进行。

② 拼装组合模板宜整体拆除。拆除时，应按规定方法和程序进行，不得随意撬、砸、摔和大面积拆落。

③ 使用起重机吊装模板应有专人指挥。吊装前，指挥人员应检查吊点、吊索具和环境状况，确认安全，方可正式起吊；吊装时，吊臂回转范周内严禁有人；吊运模板未放稳定时，不得摘钩。

④ 暂停拆除模板时，必须将已活动的模板、拉杆、支撑等固定牢固，严禁留有松动或悬挂的模板、杆件。

⑤ 拆除的模板和支撑应分类码放整齐，带钉木杆件应及时拔钉，尽快清出现场。模板的堆放高度不得超过 2 m，并保证其稳固。

(6) 属于危险性较大的分部分项工程的模板工程，按规定执行。

四、钢筋

(1) 钢筋加工宜集中进行，并应遵守下列规定：

① 现场需设钢筋场时，场地应平整、无障碍物；钢筋原材料、半成品等应按规格、型号码放整齐；余料等应集中堆放，妥善处置。

② 钢筋加工所使用的各种机械、设备，应由专人负责使用管理，各种机械、设备的电动机外壳，应按规定做接零保护。

③ 钢筋切割，其切割机前方不得站人，且应注意防火。

(2) 人工搬运钢筋应遵守下列规定：

① 搬运过程中，应随时观察周围环境和架空物状况，确认环境安全。

② 作业中应按指定地点卸料、堆放，码放整齐，不得乱扔、乱堆放。

③ 上下传递钢筋时，作业人员必须精神集中、站位安全，上、下方人员不得站在同一竖直位置上。

④ 需在作业平台上码放钢筋时，必须依据平台的承重能力分散码放，不得超载。

(3) 使用车辆运输钢筋，钢筋必须捆绑牢固。现场应设专人指挥。指挥人员必须站位于车辆侧面安全处。

(4) 使用起重机吊运较长材料和钢筋骨架时，必须使用专用吊具捆绑牢固，并应采取控制摇摆的措施。设专人指挥，严禁超载吊运。

(5) 钢筋绑扎应遵守下列规定：

① 绑扎墙体竖向钢筋时，应采取临时支撑措施，确认稳固后方可作业。

② 绑扎横向钢筋时，应先固定两端，定位后方可全面绑扎。

③ 绑扎钢筋的绑丝头应弯向钢筋骨架内侧。

④ 作业后应检查并确认钢筋绑扎牢固、骨架稳定后，方可离开现场。

(6) 钢筋焊接应遵守下列规定：

① 焊工必须经专业培训，持证上岗。

② 施焊作业应符合《钢筋焊接及验收规程》(JGJ 18—2012)、《焊接与切割安全》(GB 9448—1999)等的有关规定。

③ 焊接前应按规定进行焊接性能试验，确认合格，并形成文件。

④ 作业人员应按规定佩戴防护镜、工作服、绝缘手套、绝缘鞋等劳动保护用品。

⑤ 焊接作业现场周围 10 m 范围内不得堆放易燃、易爆物品；不能满足时，必须采取安全防护措施。

⑥ 接地线、焊把线不得搭在电弧、炽热焊件附近和锋利的物体上。

⑦ 施焊作业时，配合焊接的作业人员必须背向焊接处，并采取防止火花烫伤的措施。

⑧ 作业后，必须关机、切断电源、固锁电闸箱、清理场地、灭绝火种，待消除焊料余热后，方可离开现场。

五、现浇混凝土

(1) 现浇混凝土应经模板、钢筋验收，确认合格并形成验收文件后，方可进行浇筑。

(2) 高处作业时支搭的脚手架、作业平台应稳固。支搭完成后应进行检查、验收，确认合格并形成验收文件后，方可使用。

(3) 施工前，使用压缩空气等清除模板内杂物时，作业人员应按规定佩戴劳动保护用品，严禁喷嘴对向人。空压机操作工应经安全技术培训，考核合格后方可上岗；电气接线与拆卸必须由专业电工操作。

(4) 混凝土浇筑应遵守下列规定：

① 混凝土运输车辆进入现场后，应设专人指挥进退。车辆行驶路线、停车位置应安全。

② 自卸汽车、机动翻斗车运输、卸料时，应设专人指挥。指挥人员应站位于车辆侧面安全处，卸料前应检查周围环境状况，确认安全后，方可向车辆操作工发出卸料指令。卸料时，车辆应挡掩牢固，卸料下方严禁有人。

③ 采用混凝土泵车输送混凝土时，泵车在电力架空线路下方作业，其安全距离应符合有关规定。

④ 严禁操作人员站在模板或支撑上进行浇筑作业。

⑤ 混凝土振动设备应完好，防护装置应齐全、有效，使用前应检查并确认安全。电气接线、拆卸必须由电工负责。作业中应保护缆线、随时检查，发现漏电征兆、电缆破损等必须立即停止作业，由电工处理。

⑥ 从高处向模板内浇筑混凝土时，应使用溜槽或串筒，并设专人指挥。溜槽、串筒应坚固，串筒应连接牢固。严禁攀登溜槽或串筒作业。

⑦ 使用振动器的作业人员必须穿防护服、绝缘鞋，戴安全帽、绝缘手套。向模板内浇筑混凝土时，其振捣人员应远离下料口。

⑧ 施工中，应配备模板操作工和架子操作工值守。模板、支撑、作业平台发生位移、变形、沉陷等倒塌征兆时，必须立即停止浇筑，施工人员撤出该作业区，经整修、加固，确认安全，方可恢复作业。

(5) 混凝土浇筑完成，覆盖养护应使用阻燃性材料，使用后应及时清理，集中放至指定地点。

六、注浆固土及喷射混凝土护壁

(1) 采用浅埋暗挖施工地下人行通道，通常采用超前导管和管棚注浆固土，并喷射混凝土护壁。

（2）导管和管棚安装前，应将工作面清理干净，封闭严密、牢固。

（3）钻孔机安装应稳固，钻孔机与后背支撑应牢固。

（4）钻孔验收合格后，应及时安装钢管，钢管接长时，连接必须牢固。

（5）注浆作业应符合下列规定：

① 作业前应认真检查压力泵的球阀及输送管、连接件，要求球阀完好，输送管畅通，连接件坚固、牢靠。

② 注浆的初始压力不得大于 0.1 MPa。注浆应分级升压至控制压力，填充注浆压力宜控制在 0.1～0.3 MPa。

③ 作业中注浆应保持一定数量的浆液，以防止放空后喷浆伤人。

④ 作业中面壁出现坍塌征兆，应立即关机停止作业，等采取安全措施，确认安全后，方可恢复作业。

⑤ 因故障停机，应先打开池浆阀使压力下降至零，才允许拆卸检修。

⑥ 作业完成后应将输送管中的浆体全部泵出，并将泵、管清洗干净。

（6）加固土体中的浆体达到设计强度后，方可进行开挖。

（7）安装型钢支撑及钢筋网片应符合下列规定：

① 安装型钢支撑应紧跟开挖断面验收合格后进行，安装前应清除开挖断面洞壁上的松土。

② 型钢框架应与开挖洞壁间隙均匀。

③ 安装钢筋网片应在安装完型钢框架支撑后及时进行。

④ 网片与支撑、网片与网片之间的连接应牢固。

（8）喷射混凝土作业应符合下列规定：

① 钢筋网片安装验收合格后，应及时进行喷射混凝土护壁作业。

② 作业前应认真检查空气压缩机、混凝土拌和机及喷射嘴的机械性能，检查管连接、电缆接线、电闸等是否安全、可靠。经试运行，确认正常，方可正式作业。

③ 机械操作工人及喷射手应戴安全帽及防护手套，穿防护服及绝缘胶鞋。

④ 喷射应自上而下，分区、分层进行。在工作平台上操作，应系牢安全带，喷嘴应垂直于作业面，且喷射范围内严禁站人。

⑤ 空压机、拌和机和喷嘴操作人员及辅助工作人员应相互配合，服从统一指令。发生机械故障，应立即停机、断电、卸载检修。

⑥ 作业后，应将拌和机、输料管中的混合料清除干净，将喷嘴清洗干净；停机、断电上锁，清理回弹料。

七、地下连续墙

（1）施工前必须掌握工程地质、地上与地下管线等构筑物情况，管线应迁移或采取安全保护措施，确认安全后，方可施工。

（2）地下连续墙施工场地应平整、无积水。施工范围内应设围挡、护栏标志。

（3）挖槽机械不得在架空线路下方作业。在电力架空线路一侧作业时，应遵守有关规定。

（4）挖槽机械安装应稳固、水平。作业前应检查、试运行，确认合格后，方可开机作业。

(5) 作业中，人员应站在安全处，机械回转范围内严禁有人。

(6) 遇有大雨、大雪、大雾和风力六级(含)以上等恶劣天气，必须停止施工。

(7) 使用泥浆护壁时应在地下连续墙两侧先构筑导墙，导墙应符合下列规定：

① 导墙宜采用钢筋混凝土结构，混凝土等级不宜低于C20。

② 导墙的断面形式应根据土质选择，墙体厚度应满足施工要求，其净距宜比地下连续墙体厚度大4～6 cm。

③ 导墙底端埋入土内深度宜大于1 m，基底应夯实，墙外填土应夯实；导墙顶端应高出周围地面30 cm以上，导墙支撑间隔不宜大于1.5 m，导墙顶面应水平，墙身应竖直，墙体应能承受水土压力和施工荷载。

④ 导墙要求分段施工时，其段落划分应与地下连续墙划分的节段错开。

⑤ 采用预制导墙块时，接缝处必须采取防渗漏措施。

⑥ 混凝土导墙浇筑和养护时，重型机械和车辆不得在附近作业和行驶。

(8) 挖槽应按连续墙单元段开挖，并应连续开挖，直到本节段完成。机械开挖一定深度后，应立即输入调制好的泥浆，并保持槽内泥浆面在导墙顶面下30 cm。

(9) 挖槽过程中应加强观测，发现槽壁坍塌、槽沟偏斜等故障，应立即将挖槽机提升至地面查明原因，采取措施予以排除。

(10) 槽段挖至设计高程，进行验收并确认合格后，再进行清底。清除沉渣的过程中应及时补浆。

(11) 清底和置换泥浆验收合格后，应及时安放钢筋笼，安装钢筋笼及浇筑混凝土时不得撞击槽壁直至完成混凝土浇筑。

(12) 浇筑水下混凝土应符合下列规定：

① 安装导管不得撞击槽壁，管节连接应牢固，导管下端距槽底应为30～50 cm。

② 汽车卸料及导管下料应设专人指挥，下料浇筑应连续，不得中断。

③ 浇筑过程中，导管应随混凝土面升高逐步提升，导管埋入混凝土的深度应保持在1.5～3 m。

④ 浇筑中出现导管进水、堵塞、埋管等状况，应立即停止浇筑，研究处理措施，进行处理。

(13) 浇筑完毕，关闭电源，清理现场。

八、预制混凝土箱涵顶进

(1) 顶进范围内的管线迁移完毕，周边管线保护措施得当。

(2) 预制箱体及后背验收合格，顶进设备及顶柱、顶铁、横梁安装经试运转符合施工技术要求。

(3) 坑道内应采用低压安全照明。坑道内外联络通信畅通，顶进、挖土、运土、测量人员应密切配合，有条不紊。

(4) 土质较好，挖土进尺可按0.5 m控制；土质较差，可按千斤顶的有效行程掘进，并随挖随顶，防止路基塌方。必要时，可在掘进坑道上的道路行车道上铺设厚钢板或搭设行车栈桥。

(5) 挖土、顶进、运土应循环作业，交替进行。每顶进一环都应检查液压系统运行是否正常，顶柱、顶铁是否与设计轴线一致，不符合要求应及时调整。

(6) 挖土时可在箱体前端上方超挖 10～15 cm,箱体整整齐齐一般不得超挖。顶进中应经常检测箱体轴线及高程,发现超过允许偏差应立即纠偏。

(7) 顶进作业应连续进行,停顶时间不得超过 24 h。

九、不锈钢栏杆安装

(1) 不锈钢焊工除具有一般电焊工的安全操作技能外,还应具备掌握氩弧焊、等离子切割及不锈钢酸洗纯化等方面的安全防护和操作技能。

(2) 焊接作业应符合下列规定:

① 锈钢焊接采用"反接极",即工件接负极,必须确认焊机的正负极性后方可操作,不得误接。

② 停止作业时,必须将焊接条头取下或将焊把挂起,严禁随手乱放。

(3) 使用砂轮打磨机具加工焊缝坡口或清除焊渣前,应认真检查并确认机具的完好性能,待确认砂轮安装牢固、操作人员戴好防护手套及护目镜后方可作业。

(4) 氩弧焊作业应符合下列规定:

① 打磨钨板棒时,操作人员必须戴防护手套、口罩和护目镜,不戴手套接触钨板棒应及时洗手,钨板棒应存放在专制的有盖铅盒内,并有专人保管发放。

② 手工钨板氩弧焊,电源应采用直流正接,工件接正,钨板接负。

③ 采用交流钨板氩弧焊机焊接,应采取高频稳弧措施,防止高频电磁场刺激操作人员。

④ 加工焊接作业场所应有良好的自然通风或安设换气装置,露天作业时操作人员应位于上风侧并间歇作业。

(5) 不锈钢工件酸洗和纯化作业应符合下列规定:

① 患呼吸道系统疾病者,不得从事酸洗作业。

② 操作人员必须穿防酸工作服、胶鞋,戴防护口罩、乳胶手套和护目镜。

③ 酸洗纯化作业中使用钢丝刷清洗焊缝,应由里向外轻刷,不得反复来回刷洗。

④ 酸洗纯化后的废液应用专制容器收集并进行专门处理,严禁乱泼乱倒。

⑤ 氢氟酸等化学物品必须妥善保管,有严格的领料手续。

(6) 等离子切割必须符合氩弧焊的安全操作规定。焊接电弧停止后,不得立即取下护目镜查看焊缝。

十、砌石挡土墙

(1) 挡土墙基础地基承载力及埋置深度应符合设计要求。距槽基边 1 m 内,不得堆放和推运砖、砌块、块石、砂浆等材料。

(2) 墙高大于 1.2 m 时,必须支搭作业平台。作业平台上放砖不得超过 3 层,块石应随砌随供;总质量不得超过作业平台施工设计的承载力。

(3) 在作业平台上砌筑时,使用的工具、灰槽等应放在便于取用和稳妥处;作业中,应随时将墙和作业平台上的碎砖、碎砌块、碎石、硬结灰浆块等清理干净,工具放稳;作业平台下方不得有人。

(4) 上、下作业平台必须设安全梯或斜道,不得在挡墙上操作或行走。

(5) 挡土墙的泄水通道结构和泄水孔位置应符合设计规定。

(6) 相邻段基础深度不一致时,应先砌筑深段,再砌筑浅段。

(7) 搬运和砌筑砖、石块、预制块时,作业人员应精神集中,并应采取防止砸伤手脚和坠落砸伤他人的措施。

(8) 砌石、砌块应相互交错,坐浆应饱满,不得有通缝、空洞。

(9) 砌筑砂浆应达设计强度后,墙背后才允许填土。

十一、加筋土挡土墙

(1) 现浇混凝土基础强度达到设计强度的75%后,方可安装预制墙板。

(2) 施工前应根据设计规定选择筋带材料,筋带材料性能应符合设计和《土工合成材料应用技术规范》(GB/T 50290—2014)的有关规定。筋带材料应进行拉拔、直剪、延伸复测试验,确认其指标符合设计规定并形成文件,方可使用。采用钢质拉筋时,应按设计规定进行防腐处理。

(3) 筋带原材料调直、切断、裁剪时,应采取防止碰伤的措施。

(4) 安装前,必须检查预制挡土墙板的质量和板面上的拉环材质、数量、位置,确认符合设计要求。

(5) 挡土墙板安装就位后应牢固稳定,墙板应向填土侧倾斜,其垂直度宜控制在1%。

(6) 加筋土填土厚度应符合设计规定,每层虚铺厚度不宜大于25 cm,压实度应符合设计的规定,严禁使用白垩土、硅藻土和腐殖土。

(7) 施工中应按施工方案的规定观测挡土墙板的变形、位移,发现倾斜超过设计规定或其他异常,应立即与设计单位联系,采取相应的安全技术措施。

第五节　特殊情况下的施工安全

一、特殊季节施工

(1) 雨期施工应符合下列规定:

① 雨期施工应根据当地气象预报及施工所在地的具体情况,制定施工期间的防雨水、防洪、排涝等安全防护措施。

② 雨期前,必须对施工场地、材料堆放、生活驻地、运输便道及水电设备的防洪、防雨、排涝等设施进行检查,排水沟渠必须疏通;人行道路、跳板和作业场所等应采取防滑措施。

③ 暴雨前后,应对脚手架、缆风绳、地锚、边坡、基坑、临时房屋和设施等进行检查;发现倾斜、变形、下沉、漏雨、漏电或有可能发生坍塌的施工地段,应及时修复和加固。

④ 雨季施工时,处于可能被水淹没地带的机械设备、材料等应做好防范措施,施工人员要提前做好安全撤离的准备工作。

⑤ 在雨季无法停止作业的工程,应根据条件搭设防雨棚。施工中遇暴风雨应暂停施工。雷雨时,严禁在架空线路及树下避雨。

⑥ 雨后施工前,必须由电工检测电气设备,确认完好无漏电现象,方允许施工。

(2) 冬期施工应符合下列规定:

① 进入冬期前,施工现场应提前做好防寒保温工作,人行道路、跳板和作业场所等应采

取防滑措施；在保温棚中采用煤炉保温施工时，应有防火、防煤气中毒的措施，配水设备及混凝土工程均应按照有关冬期施工的规定办理。

② 冬期施工时，机械设备应有防冻措施。驾驶车辆应有防滑措施，不得在有积雪和冰层的道路上快速行驶；上下坡和急转弯时，应避免紧急制动。

(3) 高温季节施工，应按劳动保护规定做好防暑降温工作。尽量避开高温时间施工，适当调整作息时间。作业面宜搭设凉棚，作为为工作人员供应冷饮、准备防暑药品的场所。

二、夜间施工

(1) 夜间施工时，现场必须有符合操作要求的照明设备。施工、驻地要设置路灯。

(2) 施工小型桥涵的两端、穿越路基管线的沟槽两侧及检查井口应设置围栏，并在夜间悬挂红灯示警标志。

(3) 桥涵攀登上、下扶梯应设有照明灯具。

三、边通车、边施工地段的交通管理

(1) 改扩建道路工程中，半幅通车、半幅施工路段的安全生产，应与交通等管理部门协商，做好交通分流方案，办理交管手续，且向社会公告，安排交通协管员维护交通秩序，加强对通行车辆的安全管理，确保施工、行人及车辆交通安全。

(2) 在施工路段的两端应竖立明显醒目的施工警示标志和交通指示牌。标志与施工路段的距离，应根据开挖宽度、路线等级、交通量等情况确定。

(3) 一侧拓宽或两侧拓宽的改扩建工程，宜先将原有道路的路面保留，以维持交通，待一侧或两侧完工并达到通车条件后，再分流交通，施工原有路面。

(4) 在拓宽地段，如需在原有道路上运送土石方，宜采用机动车辆运输。采用手推车运输时，可划分部分路面，专供手推车行驶。并应做到：

① 剩余部分路面宽度应保证机动车行车安全；

② 要用红白相间的栏杆等隔离设施，与机动车行车道隔开；

③ 设专职人员指挥来往车辆。

(5) 通车路段的路面应经常洒水清扫，防止车辆行驶中土石飞溅伤人或雨后泥泞打滑影响行车安全。作业人员应穿着反光背心。

(6) 在原有路段上进行挖填改建的工程，要修建临时施工便道维持交通，无条件修筑临时施工便道的路段可半幅施工、另半幅通车。

(7) 半幅通车路段，在车辆驶出(入)前方应设置指示方向和减速慢行的标牌。同时在施工作业区的两端设置明显的护栏。晚间要在路栏上加设红色施工标志灯。半幅施工区与行车道之间设置红白相间的隔离栅。

(8) 半幅施工的路段不宜过长，一般以不超过 300～500 m 为宜。

(9) 在单车道维持通车路段上，当路段不长、交通量不大时，可在该路段的适当地点设置车辆会让处；当施工路段较长、交通量较大时，应实行交通管制。每班配置专职人员和通信设备，指挥交通，疏导车辆。

(10) 封闭施工路段应设置人行安全通道及特种车辆(如 119 消防车、120 急救车等)紧急通道。

(11) 在居民点或公共场所附近开挖沟槽时，应设护栏及搭设便桥供行人通过。夜间应设置照明灯和红色警示灯。

第六节　施工现场用电安全

一、施工用电组织设计

(1) 根据《施工现场临时用电安全技术规范》(JGJ 46—2005)的规定，施工现场临时用电设备在 5 台及以上或设备总容量在 50 kW 及以上者，应编制用电组织设计，制定安全用电和电气防火措施。

(2) 施工现场临时用电组织设计应包括下列内容：

① 现场勘察确定电源进线、变电所或配电室、配电装置、用电设备位置及线路走向。

② 根据施工用电量进行负荷计算，选择变压器。

③ 设计配电系统：

a. 设计配电线路，选择导线或电缆；

b. 设计配电装置，选择电器；

c. 设计接地装置；

d. 绘制临时用电工程图纸，主要包括用电工程总平面图、配电装置布置图、配电系统接线图、接地装置设计图。

④ 设计防雷装置，确定防护措施。

⑤ 制定安全用电措施和电气防火措施。

(3) 施工临时用电工程的电源进线、配电装置、配电线路、接地装置、防雷装置等应按图施工。

(4) 施工用电组织设计及变更时，必须履行“编制、审核、批准”程序，由项目部电气工程师组织编制，经相关部门审核及具有法人资格企业的技术负责人批准后实施。变更用电组织设计时应补充有关图纸资料。

(5) 施工用电工程在施工场地安装完成后必须组织编制、审核、批准部门和使用单位共同验收，合格后方可投入使用。

二、电工及用电人员

(1) 专业电工必须按照国家现行标准考核合格后，持证上岗工作；其他用电人员必须通过相关安全教育培训和技术交底，考核合格后方可上岗工作。

(2) 安装、巡检、维修或拆除临时用电设备和线路，必须由专业电工完成，并应有人监护。电工水平应同工程的难易程度和技术复杂性相适应。

(3) 各类用电人员应掌握安全用电基本知识和所用设备的性能，并应符合下列规定：

① 使用电气设备前必须按规定穿戴和配备好相应的劳动防护用品，并应检查电气装置和保护设施，严禁设备带缺陷运转。

② 保管和维护所用设备，发现问题及时报告并解决。

③ 暂时停用设备的开关箱必须分断电源隔离开关，并应关门上锁。

④ 移动电气设备时，必须经电工切断电源并做妥善处理后进行。

⑤ 当班电工应做好巡视记录。

⑥ 线路上禁止带负荷接电或断电，并禁止带电操作。

⑦ 现场施工用高低压设备及线路，应按照用电施工设计及有关电气安全技术规程安装和架设。

三、安全技术档案

(1) 施工现场临时用电必须建立安全技术档案，并应包括下列内容：

① 用电组织设计的全部资料；

② 修改用电组织设计的资料；

③ 用电安全技术交底资料；

④ 用电工程检查验收记录；

⑤ 电气设备的试验、检验凭单和调试记录；

⑥ 接地电阻、绝缘电阻和漏电保护器漏电动作参数测定记录；

⑦ 定期检(复)查记录表；

⑧ 电工安装、巡检、维修、拆除工作记录。

(2) 安全技术档案应由主管该现场的电气工程师负责建立与管理。其中“电工安装、巡检、维修、拆除工作记录”可指定电工代管，每周由项目经理审核认可，并应在施工临时用电工程拆除后统一归档。

(3) 施工用电工程应按分部、分项工程进行定期检查。定期检查时，应复查接地电阻值和绝缘电阻值，对安全隐患必须及时处理，并应履行复查验收手续。

四、外电线路及电气设备防护

(1) 在建工程不得在外电架空线路正下方施工、搭设作业棚、建造生活设施，或堆放构件、架具、材料及其他杂物等。

(2) 在建工程(含脚手架)的周边与外电架空线路的边线之间的最小安全操作距离应符合表 8-2 的规定。

表 8-2 在建工程(含脚手架)的周边与架空线路的边线之间的最小安全操作距离

外电线路电压等级/kV	<1	1～10	35～110	220	330～500
最小安全操作距离/m	4.0	6.0	8.0	10.0	15.0

注：上、下脚手架的斜道不宜设在有外电线路的一侧。

(3) 施工现场的机动车道与外电架空线路交叉时，线路的最低点与路面的最小垂直距离应符合表 8-3 的规定。

表 8-3 施工现场的机动车道与架空线路交叉时的最小垂直距离

外电线路电压/kV	<1	1～10	35
最小垂直距离/m	6.0	7.0	7.0

(4) 起重机、挖掘机、桩机、泵送混凝土导道架在无防护设施的外电架空线路下作业。在外电架空线路下作业，机械与架空线路边线的最小安全距离应符合表 8-1 的规定。

(5) 当达不到(2)～(4)条中的规定时，必须对架空线路采取绝缘隔离防护措施，并应悬挂醒目的警示标志。

① 架设防护设施时，必须经有关部门批准，采用线路暂时停电或其他可靠的安全技术措施，并应有电气工程技术人员和专职安全人员监护。

② 防护设施应坚固、稳定，且对外电线路的隔离防护应达到 IP30 级。

③ 防护设施与外电线路之间的安全距离不应小于表 8-4 的规定。

表 8-4　防护设施与外电线路之间的最小安全距离

外电线路电压/kV	≤10	35	110	220	330	500
最小安全距离/m	1.7	2.0	2.5	4.0	5.0	6.0

(6) 当防护措施无法实施时，必须与有关部门协商，采取停电、迁移外电线路或改变工程位置等措施，未采取上述措施的严禁施工。

(7) 在外电架空线路附近开挖沟槽时，必须会同有关部门采取加固措施，防止外电架空线路电杆倾斜、悬倒。

(8) 施工现场开挖沟槽边缘与外电埋地电缆边缘之间的距离不得小于 0.5 m。土质较差的沟槽，应进行支撑，以保护电缆安全。

(9) 变压器、配电房等电气设备应安置在防洪高地，现场周围挖排水沟，且不得存放易燃易爆物、污染源和腐蚀介质，否则应予清除或做防护设施，其防护等级必须与环境条件相适应。

五、接地与防雷

1. 一般规定

(1) 在施工现场专用变压器供电的 TN-S 接零保护系统中，电气设备的金属外壳必须与保护零线连接。保护零线应由工作接地线、配电室(总配电箱)电源侧零线或总漏电保护器电源侧零线处引出，见图 8-1。

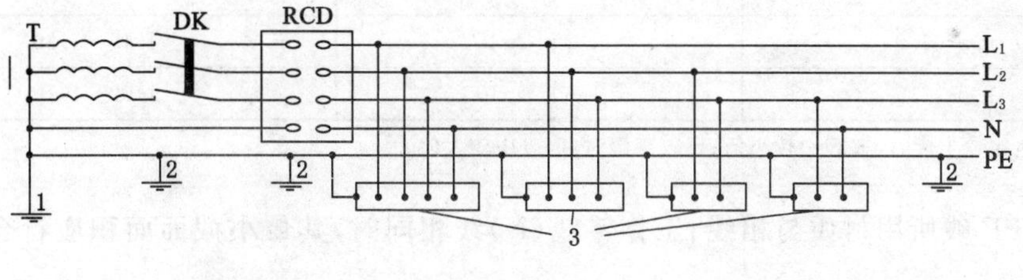

1—工作接地；2—PE 线重复接地；3—电气设备金属外壳(正常不带电的外露可导电部分)；

L_1、L_2、L_3—相线；N—工作零线；PE—保护零线；DK—总电源隔离开关；

RCD—总漏电保护器(兼有短路、过载、漏电保护功能的漏电保护断路器)；T—变压器。

图 8-1　专用变压器供电时 TN-S 接零保护系统示意图

(2) 当施工现场与外电线路共用同一供电系统时，电气设备的接地、接零保护应与原系统保持一致。不得一部分设备作保护接零，另一部分设备作保护接地。

采用 TN 系统作保护接零时，工作零线（N 线）必须通过总漏电保护器，保护零线（PE线）必须由电源进线零线重复接地处或总漏电保护器电源侧零线处，引出形成局部 TN-S 接零保护系统（图 5-2）。

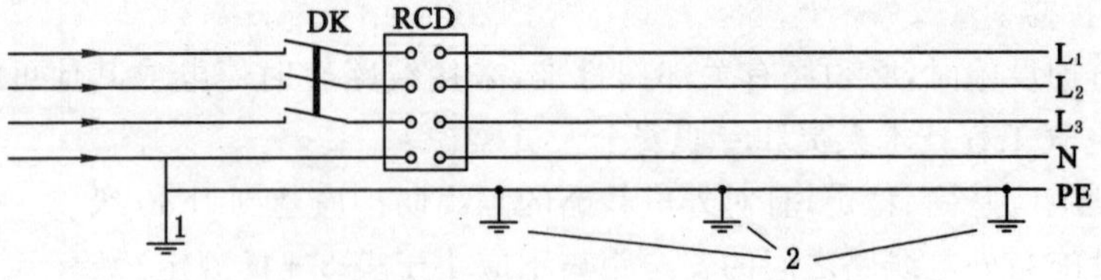

1—NPE 线重复接地；2—PE 线重复接地；L_1、L_2、L_3—相线；
N—工作零线；PE—保护零线；DK—总电源隔离开关；
RCD—总漏电保护器（兼有短路、过载、漏电保护功能的漏电断路器）。

图 8-2　三相四线供电时局部 TN-S 接零保护系统保护零线引出示意图

（3）在 TN 接零保护系统中，通过总漏电保护器的工作零线与保护零线之间不得再进行电气连接。

（4）在 TN 接零保护系统中，PE 零线应单独敷设。

（5）使用一次侧由 50 V 以上电压的接零保护系统供电，二次侧为 50 V 及以下电压的安全隔离变压器时，二次侧不得接地，并应将二次线路用绝缘管保护或采用橡皮护套软线。当采用普通隔离变压器时，其二次侧一端应接地，且变压器正常不带电的外露可导电部分应与一次侧回路保护零线相连接。

以上变压器尚应采取防直接接触带电体的保护措施。

（6）施工现场的临时用电电力系统严禁利用大地作相线或零线。

（7）接地装置的设置应考虑土壤干燥或冻结等季节变化的影响，并应符合表 8-5 的规定，但防雷装置的冲击接地电阻值只考虑雷雨季节土壤干燥状态的影响。

表 8-5　接地装置的季节系数 φ 值

埋深/m	水平接地体	长 2～3 m 的垂直接地体
0.5	1.40～1.80	1.20～1.40
0.8～1.0	1.25～1.45	1.15～1.30
2.5～3.0	1.00～1.10	1.00～1.10

注：大地比较干燥时，取表中较小值；比较潮湿时，取表中较大值。

（8）PE 线所用材质与相线、工作零线（N）线相同时，其最小截面面积应符合表 8-6 的规定。

表 8-6　PE 线截面面积与相线截面面积的关系　　单位：mm^2

相线芯线截面面积 S	PE 线最小截面面积
$S \leqslant 16$	5
$16 < S \leqslant 35$	16
$S > 35$	$S/2$

(9) 保护必须采用绝缘导线。

配电装置和电动机械相连接的PE线应为截面面积不小于2.5 mm^2 的绝缘多股铜线。手持式电动工具的PE线应为截面面积不小于1.5 mm^2 的绝缘多股铜线。

(10) PE线上严禁装设开关或熔断器，严禁通过工作电流且严禁断线。

(11) 相线、N线、PE线的颜色标记必须符合以下规定：相线 L_1(A)、L_2(B)、L_3(C)相序的绝缘颜色依次为黄色、绿色、红色；N线的绝缘颜色为淡蓝色；PE线的绝缘颜色为绿/黄双色。任何情况下上述颜色标记严禁混用和互相代用。

2. 保护接零

(1) 在TN系统中，下列电气设备不带电的外露可导电部分应作保护接零：

① 电机、变压器、电器、照明器具、手持式电动工具的金属外壳；

② 电气设备传动装置的金属部件；

③ 配电柜与控制柜的金属框架；

④ 配电装置的金属箱体、框架及靠近带电部分的金属围栏和金属门；

⑤ 电力线路的金属保护管、敷线的钢索、起重机的底座和轨道、滑升模板金属操作平台等；

⑥ 安装在电力线路杆(塔)上的开关、电容器等电气装置的金属外壳及支架。

(2) 城防、人防、隧道等潮湿或条件特别恶劣施工现场的电气设备必须采用保护接零。

(3) 在TN系统中，下列电气设备不带电的外露可导电部分，可不作保护接零：

① 在木质、沥青等不良导电地坪的干燥房间内，交流电压为380 V及以下的电气装置金属外壳(当维修人员可能同时触及电气设备金属外壳和接地金属物件时除外)；

② 安装在配电柜、控制柜金属框架和配电箱的金属箱体上，且与其可靠电气连接的电气测量仪表、电流互感器、电器的金属外壳。

3. 接地与接地电阻

(1) 单台容量超过100 kV·A或使用同一接地装置并联运行且总容量超过100 kV·A的电力变压器或发电机的工作接地电阻值不得大于4 Ω。

单台容量不超过100 kV·A或使用同一接地装置并联运行且总容量不超过100 kV·A的电力变压器或发电机的工作接地电阻值不得大于10 Ω。

在土壤电阻率大于1000 Ω·m的地区，当达到上述接地电阻值有困难时，工作接地电阻值可提高到30 Ω。

(2) TN系统中的保护零线除必须在配电室或总配电箱处作重复接地外，还必须在配电系统的中间处和末端处作重复接地。

在TN系统中，保护零线每一处重复接地装置的接地电阻值不应大于10 Ω。在工作接地电阻值允许达到10 Ω的电力系统中，所有重复接地的等效电阻值不应大于10 Ω。

(3) 在TN系统中，严禁将单独敷设的工作零线再作重复接地。

(4) 每一接地装置的接地线应采用2根及以上导线，在不同点与接地体作电气连接。

不得采用铝导体作接地体或地下接地线。垂直接地体宜采用角钢、钢管或光面圆钢，不得采用螺纹钢。

接地可利用自然接地体，但应保证其电气连接和热稳定。

(5) 移动式发电机供电的用电设备，其金属外壳或底座应与发电机电源的接地装置有可靠的电气连接。

(6) 移动式发电机系统接地应符合电力变压器系统接地的要求。下列情况可不另作保护接零：

① 移动式发电机和用电设备固定在同一金属支架上供给其他设备用电时；

② 不超过 2 台的用电设备由专用的移动式发电机供电，供用电设备间距不超过 50 m，且供用电设备的金属外壳之间有可靠的电气连接时。

(7) 在有静电的施工现场内，对集聚在机械设备上的静电应采取接地泄漏措施。每组专设的静电接地体的接地电阻值不应大于 100 Ω，高土壤电阻率地区不应大于 1 000 Ω。

4. 防雷

(1) 在土壤电阻率低于 200 Ω·m 区域的电杆可不另设防雷接地装置，但在配电室的架空进线或出线处应将绝缘子铁脚与配电室的接地装置相连接。

(2) 施工现场内的起重机、井字架、龙门架等机械设备，以及钢脚手架和正在施工的在建工程等的金属结构，当在相邻建(构)筑物等设施的防雷装置接闪器的保护范围以外时，应按表 8-7 的规定安装防雷装置。防雷装置参照《施工现场临时用电安全技术规范(附条文说明)》(JGJ 46—2005)的规定执行。

表 8-7　施工现场内机械设备及高架设施需安装防雷装置的规定

地区年平均雷暴日/d	机械设备高度/m
≤15	≥50
>15～<40	≥32
40～<90	≥20
≥90 及雷害特别严重地区	≥12

当最高机械设备上避雷针(接闪器)的保护范围能覆盖其他设备，且又最后退出现场，则其他设备可不设防雷装置。

(3) 机械设备或设施的防雷引下线可利用该设备或设施的金属结构体，但应保证电气连接。

(4) 机械设备上的避雷针(接闪器)长度应为 1～2 m。塔式起重机可不另设避雷针(接闪器)。

(5) 安装避雷针(接闪器)的机械设备，所有固定的动力、控制、照明、信号及通信线路，宜采用钢管敷设。钢管与该机械设备的金属结构体应作电气连接。

(6) 施工现场内所有防雷装置的冲击接地电阻值不得大于 30 Ω。

(7) 作防雷接地机械上的电气设备，所连接的 PE 线必须同时作重复接地，同一台机械电气设备的重复接地和机械的防雷接地可共用同一接地体，但接地电阻应符合重复接地电阻值的要求。

六、配电室及自备电源

1. 配电室

(1) 配电室应靠近电源，并应设在少灰、干燥、无腐蚀介质、无易燃易爆物及道路畅通的地方。

(2) 成列的配电柜和控制柜两端应与重复接地线及保护零线作电气连接。

(3) 配电室和控制室应通风良好，并应采取防雨雪和防止啃噬动物进入的措施。

(4) 配电室布置应符合下列要求：

① 配电柜正面的操作通道宽度，单列布置或双列背对背布置不小于 1.5 m，双列面对面布置不小于 2 m；

② 配电柜后面的维护通道宽度，单列布置或双列面对面布置不小于 0.8 m，双列背对背布置不小于 1.5 m，个别地点有建(构)筑物结构凸出的地方，则此点通道宽度可减少 0.2 m；

③ 配电柜侧面的维护通道宽度不小于 1 m；

④ 配电室的顶棚与地面的距离不低于 3 m；

⑤ 配电室内设置值班或检修室时，该室边缘距配电柜的水平距离大于 1 m，并采取屏障隔离；

⑥ 配电室内的裸母线与地面垂直距离小于 2.5 m 时，采用遮栏隔离，遮栏下面通道的高度不小于 1.9 m；

⑦ 配电室围栏上端与其正上方带电部分的净距不小 0.075 m；

⑧ 配电装置的上端与顶棚之间的距离不小于 0.5 m；

⑨ 配电室内的母线涂刷有色油漆，以标志相序方向为基准，其涂色符合表 8-8 的规定；

表 8-8　母线涂色

相别	颜色	垂直排列	水平排列	引下排列
L_1(A)	黄	上	后	左
L_2(B)	绿	中	中	中
L_3(C)	红	下	前	右
N	淡蓝	—	—	—

⑩ 配电室的建(构)筑物的耐火等级不低于 3 级，室内配电砂箱和可用于扑灭电气火灾的灭火器；

⑪ 配电室的门向外开，并配锁；

⑫ 配电室的照明分别设置正常照明和事故照明。

(5) 配电柜应装设电度表，并应装设电流、电压表。电流表与计费电度表不得共用一组电流互感器。

(6) 配电柜应设电源隔离开关及短路、过载、漏电保护电器。电源隔离开关分断时应有明显可见的分断点。

(7) 配电柜应编号，并应有用途标识。

(8) 配电柜或配电线路停电维修时，应挂接地线，应悬挂“禁止合闸、有人工作”停电标识牌。停送电必须由专人负责。

(9) 配电室应保持整洁，不得堆放任何妨碍操作、维修的杂物。

2. 230 V/400 V 自备发电机组

(1) 发电机组及其控制、配电、修理室等宜分开设置；在保证电气安全距离和满足防火要求情况下可合并设置。

(2) 发电机组的排烟管道必须伸出室外。发电机组及其控制、配电室内必须配置可用于扑灭电气火灾的灭火器,严禁存放贮油桶。

(3) 发电机组电源必须与外电线路电源联锁,严禁并列运行。

(4) 发电机组应采用电源中性点直接接地的三相四线制供电系统和独立设置的 TN-S 接零保护系统,其工作接地电阻值应符合规范要求。

(5) 发电机控制屏宜装设下列仪表:

① 交流电压表、交流电流表;

② 有功功率表、功率因数表;

③ 电度表;

④ 频率表;

⑤ 直流电流表。

(6) 发电机供电系统应设置电源隔离开关及短路、漏电保护电器。电源隔离开关分断时应有明显可见的分断点。

(7) 发电机组并列运行时,必须装设同期装置,并在机组同步运行后再向负载供电。

(8) 作业前检查内燃机与发电机传动部分,应连续可靠,输出线路的导线绝缘良好,各仪表齐全、有效。

(9) 启动前应先将励磁变阻器的电阻值放在最大位置上,然后切断供电输出主开关,接合中性点接地开关。有离合器的机组,应先启动内燃机空载运转,待正常后再接合发电机。

(10) 启动后检查发电机在升速过程中应无异响,滑环及整流子上电刷接触良好,无跳动及冒火花现象。待运转稳定,频率、电压达到额定值后,方可向外供电。载荷应逐步增大,三相应保持平衡。

(11) 发电机开始运转后,即应认为全部电气设备均已带电。

(12) 发电机连续运行的最高、最低允许电压值不得超过或低于额定值的10%。其正常运行的电压变动范围应在额定值的±5%以内,功率因数为额定值时,发电机额定容量应不变。

(13) 发电机在额定频率值运行时,其变动范围不得超过±0.5 Hz。

(14) 发电机功率因数不得超过迟相(滞后)0.95。有自动励磁调节装置的,可在功率因数为1的条件下运行,必要时可允许短时间在迟相0.95~1的范围内运行。

(15) 发电机运行中应经常检查并确认各仪表指示及各运转部分正常,并应随时调整发电机的载荷。定子、转子电流不得超过允许值。

(16) 停机前应先切断各供电分路主开关,逐步减少载荷,然后切断发电机供电主开关,将励磁变阻器回复到电阻最大值位置,使电压降至最低值,再切断励磁开关和中性点接地开关,最后停止内燃机运转。

七、配电线路

1. 架空线路

(1) 架空线必须采用绝缘导线。

(2) 架空线必须架设在专用电杆上，严禁架设在树木、脚手架及其他设施上。

(3) 架空线导线截面面积的选择应符合下列要求：

① 导线中的计算负荷电流不大于其长期连续负荷允许载流量。

② 线路末端电压偏移不大于其额定电压的5%。

③ 三相四线制线路的N线和PE线截面面积不小于相线截面面积的50%，单相线路的零线截面面积与相线截面面积相同。

④ 按机械强度要求，绝缘铜线截面面积不小于10 mm^2，绝缘铝线截面面积不小于16 mm^2。

⑤ 在跨越铁路、公路、河流、电力线路档距内，绝缘铜线截面面积不小于16 mm^2，绝缘铝线截面面积不小于25 mm^2。架空线不得有接头。

(4) 架空线在一个档距内，每层导线的接头数不得超过该层导线条数的50%，且一条导线应只有1个接头。

(5) 架空线路相序排列应符合下列规定：

① 动力、照明线在同一横担上架设时，面向负荷从左侧起依次为L_1、N、L_2、L_3、PE。

② 动力、照明线在二层横担上分别架设时，导线相序排列是：上层横担面向负荷从左侧起依次为L_1、L_2、L_3；下层横担面向负荷从左侧起依次为L_1(L_2、L_3)、N、PE。

(6) 架空线路的档距不得大于35 m。

(7) 架空线路的两导线间距不得小于0.3 m，靠近电杆的两导线间距不得小于0.5 m。

(8) 架空线路横担间的最小垂直距离符合表8-9的规定值。横担宜采用角钢或方木，低压铁横担角钢应按表8-10的规定选用；方木横扫截面面积应按80 mm×80 mm选用；横担长度应按表8-11选用。

表8-9　横担间的最小垂直距离　　单位：m

排列方式	直线杆	分支或转角杆
高压与低压	1.2	1.0
低压与低压	0.6	0.3

表8-10　低压铁横担角钢型号选用表

导线截面面积/mm^2	直线杆	分支或转角杆	
		二线及三线	四线及以上
16 25 35 50	∟50×5	2×∟50×5	2×∟63×5
70 95 120	∟63×5	2×∟63×5	2×∟70×6

表 8-11　横担长度选用

横担长度/m		
二线	三线、四线	五线
0.7	1.5	1.8

(9) 10 kV 以上架空线路与邻近线路或固定物的距离应符合表 8-12 的规定。

表 8-12　架空线路与邻近线路或构筑物的安全距离表

<table>
<tr><td>项目</td><td colspan="7">距离类别</td></tr>
<tr><td rowspan="2">最小净空距离/m</td><td colspan="2">架空线路的过引线、接下线与邻线</td><td colspan="2">架空线与架空线电杆外缘</td><td colspan="3">架空线与摆动最大时树梢</td></tr>
<tr><td colspan="2">0.13</td><td colspan="2">0.05</td><td colspan="3">0.50</td></tr>
<tr><td rowspan="3">最小垂直距离/m</td><td rowspan="2">架空线同杆架设下方的通信、广播线路</td><td colspan="3">架空线最大弧垂与地面</td><td rowspan="2">架空线最大弧垂与暂设工程顶端</td><td colspan="2">架空线与邻近电力线路交叉</td></tr>
<tr><td>施工现场</td><td>机动车道</td><td>铁路轨道</td><td>1 kV 以下</td><td>1～10 kV</td></tr>
<tr><td>1.0</td><td>4.0</td><td>6.0</td><td>7.5</td><td>2.5</td><td>1.2</td><td>2.5</td></tr>
<tr><td rowspan="2">最小水平距离/m</td><td colspan="2">架空线电杆与路基边缘</td><td colspan="2">架空线电杆与铁路轨道边缘</td><td colspan="3">架空线边线与建(构)筑物凸出部分</td></tr>
<tr><td colspan="2">1.0</td><td colspan="2">标高(m)+3.0</td><td colspan="3">1.0</td></tr>
</table>

(10) 架空线路宜采用钢筋混凝土杆或木杆。钢筋混凝土杆不得有露筋、宽度大于 0.4 mm 的裂纹和破损;木杆应进行防腐处理,其半径不应小于 140 mm。

(11) 电杆埋设深度宜为杆长的 1/10 加 0.6 m,回填土应分层夯实。在松软土质处宜加大埋入深度或采用卡盘等加固。

(12) 直线杆和 15°以下的转角杆,可采用单横担单绝缘子,但跨越机动车道时应采用单横担双绝缘子;15°～45°的转角杆,应采用双横担双绝缘子;45°以上的转角杆,应采用十字横担。

(13) 架空线路绝缘子应按下列原则选择:

① 直线杆采用针式绝缘子;

② 耐张杆采用蝶式绝缘子。

(14) 电杆的拉线宜采用不少于 3 根直径为 4.0 mm 的镀锌钢丝。拉线与电杆的夹角应在 30°～45°之间。拉线埋设深度不得小于 1 m。电杆拉线如从导线之间穿过,应在高于地面 2.5 m 处装设拉线绝缘子。

(15) 因受地形环境限制不能装设拉线时,可采用撑杆代替拉线,撑杆埋设深度不得小于 0.8 m,其底部应垫底盘或石块。撑杆与电杆的夹角宜为 30°。

(16) 接户线在档距内不得有接头,进线处离地高度不得小于 2.5 m。接户线最小截面面积应符合表 8-13 的规定。接户线线间及与邻近线路间的距离应符合表 8-14 的要求。

表 8-13　接户线的最小截面面积表

接户线架设方式	接户线长度/m	接户线截面面积/mm²	
		铜线	铝线
架空或沿墙敷设	>10～25	6.0	10.0
	≤10	4.0	6.0

表 8-14　接户线间及邻近线路间的距离表

接户线架设方式	接户线档距/m	接户线线间距离/m
架空敷设	≤25	150
	>25	200
沿墙敷设	≤6	100
	>6	150
架空接户线与广播电话线交叉时的距离/mm		接户线在上部：600 接户线在下部：300
架空或沿线敷设的接户线零线和相线交叉时的距离/mm		100

(17) 架空线路必须有短路保护。采用熔断器作短路保护时，其熔体额定电流不应大于明敷绝缘导线长期连续负荷允许载流量的 1.5 倍。采用断路器作短路保护时，其瞬动过流脱扣器脱扣电流整定值应小于线路末端单相短路电流。

(18) 架空线路必须有过载保护。采用熔断器或断路器作过载保护时，绝缘导线长期连续负荷允许载流量不应小于熔断器熔体额定电流或断路长延时过流脱扣器脱扣电流整定值的 1.25 倍。

2. 电缆线路

(1) 电缆中必须包含全部工作芯线和用作保护零线或保护线的芯线。需要三相四线制配电的电缆线路必须采用五芯电缆。

五芯电缆必须包含淡蓝、绿/黄二种颜色绝缘芯线。淡蓝色芯线必须用作 N 线；绿/黄双色芯线必须用作 PE 线，严禁混用。

(2) 电缆截面面积的选择应符合相关规定，根据其长期连续负荷允许载流量和允许电压偏移确定。

(3) 电缆线路应采用埋地或架空敷设，严禁沿地面明设，并应避免机械损伤和介质腐蚀。埋地电缆路径应设方位标志。

(4) 电缆类型应根据敷设方式、环境条件选择。埋地敷设宜选用铠装电缆；当选用无铠装电缆时，应能防水、防腐。架空敷设宜选用无铠装电缆。

(5) 电缆直接埋地敷设的深度不应小于 0.7 m，检修井应在电缆紧邻上、下、左、右侧均匀敷设不小于 50 mm 厚的细砂，然后覆盖混凝土板等硬质保护层。

(6) 埋地电缆在穿越建(构)筑物、道路，易受机械损伤、介质腐蚀场所，以及引出地面从 2.0 m 高到地下 0.2 m 处，必须加设防护套管，防护套管内径不应小于电缆外径的1.5倍。

(7) 埋地电缆与其附近外电电缆和管沟的平行间距不得小于 2 m，交叉间距不得小于 1 m。

(8) 埋地电缆的接头应设在地面上的接线盒内，接线盒应能防水、防尘、防机械损伤，并应远离易燃、易爆、易腐蚀场所。

(9) 架空电缆应沿电杆、支架或墙壁敷设，并采用绝缘子固定，绑扎线必须采用绝缘线，固定点间距应保证电缆能承受自重所带来的荷载，敷设高度应符合架空线路敷设高度的要求，但沿墙壁敷设时最大弧垂距地不得小于 2.0 m。

架空电缆严禁沿脚手架、树木或其他设施敷设。

(10) 在建工程内的电缆线路必须采用电缆埋地引入，严禁穿越脚手架引入。电缆垂直敷设应充分利用在建工程的竖井、垂直孔洞等，并宜靠近用电负荷中心，固定点每 3 m 不得少于 1 处。电缆水平敷设，最大弧垂距地不得小于 2.0 m。

电源线可沿墙角、地面敷设，但应采取防机械损伤和电火措施。

(11) 电缆线路必须有短路保护和过载保护，电器与电缆的选配应符合规范要求。

3. 室内配线

(1) 室内配线必须采用绝缘导线或电缆。

(2) 室内配线应根据配线类型采用瓷瓶、瓷(塑料)夹、嵌绝缘槽、穿管或钢索敷设。

潮湿场地或埋地非电缆配线必须穿管敷设，管口和管接头应密封；当采用金属管敷设时，金属管必须进行等电位连接，且必须与 PE 线相连接。

(3) 室内非埋地明敷主干线距地面高度不得小于 2.5 m。

(4) 架空进户线的室外端应采用绝缘子固定，过墙处应穿管保护，距地面高度不得小于 2.5 m，并应采取防雨措施。

(5) 室内配线所用导线或电缆的截面面积应根据用电设备或线路的计算负荷确定，但铜线截面面积不应小于 1.5 mm^2，铝线截面面积不应小于 2.5 mm^2。

(6) 钢索配线的吊架间距不宜大于 12 m。采用瓷夹固定导线时，导线间距不应小于 35 mm，瓷夹间距不应大于 800 mm，采用瓷瓶固定导线时，导线间距不应小于 100 mm，瓷瓶间距不应大于 1.5 m；采用护套绝缘导线或电缆时，可直接敷设于钢索上。

(7) 室内配线必须有短路保护和过载保护。对穿管敷设的绝缘导线线路，其短路保护熔断器的熔体额定电流不应大于穿管绝缘导线长期连续负荷允许载荷量的 2.5 倍。

八、配电箱及开关箱

1. 配电箱及开关箱的设置

(1) 配电系统应设置配电柜或总配电箱、分配电箱、开关箱，实行三级配电保护。配电系统宜使三相负荷平衡。220 V 或 380 V 单相用电设备宜接入 220 V/380 V 三相四线系统；当单相照明线路电流大于 30 A 时，宜采用 220 V/380 V 三相四线制供电。

(2) 总配电箱以下可设若干分配电箱；分配电箱以下可设若干开关箱。总配电箱应设在靠近电源的区域，分配电箱应设在用电设备或负荷相对集中的区域，分配电箱与开关箱的距离不得超过 30 m，开关箱与其控制的固定式用电设备的水平距离不宜超过 3 m。

(3) 每台用电设备必须有各自专用的开关箱，严禁用同一个开关箱直接控制 2 台及 2 台以上用电设备(含插座)。

(4) 动力配电箱与照明配电箱宜分别设置。当合并设置为同一配电箱时，动力和照明应分路配电；动力开关箱与照明开关箱必须分设。

(5) 配电箱、开关箱应装设在干燥、通风及常温场所，不得装设在有严重损伤作用的瓦斯、烟气、潮气及其他有害介质中，亦不得装设在易受外来固体撞击、强烈振动、液体浸溅及热源烘烤场所。否则，应予以清除或作防护处理。

(6) 配电箱、开关箱周围应有足够2个人同时工作的空间和通道，不得堆放任何妨碍操作、维修的物品，不得有灌木、杂草。

(7) 配电箱、开关箱应采用冷轧钢板或阻燃绝缘材料制作，钢板厚度宜为1.2～2.0 mm，其中开关箱箱体钢板厚度不得小于1.2 mm，配电箱箱体钢板厚度不得小于1.5 mm，箱体表面应作防腐处理。

(8) 配电箱、开关箱应安装端正、牢固。固定式配电箱、开关箱的中心点与地面的垂直距离应为1.4～1.6 m。移动式配电箱、开关箱应安装在坚固、稳定的支架上。其中心点与地面的垂直距离宜为0.8～1.6 m。

(9) 配电箱、开关箱内的电器(含插座)应先安装在金属或非木质阻燃绝缘电器安装板上，然后方可整体紧固在配电箱、开关箱箱体内。

金属电器安装板与金属箱体应作电气连接。

(10) 配电箱、开关箱内的电器(含插座)应按其规定位置紧固在电器安装板上，不得歪斜和松动。

(11) 配电箱的电器安装板上必须分设N线端子板和PE线端子板。N线端子板必须与金属电器安装板绝缘；PE线端子板必须与金属电器安装板作电气连接。进出线中的N线必须通过N线端子板连接，PE线必须通过PE线端子板连接。

(12) 配电箱、开关箱内的连接线必须采用铜芯绝缘导线。导线分支接头不得采用螺栓压接，应采用焊接并作绝缘包扎，不得有外露带电部分。

(13) 配电箱、开关箱的金属箱体、金属电器安装板以及电器正常不带电的金属底座、外壳等必须通过PE线端子板与PE线作电气连接，金属箱门与金属箱体必须通过采用编织软铜线作电气连接。

(14) 配电箱、开关箱的箱体尺寸应与箱内电器的数量和尺寸相适应，箱内电器安装板板面电器安装尺寸可按照表8-15确定。

表8-15 配电箱、开关箱内电器安装尺寸选择值

间距名称	最小净距/mm
并列电器(含单极熔断器)间	30
电器进、出绕瓷管(塑胶管)孔与电器边沿间	15 A:30 20～30 A:50 60 A及以上:80
上、下排电器进出线瓷管(塑腔管)孔间	25
电器进、出线瓷管(塑胶管)孔至板边	40
电器至板边	40

(15) 配电箱、开关箱中导线的进线口和出线口应设在箱体的下底面。

(16) 配电箱、开关箱的进、出线口应配置固定线卡，进出线应加绝缘护套并成束卡固在箱体上，不得与箱体直接接触。移动式配电箱、开关箱的进、出线应采用橡皮护套绝缘电缆，不得有接头。

(17) 配电箱、开关箱外形结构应能防雨、防尘。

2. 电器装置的选择

(1) 配电箱、开关箱内的电器必须可靠、完好,严禁使用破损、不合格的电器。

(2) 总配电箱的电器应具备电源隔离,正常接通与分断电路,以及短路、过载、漏电保护功能。电器设置应符合下列原则:

① 当总路设置总漏电保护器时,还应装设总隔离开关、分路隔离开关以及总断路器、分路断路器或总熔断器、分路熔断器。当所设总漏电保护器是同时具备短路、过载、漏电保护功能的漏电断路器时,可不设总断路器或总熔断器。

② 当各分路设置分路漏电保护器时,还应装设总隔离开关、分路隔离开关以及总断路器、分路断路器或总熔断器、分路熔断器。当分路所设漏电保护器是同时具备短路、过载、漏电保护功能的漏电断路器时,可不设分路断路器或分路熔断器。

③ 隔离开关应设置于电源进线端,应采用分断时具有可见分断点,并能同时断开电源所有极的隔离电器。如采用分断时具有可见分断点的断路器,可不另设隔离开关。

④ 熔断器应选用具有可靠灭弧分断功能的产品。

⑤ 总开关电器的额定值、动作整定值应与分路开关电器的额定值、动作整定值相适应。

(3) 总配电箱应装设电压表、总电流表、电度表及其他需要的仪表。专用电能计量仪表的装设应符合当地供用电管理部门的要求。装设电流互感器时,其二次回路必须与保护零线有一个连接点,且严禁断开电路。

(4) 分配电箱应装设总隔离开关、分路隔离开关以及总断路器、分路断路器或总熔断器、分路熔断器。其设置和选择应符合电器设置的原则。

(5) 开关箱必须装设隔离开关、断路器或熔断器,以及漏电保护器,当漏电保护器是同时具有短路、过载、漏电保护功能的漏电断路器时,可不装设断路器或熔断器。隔离开关应采用分断时具有可见分断点,能同时断开电源所有极的隔离电器,并应设置于电源进线端。当断路器具有可见分断点时,可不另设隔离开关。

(6) 开关箱中的隔离开关只可直接控制照明电路和容量不大于 3.0 kW 的动力电路,但不应频繁操作。容量大于 3.0 kW 的动力电路应采用断路器控制,操作频繁时还应附设接触器或其他启动控制装置。

(7) 开关箱中各种开关电器的额定值和动作整定值应与其控制用电设备的额定值和特性相适应。

(8) 漏电保护器应装设在总配电箱、开关箱靠近负荷的一侧,且不得用于启动电气设备的操作。

(9) 漏电保护器的选择应符合《剩余电流动作保护器(RCD)的一般要求》(GB/T 6829—2017)和《剩余电流动作保护装置安装和运行》(GB/T 13955—2017)的规定。

(10) 开关箱中漏电保护器的额定漏电动作电流不应大于 30 mA,额定漏电动作时间不应大于 0.1 s。

使用于潮湿或有腐蚀介质场所的漏电保护器应采用防溅型产品,其额定漏电动作电流不应大于 15 mA,额定漏电动作时间不应大于 0.1 s。

(11) 总配电箱中漏电保护器的额定漏电动作电流应大于 30 mA,额定漏电动作时间应大于 0.1 s，但其额定漏电动作电流与额定漏电动作时间的乘积不应大于 30 mA·s。

(12) 总配电箱和开关箱中漏电保护器的极数和线数必须与其负荷侧负荷的相数和线数一致。

(13) 配电箱、开关箱中的漏电保护器宜选用无辅助电源型（电磁式）产品，或选用辅助电源故障时能自动断开的辅助电源型（电子式）产品。当选用辅助电源故障时不能自动断开的辅助电源型（电子式）产品时，应同时设置缺相保护。

(14) 总配电箱漏电保护器参选 100-150MA/0.2S；分配电箱漏电保护器参选 50-75MA/0.1S；开关电箱漏电保护器参选 15-30MA/0.1S。

(15) 漏电保护器应按产品说明书安装、使用；对搁置已久重新使用或连续使用的漏电保护器应逐月检测其特性，发现问题应及时修理或更换。

漏电保护器的正确使用接线方法应按图 8-3 选用。

系统		接线
三相220/380V接零保护系统	专用变压器供电TN-S系统	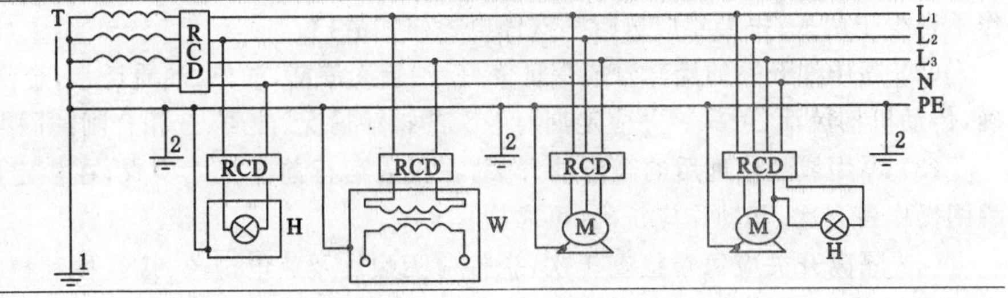
	三相四线制供电局TN-S系统	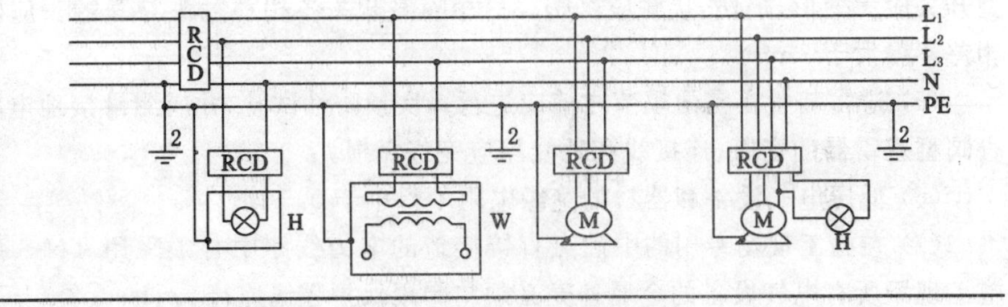

L_1、L_2、L_3—相线；N—工作零线；PE—保护零线、保护线；

1—工作接地；2—重复接地；T—变压器；RCD—漏电保护器；H—照明器；W—电焊机；M—电动机。

图 8-3　漏电保护器使用接线方法示意图

(16) 配电箱、开关箱的电源进线端严禁采用插头和插座做活动连接。

3. 配电箱及开关箱的使用与维护

(1) 配电箱、开关箱应有名称、用途、分路标记及系统接线图。

(2) 配电箱、开关箱箱门应配锁，并应由专人负责。

(3) 配电箱、开关箱应定期检查、维修。检查、维修人员必须是专业电工。检查、维修时必须按规定穿绝缘鞋、戴手套，必须使用电工绝缘工具，并应做好检查、维修工作记录。

(4) 对配电箱、开关箱进行定期维修、检查时，必须将其前一级相应的电源隔离开关分闸断电，并悬挂“禁止合闸、有人工作”停电标识牌，严禁带电作业。

(5) 配电箱、开关箱必须按照下列顺序操作：

① 送电操作顺序为：总配电箱──→分配电箱──→开关箱；

② 停电操作顺序为：开关箱──→分配电箱──→总配电箱。

但出现电气故障的紧急情况可除外。

(6) 施工现场停止作业 1 h 以上时，应将动力开关箱断电上锁。

(7) 开关箱的操作人员必须符合规范要求的规定。

(8) 配电箱、开关箱内不得放置任何杂物，并应保持整洁。

(9) 配电箱、开关箱内不得随意挂接其他用电设备。

(10) 配电箱、开关箱内的电器配置和接线严禁随意改动。

熔断器的熔体更换时，严禁采用不符合原规格的熔体代替。漏电保护器每天使用前应启动漏电试验按钮试跳一次，试跳不正常时严禁继续使用。

(11) 配电箱、开关箱的进线和出线严禁承受外力，严禁与金属尖锐断口、强腐蚀性介质和易燃易爆物接触。

4. 10 kV 以下配电装置

(1) 施工电源及高低压配电装置应设专职值班人员负责运行与维护，高压巡视检查工作不得少于两人，每半年应进行一次停电检修和清扫。

(2) 高压油开关的瓷套管应保证完好，油箱无渗漏，油位、油质正常，合闸指示器位置正确，传动机构灵活、可靠。并应定期对触头的接触情况、油质、三相合闸的同期性进行检查。

(3) 停用或经修理后的高压油开关，在投入运行前应全面检查，在额定电压下作合闸、跳闸操作各 3 次，其动作应正确、可靠。

(4) 隔离开关应每季检查 1 次，瓷件应无裂纹及放电现象；接线柱和螺栓应无松动；刀型开关应无变形、损伤，接触应严密。三相隔离开关各相动触头与静触头应同时接触，前后相差不得大于 3 mm。

(5) 避雷装置在雷雨季节之前应进行一次预防性试验，并应测量接地电阻。雷电后，检查阀型避雷器的瓷瓶、连接线和地线均应完好无损。

(6) 低压电气设备和器材的绝缘电阻不得小于 0.5 MΩ。

(7) 在施工现场专用的中性点直接接地的电力线路中必须采用 TN-S 接零保护系统。施工现场所有电气设备的金属外壳必须与专用保护零线连接。

(8) 施工现场低压供电线路的干线和分支线的终端，以及沿线每 1 km 处的保护零线应作重复接地；配电室或总配电箱的保护零线以及塔式起重机的行走轨道均应作重复接地。重复接地的接地电阻值不应大于 10 Ω。

(9) 施工现场低压电力线路网必须采用两级漏电保护系统，即第一级的总电源(总配电箱)保护和第二级的分电源(分配电箱或开关箱)保护，其额定漏电动作电流和额定漏电动作时间应合理配合，并应具有分级、分段保护的功能。

(10) 漏电保护器的选择应符合《剩余电流动作保护电器(RCD)的一般要求》(GB/T 6829—2017)的要求，并应按产品使用说明书的规定安装、使用和定期检查，确保动作灵敏、运行可靠、保护有效。

(11) 配电箱或开关箱内的漏电保护器的额定漏电动作电流不应大于 30 mA，额定漏电动作时间应小于 0.1 s；使用于潮湿或有腐蚀介质场所的漏电保护器应采用防溅型产品，其额定漏电动作电流不应大于 15 mA，额定漏电动作时间应小于 0.1 s。

(12) 施工现场电动建筑机械或手持电动工具的载荷线，必须按其容量选用无接头的铜芯橡皮护套软电缆。其中绿/黄双色线在任何情况下只可用作保护零线或重复接地线。

(13) 在易燃、易爆、有腐蚀性气体的场所应采用防爆型低压电器；在多尘和潮湿或易触及人体的场所应采用封闭型低压电器。

(14) 各种熔断器的额定电流必须按规定合理选用。严禁在现场利用铁丝、铝丝等非专用熔丝替代。

(15) 施工现场的各种配电箱、开关箱必须有防雨设施，并应装设端正、牢固。固定式配电箱、开关箱的底部与地面的垂直距离应为 1.3～1.5 m；移动式配电箱、开关箱的底部与地面的垂直距离宜在 0.6～1.5 m。

(16) 每台电动建筑机械应有各自专有的开关箱，必须实行“一机一闸”制。开关箱应设在机械设备附近。

(17) 各种电源导线严禁直接绑扎在金属架上。

(18) 架空导线的截面面积应满足安全载流量的要求，且电压损失不应大于 5%。同时导线的截面面积应满足架空强度要求，绝缘铝线截面面积不得小于 16 mm^2，绝缘铜线截面面积不得小于 10 mm^2。施工现场导线与地面的距离应大于 4 m；导线与建(构)筑物或脚手架的距离应大于 4 m。

(19) 配电箱电力容量在 15 kW 以上的电源开关严禁采用瓷底胶木刀型开关。4.5 kW 以上电动机不得用刀型开关直接启动。各种刀型开关采用静触头接电源，动触头接载荷，严禁倒接线。

九、照明

1. 一般规定

(1) 在坑、洞、井内作业场所、夜间施工道路或加工厂房、材料仓库、料具堆放场、工地办公室、食堂、宿舍及自然采光差的场所等，应设一般照明、局部照明或混合照明。

① 在一个工作场所内，不得只设局部照明。

② 停电后，必须立即启动自备电源的应急照明。

(2) 现场照明应采用高光效、长寿命的照明光源。对需大面积照明的场所，应采用高压汞灯、高压钠灯或混光用的卤钨灯等。

(3) 照明器的选择必须按下列环境条件确定：

① 正常湿度的一般场所，选用开启式照明器；

② 潮湿或特别潮湿场所，选用密闭型防水照明器或配有防水灯头的开启式照明器；

③ 含有大量尘埃但无爆炸和火灾危险的场所，选用防尘型照明器；

④ 有爆炸和火灾危险的场所，按危险场所等级选用防爆型照明器；

⑤ 存在较强振动的场所，选用防振型照明器；

⑥ 有酸碱等强腐蚀介质场所，选用耐酸碱型照明器。

(4) 照明器具和器材的质量应符合国家现行有关强制性标准的规定，不得使用绝缘老化或破损的器具和器材。

(5) 无自然采光的地下大空间施工场所，应编制单项照明用电方案。

2. 照明供电

(1) 一般场所宜选用额定电压为 220 V 的照明器。

(2) 下列特殊场所应使用安全低电压照明器：

① 隧道、人防工程、高温、有导电灰尘、比较潮湿或灯具离地面高度低于 2.5 m 等场所的照明，电源电压不应大于 36 V；

② 潮湿和易触及带电体场所的照明，电源电压不得大于 24 V；

③ 特别潮湿场所、导电良好的地面照明，电源电压不得大于 12 V。

(3) 使用手持型灯应符合下列要求：

① 电源电压不大于 36 V；

② 灯体与手柄应坚固、绝缘良好并耐热、耐潮湿；

③ 灯头与灯体结合牢固，灯头无开关；

④ 灯泡外部有金属保护网；

⑤ 金属网、反光罩、悬吊挂钩固定在灯具的绝缘部位上。

(4) 远离电源的小面积工作场地、道路照明、警卫照明或额定电压为 12～36 V 照明的场所，其电压允许偏移值为额定电压值的－10%～5%；其余场所电压允许偏移值为额定电压值的±5%。

(5) 照明变压器必须使用双绕组型安全隔离变压器，严禁使用自耦变压器。

(6) 照明系统宜使三相负荷平衡，其中每一单相回路上，灯具和插座数量不宜超过 25 个，负荷电流不宜超过 15 A。

(7) 携带式变压器的一侧电源线应采用橡皮护套或塑料护套铜芯软电缆，中间不得有接头，长度不宜超过 3 m，其中绿/黄双色线只可作 PE 线使用，电源插销应有保护触头。

(8) 工作零线截面面积应按下列规定选择：

① 单相二线及二相二线线路中，零线截面面积与相线截面面积相同。

② 三相四线制线路中，当照明器为白炽灯时，零线截面面积不小于相线截面面积的 50%；当照明器为气体放电灯时，零线截面面积按最大负载相的电流选择。

③ 在逐相切断的三相照明电路中，零线截面面积与最大负载相相线截面面积相同。

(9) 室内、室外照明线路的敷设应符合相关要求。

3. 照明装置

(1) 照明灯具的金属外壳必须与 PE 线相连接，照明开关箱内必须装设隔离开关、短路与过载保护电器和漏电保护器。

(2) 室外 220 V 灯具与地面距离不得小于 3 m，室内 220 V 灯具与地面距离不得小于 2.5 m。

普通灯具与易燃物距离不宜小于 300 mm；聚光灯、碘钨灯等高热灯具与易燃物距离不宜小于 500 mm，且不得直接照射易燃物；达不到规定的安全距离时，应采取隔热措施。

(3) 路灯的每个灯具应单独装设熔断器保护。灯头线应做防水弯。

(4) 荧光灯管应采用固定管座或用吊链悬挂。荧光灯的镇流器不得安装在ᴱ燃的结构物上。

(5) 碘钨灯及钠、铊、铟等金属卤化物灯具的安装高度宜在 3 m 以上，灯线应固定在接线柱上，不得靠近灯具表面。

(6) 投光灯的底座应安装牢固，应按需要的光轴方向将枢轴拧紧固定。

(7) 螺口灯头及其接线应符合下列要求：

① 灯头的绝缘外壳无损伤、无漏电；

② 相线接在与中心触头相连的一端，零线接在与螺纹口相连的一端。

(8) 灯具内的接线必须牢固，灯具外的接线必须进行可靠的防水绝缘包扎。

(9) 暂设工程的照明灯具宜采用拉线开关控制，开关安装位置宜符合下列要求：

① 拉线开关距离离地面高度为 2～3 m，与出入口的水平距离为 0.15～0.2 m，拉线的出口向下；

② 其他开关距离地面高度为 1.3 m，与出入口的水平距离为 0.15～0.2 m。

(10) 灯具的相线必须经开关控制，不得将相线直接引入灯具。

(11) 对夜间影响飞机或车辆通行的在建工程及机械设备，必须设置醒目的红色信号灯，其电源应设在施工现场总电源开关的前侧，并应设置外电线路停止供电时的应急自备电源。

第七节　施工机械设备

一、一般规定

(1) 机械进入作业地点后，操作人员应熟悉作业环境和施工条件，听从指挥，遵守现场安全规则。

(2) 机械必须按照出厂使用说明书规定的技术性能、承载能力和使用条件，正确操作，合理使用，严禁超载作业或任意扩大使用范围。

(3) 机械上的各种安全防护装置及监测、指示、仪表、报警等自动报警、信号装置应完好齐全，有缺损时应及时修复。安全防护装置不完整或已失效的机械不得使用。

(4) 机械不得带病运转。运转中发现不正常时，应先停机检查，排除故障后方可使用。

(5) 凡违反相关规定的作业命令，操作人员说明理由后可拒绝执行。由于发令人强制违章作业而造成事故者，应追究发令人的责任，直至追究刑事责任。

(6) 新机、经过大修或技术改造的机械，必须按出厂使用说明书的要求进行测试和试运转，确认机械性能符合要求，方能使用。

(7) 机械集中停放的场所，应有专人看管，并应设置消防器材及工具；大型内燃机械应配备灭火器；机房、操作室及机械四周不得堆放易燃、易爆物品。

(8) 变配电所、乙炔站、氧气站、空气压缩机房、发电机房、锅炉房等易于发生危险的场所，应设置围栅和警示标志，非工作人员未经批准不得入内。挖掘机、起重机、打桩机等重要作业区域，应采取现场安全措施。

(9) 在机械产生对人体有害的气体、液体、尘埃、残渣、放射性射线、振动、噪声等场所，必须配置相应的安全保护设施和防尘、减噪和三废处理装置；在隧道、沉井基础施工中，应采取措施，将有害物限制在规定的范围内。

(10) 使用机械与安全生产发生矛盾时，必须首先服从安全要求。

(11) 停用一个月以上或封存的机械，应认真做好停用或封存前的保养工作，并应采取预防雨淋、水泡、锈蚀等措施。

(12) 机械使用的润滑油(脂)，应符合出厂使用说明书所规定的种类和牌号，并应按时、按季、按质更换。

(13) 当机械发生重大事故时,企业各级领导必须及时上报和组织抢救,保护现场,查明原因、分清责任、落实及完善安全措施,并按事故性质严肃处理。

(14) 汽车及自行轮胎式机械在进入城市道路或城郊公路时,必须遵守《中华人民共和国道路交通安全法》。

二、动力设备与电气机具

1. 一般要求

(1) 固定式动力机械设备应安装在室内符合要求的基础上,内燃机机房应有良好的通风,周围应有 1 m 以上的通道,排气管必须引出室外,并不得与可燃物接触。室外使用动力机械应搭设机棚。移动式动力机械应处于水平状态,放置稳固。

(2) 冷却系统的水质应保持洁净,硬水应经软化处理后使用。

(3) 动力机械的燃油和润滑油牌号应符合该机规定,油质和加油器具应保持洁净(柴油应沉淀过滤),并应按季节要求换油。

2. 内燃机

(1) 内燃机作业前应重点检查的项目应符合下列要求:

① 曲轴箱内润滑油油面在标尺规定范围内;

② 冷却系统水量充足、清洁、无渗漏,风扇三角胶带松紧合适;

③ 燃油箱油量充足,各油管及接头处无漏油现象;

④ 各总成连接件安装牢固,附件完整,无缺失。

(2) 内燃机启动前,离合器应处于分离位置,有减压装置的柴油机,应先打开减压阀。

(3) 用摇柄启动汽油机时,由下向上提动,严禁向下硬压或连续摇转。用手拉绳启动时,不得将绳的一端缠在手上。

(4) 用小发动机启动柴油机时,每次启动时间不得超过 5 min。用直流启动机启动时,每次不得超过 10 s。用压缩空气启动时,应将飞轮上的标志对准启动位置。当连续进行 3 次仍未能启动时,应检查原因,排除故障后再启动。

(5) 启动后,应低速运转 3～5 min,此时,机油压力、排气管排烟应正常,各系统管路应无泄漏现象;待温度和机油压力均正常后,方可开始作业。

(6) 作业中内燃机温度过高时,不应立即停机,应继续怠速运转降温。当冷却水沸腾需开启水箱盖时,操作人员应戴手套,面部必须避开水箱盖口,严禁用冷水注入水箱或泼浇内燃机体强制降温。

(7) 内燃机运行中出现异响、异味、水温急剧上升及机油压力急剧下降等情况时,应立即停机检查并排除故障。

(8) 停机前应卸去载荷,进行中速运转,待温度降低后再关闭油门,停止运转。装有涡轮增压器的内燃机,作业后应怠速运转 5～10 min,方可停机。

(9) 有减压装置的内燃机,不得使用减压杆进行熄火停机。

(10) 排气管向上的内燃机,停机后应在排气管口上加盖。

(11) 当气温降至 0 ℃以下且长时间停用时,应将发动机水箱内的水放净。

3. 电动机

(1) 长期停用或可能受潮的电动机,使用前应测量绝缘电阻,其值不得小于 0.5 MΩ。

(2) 电动机应装设过载和短路保护装置。并应根据设备需要装设断相和失压保护装置。每台电动机应有单独的操作开关。

(3) 电动机的熔丝额定电流应按下列条件选择：

① 单台电动机的熔丝额定电流为电动机额定电流的 1.5～2.5 倍；

② 多台电动机合用的总熔丝额定电流为其中最大一台电动机额定电流的 1.5～2.5 倍再加上其余电动机额定电流的总和。常用熔丝规格应按表 8-16 采用。

表 8-16　常用熔丝规格表

种　类	直　径/mm	熔断电流/A	最高安全工作电流/A
铅锡合金丝 (铅 75%、锡 25%)	0.508	3.0	2.0
	0.559	3.5	2.3
	0.610	4.0	2.6
	0.710	5.0	3.3
	0.813	6.0	4.1
	0.915	7.0	4.8
	1.220	10.0	7.0
	1.630	16.0	11.0
	1.830	19.0	13.0
	2.030	22.0	15.0
	2.340	27.0	18.0
	2.650	32.0	22.0
	2.950	37.0	26.0
	3.260	44.0	30.0

(4) 采用热继电器作电动机过载保护时，其容量应选择为电动机额定电流的 1～1.25 倍。

(5) 电动机的集电环与电刷的接触面不得小于满接触面的 75%。电刷高度磨损超过原标准 2/3 时应换新。

(6) 直流电动机的换向器表面应光洁，当有机械损伤或火花灼伤时应修整。

(7) 当电动机额定电压变动在－5%～＋10%的范围内时，可以额定功率连续运行；当超过时，则应控制负荷。

(8) 电动机运行中应无异响、无漏电、轴承温度正常且电刷与滑环接触良好。旋转中电动机的允许最高温度应按下列情况取值：滑动轴承为 80 ℃；滚动轴承为 95 ℃。

(9) 电动机在正常运行中，不得突然进行反向运转。

(10) 电动机械在工作中遇停电时，应立即切断电源，将启动开关置于停止位置。

(11) 电动机停止运行前，应首先将载荷卸去，或将转速降到最低，然后切断电源，启动开关应置于停止位置。

4. 空气压缩机

(1) 空气压缩机作业区应保持清洁和干燥。贮气罐应放在通风良好处，距贮气罐 15 m 以内不得进行焊接或热加工作业。

(2) 空气压缩机的进排气管较长时，应加以固定，管路不得有急弯；对较长管路应设伸缩变形装置。

(3) 贮气罐和输气管路每3年应进行1次水压试验,试验压力应为额定压力的1.5倍。压力表和安全阀应每年至少校验1次。

(4) 作业前重点检查项目应符合下列要求:

① 燃、润油料均添加充足;

② 各连接部位紧固,各运动机构及各部阀门开闭灵活;

③ 各防护装置齐全良好,贮气罐内无存水;

④ 电动空气压缩机的电动机及启动器外壳接地良好,接地电阻不大于4 Ω。

(5) 空气压缩机应在空载状态下启动,启动后低速空运转,检视各仪表指示值符合要求,运转正常后,逐步进入载荷运转。

(6) 输气胶管应保持畅通,不得扭曲,开启送气阀前,应将输气管道连接好,并通知现场有关人员后方可送气。在出气口前方,不得有人工作或站立。

(7) 作业中贮气罐内压力不得超过铭牌额定压力,安全阀应灵敏有效。进排气阀、轴承及各部件应无异响或过热现象。

(8) 每工作2 h,应将液气分离器、中间冷却器、后冷却器内的油水排放一次。贮气罐内的油水每班应排放1～2次。

(9) 发现下列情况之一时应立即停机检查,找出原因并排除故障后,方可继续作业:

① 漏水、漏气、漏电或冷却水突然中断;

② 压力表、温度表、电流表指示值超过规定;

③ 排气压力突然升高,排气阀、安全阀失效;

④ 机械有异响或电动机电刷发生强烈火花。

(10) 运转中,在缺水而使气缸过热停机时,应待气缸自然降温至60 ℃以下时,方可加水。

(11) 当电动空气压缩机运转中突然停电时,应立即切断电源,等来电后重新在无载荷状态下启动。

(12) 停机时,应先卸去载荷,然后分离主离合器,再停止内燃机或电动机的运转。

(13) 停机后,应关闭冷却水阀门,打开放气阀,放出各级冷却器和贮气罐内的油水和存气,方可离岗。

(14) 在潮湿地区及隧道中施工时,对空气压缩机外露摩擦面应定期加注润滑油,对电动机和电气设备应做好防潮保护工作。

5. 手持电动工具

操作时必须配备护眼、护面部、护臂保护设施。

(1) 使用刃具的机具,应保持刃磨锋利,完好无损,安装正确,牢固可靠。

(2) 使用砂轮的机具,应检查砂轮与接盘间的软垫并安装稳固,螺帽不得过紧,凡受潮、变形、裂纹、破碎、磕边缺口或接触过油、碱类的砂轮均不得使用,并不得将受潮的砂轮片自行烘干使用。

(3) 在潮湿地区或在金属构架、压力容器、管道等导电良好的场所作业时,必须使用双重绝缘或加强绝缘的电动工具。

(4) 非金属壳体的电动机、电器,在存放和使用时不应受压、受潮,并不得接触汽油等溶剂。

(5) 作业前的检查应符合下列要求：

① 外壳、手柄不出现裂缝、破损；

② 电缆软线及插头等完好无损，开关动作正常，保护接零连接正确且牢固可靠；

③ 各部防护罩齐全牢固，电气保护装置可靠。

(6) 机具启动后，应空载运转，检查并确认机具联动灵活无阻。作业时，加力应平稳，不得用力过猛。

(7) 严禁超载使用。作业中应注意音响及温升，发现异常应立即停机检查。在作业时间过长、机具温升超过 60 ℃时，应停机待自然冷却后再行作业。

(8) 作业中，不得用手触摸刃具、模具和砂轮，发现其有磨钝、破损情况时，应立即停机修整或更换，然后再继续进行作业。

(9) 机具转动时，不得撒手不管。

(10) 使用冲击电钻或电锤时，应符合下列要求：

① 作业时应掌握电钻或电锤手柄，打孔时先将钻头抵在工作表面，然后开动，用力适度，避免晃动；转速若急剧下降，应减小用力，防止电机过载，严禁用木杠加压。

② 钻孔时，应注意避开混凝土中的钢筋。

③ 电钻和电锤为 40%断续工作制，不得长时间连续使用。

④ 作业孔径在 25 mm 以上时，应有稳固的作业平台，周围应设护栏。

(11) 使用瓷片切割机时应符合下列要求：

① 作业时应防止杂物、泥尘混入电动机内，并应随时观察机壳温度，当机壳温度过高及产生炭刷火花时，应立即停机检查处理。

② 切割过程中用力应均匀适当，推进刀片时不得用力过猛。当发生刀片卡死时，应立即停机，慢慢退出刀片，重新对正后方可再切割。

(12) 使用角向磨光机时应符合下列要求：

① 砂轮应选用增强纤维树脂型，其安全线速度不得小于 80 m/s。配用的电缆与插头应具有加强绝缘性能，并不得任意更换。

② 磨削作业时，应使砂轮与工件面保持 15°～30°的倾斜位置；切削作业时，砂轮不得倾斜，并不得横向摆动。

(13) 用电剪时应符合下列要求：

① 作业前应先根据钢板厚度调节刀头间隙量；

② 作业时不得用力过猛，当遇刀轴往复次数急剧下降时，应立即减小推力。

(14) 使用射钉枪时应符合下列要求：

① 严禁用手掌推压钉管和将枪口对准人；

② 击发时，应将射钉枪垂直压紧在工作面上，当两次扣动扳机，子弹均不击发时，应保持原射击位置数秒后，再退出射钉弹；

③ 在更换零件或断开射钉枪之前，射枪内均不得装有射钉弹。

(15) 使用拉铆枪时应符合下列要求：

① 被铆接物体上的铆钉孔应与铆钉滑配合，并不得过盈量太大；

② 铆接时，当铆钉轴未拉断时，可重复扣动扳机，直到拉断为止，不得强行扭断或撬断；

③ 作业中，接铆头子或钉帽若有松动，应立即拧紧。

(16) 空气湿度小于75%的一般场所可选用Ⅰ类或Ⅱ类手持式电动工具,其金属外壳与PE线的连接点不得少于2处;除塑料外壳Ⅱ类工具外,相关开关箱中漏电保护器的额定漏电动作电流不应大于15 mA,额定漏电动作时间不应大于0.1 s,其负荷线插头应具备专用的保护触头。所用插座和插头在结构上应保持一致,避免导电触头和保护触头混用。

(17) 在潮湿场所或金属构架上操作时,必须选用Ⅱ类或由安全隔离变压器供电的Ⅲ类手持式电动工具。在潮湿场所或金属构架上严禁使用Ⅰ类手持式电动工具。

(18) 狭窄场所必须选用由安全隔离变压器供电的Ⅲ类手持式电动工具,其开关箱和安全隔离变压器均应设置在狭窄场所外面,并连接PE线。

(19) 手持式电动工具的负荷线应采用耐气候型的橡皮护套铜芯软电缆,并不得有接头。

(20) 手持式电动工具的外壳、手柄、插头、开关、负荷线等必须完好无损,使用前必须进行绝缘检查和空载检查,在绝缘合格、空载运转正常后方可使用。绝缘电阻不应小于表8-17规定的数值。

表8-17 手持式电动工具绝缘电阻限值表

测量部位	绝缘电阻/MΩ		
	Ⅰ类	Ⅱ类	Ⅲ类
带电零件与外壳之间	2	7	1

(21) 使用手持式电动工具时,必须按规定穿戴绝缘防护用品。

(22) 手持式电动工具必须由专职人员按以下规定进行定期检查:

① 每年至少检查一次。

② 在湿热和常有温度变化的地区或使用条件恶劣的地方还应相应缩短检查周期。

③ 在定期检查时,还必须测量工具的绝缘电阻。

三、土石方机械

1. 一般要求

(1) 机械进入现场前,应查明行驶路线上的桥梁、涵洞的上部净空和下部承载能力,保证机械安全通过。

(2) 作业前,应查明施工场地明、暗设置物(电线、地下电缆、管道、坑道等)的地点及走向,并采用明显记号表示。严禁在距离电缆1 m以内的区域作业。

(3) 作业中,应随时监视机械各部位的运转及仪表指示值,如发现异常,应立即停机检修。

(4) 机械运行中,严禁接触转动部位和进行检修。在修理(焊、铆等)工作装置时,应使其降到最低位置,并应在悬空部位垫上垫木。

(5) 在电杆附近取土时,对不能取消的拉线、地垄和杆身,应留出土台。土台半径:电杆宜为1.0～1.5 m,拉线宜为1.5～2.0 m。并应根据土质情况确定土台坡度。

(6) 机械不得靠近架空输电线路作业,作业应留出安全距离。

(7) 机械通过桥梁时,应采用低速挡慢行,在桥面上不得转向或制动。承载力不够的桥梁,事先应采取加固措施。

(8) 在施工中,在能见度小于 10 m 的浓雾天应停止作业。

(9) 在施工中遇下列情况之一时应立即停工,待符合作业安全条件时方可继续施工:

① 填挖区土体不稳定,有发生坍塌危险时;

② 气候突变,发生暴雨、水位暴涨或山洪暴发时;

③ 在爆破警戒区内发出爆破信号时;

④ 地面涌水冒泥,出现陷车或因雨水发生坡道打滑时;

⑤ 工作面净空不足以保证安全作业时;

⑥ 施工标志、防护设施损毁失效时。

(10) 配合机械作业的清底、平地、修坡等人员,应在机械回转半径以外工作。当必须在回转半径以内工作时,应停止机械回转并制动好后,方可作业。

(11) 雨季施工,机械作业完毕后,应停放在较高的坚实地面上。

(12) 挖掘基坑时,当坑底无地下水,坑深在 5 m 以内,且边坡坡度符合表 8-18 的规定时,可不加支撑。

表 8-18　边坡坡度比例表

土壤性质	在坑沟底挖土	在坑沟上边挖土
粉土砾石土	1 000 500	1 000 750
粉质黏土	1 000 330	1 000 750
黏　土	1 000 250	1 000 750
干黄土	1 000 100	1 000 330

(13) 当挖土深度超过 5 m 或发现有地下水以及土质发生特殊变化等情况时,应根据土的实际性能计算其稳定性,再确定边坡坡度。

(14) 当对石方或冻土进行爆破作业时,所有人员、机具应撤至安全地带或采取安全保护措施。

2. 单斗挖掘机

(1) 单斗挖掘机的作业和行走场地应平整坚实,对松软地面应垫以枕木或垫板,沼泽地区应先对路基进行处理,或更换湿地专用履带板。

(2) 轮胎式挖掘机使用前应支好支腿并保持水平位置,支腿应置于作业面的方向,转向驱动桥应置于作业面的后方。采用液压悬挂装置的挖掘机,应锁住两个悬挂液压缸。履带式挖掘机的驱动轮应置于作业面的后方。

(3) 平整作业场地时,不得用铲斗进行横扫或用铲斗对地面进行夯实。

(4) 挖掘岩石时，应将挖掘机置于警戒线外，先爆破，再挖掘。挖掘前应先清除岩石、冻土后方可开挖，不得用铲斗破碎石块、冻土，或用单边斗齿硬啃。

(5) 挖掘机正铲作业时，其最大开挖高度和深度不应超过机械本身性能规定。在拉铲或反铲作业时，履带距工作面边缘距离应大于1.0 m，轮胎距工作面边缘距离应大于1.5 m。

(6) 作业前对挖掘机重点检查项目应符合下列要求：

① 照明、信号及报警装置等齐全有效；

② 燃油、润滑油、液压油的油品质量符合规定；

③ 各铰接部分连接可靠；

④ 液压系统无泄漏现象；

⑤ 轮胎气压符合规定。

(7) 启动前，应将主离合器分离，各操纵杆放在空挡位置。

(8) 启动后，接合动力输出，应先使液压系统从低速到高速空载循环 10～20 min，无吸空等不正常噪声，工作有效，并检查各仪表指示值，待运转正常再接合主离合器，进行空载运转，顺序操纵各工作机构并测试各制动器，确认正常后方可作业。

(9) 作业时，挖掘机应保持水平位置，将行走机构制动住，并将履带或轮胎揳紧。待机身停稳后再挖土，当铲斗未离开工作面时，不得作回转、行走等动作。回转制动时，应使用回转制动器，不得用转向离合器反转制动。

(10) 挖掘悬崖时，应采用防护措施。作业面不得留有伞沿及松动的大块石，当发现有塌方危险时，应立即处理或将挖掘机撤至安全地带。

(11) 作业时，各操纵过程应平稳，不得碰到洞壁、沟槽侧面或其他物体。不宜紧急回转或制动。当需制动时，应将变速阀置于低速挡位置。铲斗升降速度不得过快。

(12) 运土车辆装车时，宜降低挖铲斗，减小卸落高度，不得偏装或砸坏车厢。在汽车未停稳或铲斗需越过驾驶室而司机未离开前不得装车。

(13) 作业中，当液压缸伸缩将达到极限位时，应动作平稳，不得冲撞极限块。

(14) 作业中，当发现挖掘力突然变化，应停机检查，严禁在未查明原因前擅自调整、分配阀压力。

(15) 作业中不得打开压力表开关，且不得将工况选择阀的操纵手柄放在高速挡位置。

(16) 反铲作业时，斗臂应停稳后再挖土。挖土时，斗柄伸出不宜过长，提斗不得过猛。

(17) 作业中，履带式挖掘机作短距离行走时，主动轮应在后面，斗臂应在正前方与履带平行，制动住回转机构，铲斗应距离地面 1 m。上、下坡道不得超过机械本身允许最大坡度，下坡应慢速行驶。不得在坡道上变速和空挡滑行。

(18) 轮胎式挖掘机行驶前，应收回支腿并固定好，监控仪表和报警信号灯应处于正常显示状态。气压表压力应符合规定，工作装置应处于行驶方向的正前方，铲斗应离地面 1 m。长距离行驶时，应采用固定销将回转平台锁定，并将回转制动板踩下后锁定。

(19) 当在坡道上行走时内燃机熄火，应立即制动并揳住履带或轮胎，待重新发动后，方可继续行走。作业后，挖掘机应停放在坚实、平坦、安全的地带，将铲斗收回平放在地面上，所有操纵杆置于中位，关闭操纵室和机棚，挖掘机不得停放在高边坡附近和填方区。

(20) 履带式挖掘机转移工地应采用平板拖车装运。短距离自行转移时，应低速缓行，每行走 500～1 000 m 应对行走机构进行检查和润滑。

(21) 保养或检修挖掘机时,除检查内燃机运行状态外,必须将内燃机熄火,并将液压系统卸荷,铲斗落地。

(22) 利用铲斗将底盘顶起进行检修时,应使用垫木将抬起的轮胎垫稳,并用木楔将落地轮胎揳牢,然后将液压系统卸荷,否则严禁进入底盘下工作。

3. 挖掘装载机

(1) 挖掘作业前应先将装载斗翻转,使斗口朝地,并使前轮稍离开地面,踏下并锁住制动踏板,然后伸出支腿,使后轮离地并保持水平位置。

(2) 作业时,操纵手柄应平稳,不得急剧移动;支臂下降时不得中途制动。挖掘时不得使用高速挡。

(3) 回转应平稳,不得撞击并用于砸实沟槽的侧面。

(4) 动臂后端的缓冲块应保持完好;如有损坏时,应修复后方可使用。

(5) 移位时,应将挖掘装置处于中间运输状态,收起支腿,提起提升臂后方可进行。

(6) 装载作业前,应将挖掘装置的回转机构置于中间位置,并用拉板固定。

(7) 在装载过程中,应使用低速挡。铲斗提升臂在举升时,不应使用阀的浮动位置。在前四阀工作时,后四阀不得同时进行工作。

(8) 在行驶或作业中,除驾驶室外,挖掘装载机任何地方均严禁乘坐或站立人员。

(9) 行驶支腿应完全收回,挖掘装置应固定牢靠,装载装置宜放低,铲斗和斗柄液压活塞杆应保持完全伸张位置。行驶中,不应高速和急转弯。下坡时,不得空挡滑行。

(10) 当停放时间超过 1 h 时,应支起支腿,使后轮离地;停放时间超过 1 d 时,应使后轮离地,并应在后悬架下面用垫块支撑。

4. 推土机

(1) 推土机在坚实土壤或多石土壤地带作业时,应先用松土器翻松或进行爆破,在沼泽地带作业时,应更换湿地专用履带板。

(2) 推土机行驶通过桥、涵,应具备相应的承载能力。

(3) 牵引其他机构设备时,应有专人负责指挥。钢丝绳的连接应牢固可靠。在坡道或长距离牵引时,应采用牵引杆连接。

(4) 作业前重点检查项目应符合下列要求:

① 各部件无松动、连接良好;

② 燃油、润滑油、液压油等油品油质应符合规定;

③ 各系统管路无裂纹或泄漏;

④ 各操纵杆和制动踏板的行程、履带的松紧度或轮胎气压均符合要求。

(5) 启动前,应将主离合器分离,各操纵杆放在空挡位置,并应按照有关规定启动内燃机,严禁用其他机械拖、顶启动。

(6) 启动后应检查各仪表指示值,液压系统应工作正常;当运转正常、水温达到 55 ℃、机油温度达到 45 ℃时,方可全载荷作业。

(7) 推土机行驶前,严禁有人站在履带或刀片的支架上,机械四周应无障碍物,确认安全后,方可开动。

(8) 采用主离合器传动的推土机接合应平稳,起步不得过猛,不得使离合器处于半接合状态下运转;液压传动的推土机,应先解除变速杆的锁紧状态,踏下减速器踏板,变速杆应在一定挡位，然后缓慢释放减速踏板。

(9) 在块石路面行驶时，应将履带张紧。当需要原地旋转或急转弯时，应采用低速挡进行。当行走机构夹入块石时，应采用正、反向往复行驶使块石排除。

(10) 在浅水地带行驶或作业时，应查明水深，冷却风扇叶不得接触水面。下水前和出水后，均应对行走装置加注润滑脂。

(11) 推土机上、下坡或超越障碍物时应采用低速挡。上坡不得换挡，下坡不得空挡滑行。横向行驶的坡度不得超过10°(17.6%)。当需要在斜坡上向下推土时，应采取安全措施，使机身保持平衡，方可作业。

(12) 在上坡途中，当内燃机突然熄灭，应立即放下铲刀，并锁住制动踏板。在分离主离合器后，方可重新启动内燃机。

(13) 下坡时，当推土机下行速度大于内燃机传动速度时，转向动作的操纵应与平地行走时操纵的方向相反，此时不得使用制动器。

(14) 填沟或填筑路堤作业驶近边坡时，铲刀不得越出边缘。后退时，应先换挡，方可提升铲刀进行倒车。

(15) 在深沟、基坑或陡坡地区作业时，应有专人指挥，其垂直边坡高度不应大于2 m。

(16) 在推土或松土作业中不得超载，不得做有损铲刀、推土架、松土器等装置的动作，各项操作应缓慢平稳；无液力变矩器装置的推土机，在作业中有超载趋势时，应稍微提升刀片或变换低速挡。

(17) 推树时，树干应系拉绳且不得倒向推土机。推屋墙或围墙时，其高度不宜超过2.5 m。严禁推带有钢筋的混凝土建(构)筑物。

(18) 两台以上推土机在同一地区作业时，前后距离应大于8.0 m，左右距离应大于1.5 m。在狭窄道路上行驶时，未征得前机同意，后机不得超越。

(19) 推土机顶推铲运机作助铲时，应符合下列要求：

① 进行推顶作业时，应与铲运机保持在同一直线行驶；

② 铲刀的提升高度应适当，不得触及铲斗的轮胎；

③ 助铲时应均匀用力，不得猛推猛撞，应防止将铲运机铲斗后轮胎顶离地面或使铲斗吃土过深；

④ 铲斗满载提升时，应减少推力，待铲斗提离地面后即减速脱离接触；

⑤ 后退时，应先看清后方情况，当需绕过正后方驶来的铲运机倒向助铲位置时，宜从来车的左侧绕行。

(20) 推土机转移行驶时，铲刀与地面距离宜为40 cm，不得用高速挡行驶和进行急转弯；不得长距离倒退行驶。

(21) 作业完毕后，应将推土机开到平整安全的地方，落下铲刀，有松土器的，应将松土器爪落下。在坡道上停机时，应将变速杆挂低速挡，接合主离合器，锁住制动踏板，并将履带或轮胎揳住。

(22) 停机时，应先降低内燃机转速，变速杆放在空挡，锁紧液力传动的变速杆，分开主离合器，踏下制动踏板并锁紧，待水温降到75 ℃以下，油温度降到90 ℃以下时，方可熄火。

(23) 推土机长途转移工地时，应采用平板拖车装运。短途行走转移时，距离不宜超过10 km，并应在行走过程中经常检查和润滑行走装置。

(24) 在推土机下面检修时,内燃机必须熄火,铲刀应放下或垫稳,并设专人进行安全监护。

5. 拖式铲运机

(1) 拖式铲运机牵引用拖拉机的使用应符合《建筑机械使用安全规程》(JGJ 33—2012)中推土机的有关规定。

(2) 铲运机行驶道路应平整结实,路面比机身应宽出 2 m。

(3) 作业前,应检查钢丝绳、轮胎气压、铲土斗及卸土板回缩弹簧、拖把万向接头、撑架以及各部滑轮等;液压式铲运机铲斗与拖拉机连接叉座与牵引连接块应锁定,各液压管路连接应可靠,确认正常后,方可启动。

(4) 开动前,应使铲斗离开地面,机械周围应无障碍物,确认安全后,方可开动。

(5) 作业中,严禁任何人上下机械、传递物件,以及在铲斗内、拖把或机架上坐立。

(6) 多台铲运机联合作业时,各机之间前后距离不得小于 10 m(铲土时不得小于 5 m),左右距离不得小于 2 m。行驶中,应遵守下坡让上坡、空载让重载、支线让干线的原则。

(7) 在狭窄地段运行时,未经前机同意,后机不得超越。两机交会或超越平行时应减速,两机间距不得小于 0.5 m。

(8) 铲运机上、下坡道时,应低速行驶,不得中途换挡,下坡时不得空挡滑行,行驶的横坡不得超过 6°(10.5%),坡宽应大于机身宽度 2 m 以上。

(9) 在新填筑的土堤上作业时,离堤坡边缘不得小于 1 m。需要在斜坡横向作业时,应先将斜坡挖填,使机身保持平衡。

(10) 在坡道上不得进行检修作业。在陡坡上严禁转弯、倒车或停车。在坡上熄火时,应将铲斗落地、制动牢靠后再启动。下陡坡时,应将铲斗触地行驶,帮助制动。

(11) 铲土时,铲土与机身应保持直线行驶。助铲时应有助铲装置,应正确掌握斗门开启的大小,不得切土过深。两机动作应协调配合,做到平稳接触、等速助铲。

(12) 在下陡坡铲土时,铲斗装满后,在铲斗后轮未达到缓坡地段前,不得将铲斗提离地面,应防止铲斗快速下滑而冲击主机。

(13) 在凹凸不平地段行驶转弯时,应放低铲斗,不得将铲斗提升到最高位置。

(14) 拖拉陷车时,应有专人指挥,前后操作人员应协调,确认安全后,方可起步。

(15) 作业后,应将铲运机停放在平整地面,并应将铲斗落在地面上。液压操纵的铲运机应将液压缸缩回,将操纵杆放在中间位置,进行清洁、润滑后,锁好门窗。

(16) 非作业行驶时,铲斗必须用锁紧链条挂牢在运输行驶位置上,铲运机上任何部位均不得载人或装载易燃、易爆物品。

(17) 修理斗门或在铲斗下检修作业时,必须将铲斗提起后用销子或锁紧链条固定,再用垫木将斗身顶住,并用木楔楔住轮胎。

6. 自行式铲运机

(1) 自行式铲运机的行驶道路应平整密实,单行道宽度不应小于 5.5 m。

(2) 多台铲运机联合作业时,前后距离不得小于 20 m(铲土时不得小于 10 m),左右距离不得小于 2 m。

(3) 作业前,应检查铲运机的转向和制动系统,并确认灵敏可靠,方可作业。

(4) 铲土或在利用推土机助铲时,应随时微调转向盘,铲运机应始终保持直线前进。不得在转弯情况下铲土。

(5) 下坡时不得空挡滑行，应踩下制动踏板辅助内燃机制动，必要时可放下铲斗，以降低下滑速度。

(6) 转弯时应采用较大回转半径低速转向，操纵转向盘不得过猛；当重载行驶或在弯道上、下坡时，应缓慢转向。

(7) 不得在大于15°(26.8%)的横坡上行驶，也不得在横坡上铲土。

(8) 沿沟边或填方边坡作业时，轮胎离路肩不得小于0.7 m，并应放低铲斗，降速缓行。

(9) 在坡道上不得进行检修作业。遇在坡道上熄火时，应立即制动，下降铲斗，把变速杆放在空挡位置，然后方可启动内燃机。

(10) 穿越泥泞或软地面时，铲运机应直线行驶，当一侧轮胎打滑时，可踏下差速器锁止踏板。当离开不良地面时，应停止使用差速器锁止踏板。不得在差速器锁止时转弯。

(11) 夜间作业时，前后照明灯应齐全完好，前大灯应能照至30 m；当对方来车时，应在100 m以外将大灯光改为小灯光，并低速靠边行驶。

7. 静压压路机

(1) 压路机碾压的工作面，应经过适当平整，对新填的松软路基，先用拖拉机、推土机或轻型压路机碾压后，方可再用重型压路机碾压。

(2) 工作地段的纵坡不应超过压路机最大爬坡能力，横坡不应大于15%。

(3) 轮胎压路机不宜在块石基础层上作业。

(4) 作业前，各系统管路及接头部分应无裂纹、松动和泄漏现象，滚轮的刮泥板应平整良好，各紧固件不得松动，轮胎压路机碾压前还应检查轮胎气压，确认正常后方可启动。

(5) 不得用牵引法强制启动内燃机，也不得用压路机拖拉任何机械或物件。

(6) 启动后，应进行试运转，确认运转正常，制动及转向功能灵敏可靠，方可作业。碾压中，压路机周围应无障碍物或非工作人员。

(7) 碾压时应低速行驶，变速时必须停机。速度宜控制在3～4 km/h范围内，在一个碾压行程中不得变速。碾压过程中应保持正确的行驶方向。

(8) 变换压路机前进、后退方向，应待滚轮停止后进行。不得利用换向离合器进行制动。

(9) 应从两侧向中间碾压；碾压时，与路基边缘距离不应小于0.5 m。

(10) 碾压超高路基时，应由里向外、由低向高碾压，距路基边缘不应少于1 m。

(11) 上、下坡时，应事先选好挡位，不得在坡上换挡，下坡时不得空挡滑行。

(12) 两台以上压路机同时作业时，前后间距不得小于3 m，在坡道上不得纵队行驶。

(13) 在运行中，不得进行修理或加油。需要在机械底部进行修理时，应将内燃机熄火，用制动器制动住，并揳住滚轮。

(14) 对有差速器锁住装置的三轮压路机，当只有一只轮子打滑时，方可使用差速器锁住装置，但不得转弯。

(15) 作业后，应将压路机停放在平整坚实的地方，并制动住。不得停放在土路边缘及斜坡上，也不得停放在妨碍交通的地方。

(16) 压路机转移工地距离较远时，应采用汽车或平板拖车装运，并在轮下加垫木绑牢，不得用其他车辆拖拉牵运。

8. 振动压路机

(1) 作业时,压路机应先起步后才能起振,内燃机应先置于中速,然后再调至高速。

(2) 变速与换向时应先停机,变速时应降低内燃机转速。

(3) 严禁压路机在坚实的地面上进行振动。

(4) 碾压松软路基时,应先在不振动情况下碾压1～2遍,然后再振动碾压。

(5) 碾压时,振动频率应保持一致。对可调振频的振动压路机,应先调好振动频率后再作业,不得在没有起振情况下调整振动频率。

(6) 换向离合器、起振离合器和制动器的调整,应在主离合器脱开后进行。

(7) 上、下坡时,不得使用快速挡。在急转弯时,包括铰接式振动压路机在小转弯绕圈碾压时,严禁使用快速挡。

(8) 压路机在高速行驶时不得接合振动。

(9) 停机时应先停振,然后将换向机构置于中间位置,变速器置于空挡,最后拉起手制动操纵杆,内燃机怠速运转数分钟后熄火。

9. 平地机

(1) 在不平整的地面作业时,应先用推土机推平,再用平地机平整。

(2) 平地机作业区应无树根、石块等障碍物。对土质坚实的地面,应先用齿耙翻松,用齿耙翻松时,应缓慢下齿,不得使用齿耙翻松石渣或混凝土路面。

(3) 作业区的水准点及导线控制桩的位置、数据应清楚,放线、验线工作应提前完成。

(4) 作业前重点检查项目应符合下列要求:

① 照明、音响装置齐全有效;

② 燃油、润滑油、液压油等油品油质符合规定;

③ 各连接件无松动;

④ 液压系统无泄漏现象;

⑤ 轮胎气压符合规定。

(5) 不得用牵引法强制启动内燃机,也不得用平地机拖拉其他机械。

(6) 启动后,各仪表指示值应符合要求,待内燃机运转正常后,方可开动。

(7) 起步前,检视机械周围应无障碍物及行人,先鸣声示意后,用低速挡起步,并应测试并确认制动器灵敏有效。

(8) 作业时,应先将刮刀下降到接近地面,起步后再下降刮刀铲土。铲土时,应根据铲土阻力大小,随时少量调整刮刀的切土深度,控制刮刀的升降量差不宜过大,不宜造成波浪形工作面。

(9) 刮刀的回转与铲土角的调整以及向机外侧斜,都必须在停机时进行;但刮刀左右端的升降动作,可在机械行驶中随时调整。

(10) 各类铲刮作业都应低速行驶,角铲土和使用齿耙时必须用一挡;刮土和平整作业可用二挡或三挡。换挡必须在停机时进行。

(11) 平地机在转弯或调头时,应使用低速挡;在正常行驶时,应采用前轮转向,当场地特别狭小时,方可使用前、后轮同时转向。

(12) 行驶时,应将刮刀和齿耙升到最高位置,并将刮刀斜放,刮刀两端不得超出后轮外侧。行驶速度不得超过20 km/h。下坡时,不得空挡滑行。

(13) 作业中,应随时注意变矩器油温,超过 120 ℃时应立即停止作业,待降温后再继续工作。

(14) 作业后,应停放在平坦、安全的地方,将刮刀落在地面上,拉上手制动器。

10. 轮胎式装载机

(1) 装载机工作距离不宜过大,超过合理运距时,应由自卸汽车配合装运作业。自卸汽车的车厢容积应与铲斗容量相匹配。

(2) 装载机不得在倾斜度超过出厂规定的场地上作业。作业区内不得有障碍物及无关人员。

(3) 装载机作业场地和行驶道路应平整。在石方施工场地作业时,应在轮胎上加装保护链条或用钢质链板直边轮胎。

(4) 作业前重点检查项目应符合下列要求:

① 照明、音响装置齐全有效;

② 燃油、润滑油、液压油的品种、质量应符合规定;

③ 各连接件无松动;

④ 液压及液力传动系统无泄漏现象;

⑤ 转向、制动系统灵敏有效;

⑥ 轮胎气压符合规定。

(5) 启动内燃机后,应怠速空运转,各仪表指示值应正常,各部管路密封良好,待水温达到 55 ℃、气压达到 0.45 MPa 后,可起步行驶。

(6) 起步前,应先鸣声示意,宜将铲斗提升至距离地面 0.5 m。行驶过程中应测试制动器的可靠性,并避开路障或高压线等。除规定的操作人员外,不得搭乘其他人员,严禁铲斗载人。

(7) 高速行驶时应采用前两轮驱动;低速铲装时,应采用四轮驱动。行驶中,应避免突然转向。铲斗装载后升起行驶时,不得急转弯或紧急制动。

(8) 行驶作业必须由持有操作证的人员操作,在城市道路上行驶应遵守交通规则,下坡不得空挡滑行和超速行驶。

(9) 装料时,应根据物料的密度确定装载量,铲斗应从正面铲料,不得单边受力。卸料时,举臂翻转铲斗应低速缓慢动作。

(10) 操纵手柄换向时,不应过急、过猛。满载操作时,铲臂不得快速下降。

(11) 在松散不平的场地作业时,应把铲臂放在浮动位置,使铲斗平稳地推进;当推进阻力过大时,可稍稍提升铲臂。

(12) 铲臂向上或向下动作到最大限度时,应速将操纵杆回到空挡位置。

(13) 不得将铲斗提升到最高位置运输物料。运载物料时,宜保持铲臂下铰点离地面 0.5 m,并保持平稳行驶。

(14) 铲装或挖掘应避免铲斗偏载,不得在收斗或半收斗而未举臂时前进。铲斗装满后,应举臂到距地面约 0.5 m 时,再后退、转向、卸料。

(15) 当铲装阻力较大,出现轮胎打滑时,应立即停止铲装,排除过载后再铲装。

(16) 在向自卸汽车装料时,铲斗不得从汽车驾驶室上方越过。当汽车驾驶室顶无防护板而进行装料时,驾驶室内不得有人。

(17) 在向自卸汽车装料时，宜降低铲斗及减小卸落高度，不得偏装、超载和砸坏车厢。

(18) 在边坡、壕沟、凹坑卸料时，轮胎与边缘距离应大于 1.5 m，铲斗不宜过于伸出。在坡度大于 3°的坡面上，不得前倾卸料。

(19) 作业时，内燃机水温不得超过 90 ℃，变矩器油温不得超过 110 ℃，当超过上述规定时，应停机降温。

(20) 作业后，装载机应停放在安全场地，铲斗平放在地面上，操纵杆置于中位，并制动锁定。

(21) 装载机转向架未锁闭时，严禁站在前后车架之间进行检修保养。

(22) 装载机铲臂升起后，在进行润滑或调整等作业之前，应装好安全销，或采取其他措施支住铲臂。

(23) 停车时，应使内燃机转速逐步降低，不得突然熄火；应防止液压油因惯性冲击而溢出油箱。

11. 蛙式夯实机

(1) 蛙式夯实机应适用于检查井、边角夯实灰土和素土，不得夯实坚硬或软硬不一的素填土、冻土及混有砖石碎块的杂土。

(2) 作业前重点检查项目应符合下列要求：

① 除接零或接地外，应设置漏电保护器，电缆线接头绝缘良好；

② 传动皮带松紧合适，皮带轮与偏心块安装牢固；

③ 转动部分有防护装置，并进行试运转，确认正常后，方可作业。

(3) 作业时夯实机扶手上的按钮开关和电动机的接线均应绝缘良好。当发现有漏电现象时，应立即切断电源，进行检修。

(4) 夯实机作业时，应一人扶夯，一人传递电缆线，且必须戴绝缘手套和穿绝缘鞋。递线人员应跟随夯机后或两侧调顺电缆线，电缆线不得扭结或缠绕，且不得张拉过紧，应保持 3～4 m 的余量。作业时，应防止电缆线被夯击。移动时，应将电缆线移至夯机后方，不得隔机抢扔电缆线，当转向倒线困难时，应停机调整。

(5)作业时，手握扶手应保持机身平衡，不得用力向后压，并应随时调整行进方向。转弯时不得用力过猛，不得急转弯。

(6) 不得在斜坡上夯行，应避免造成夯头后折。

(7) 多机作业时，其平列间距不得小于 5 m，前后间距不得小于 10 m。

(8) 夯机前进方向和夯机四周 1 m 范围内，不得站立非操作人员。

(9) 夯机连续作业时间不应过长，当电动机超过额定温升时，应停机降温。夯机发生故障时，应先切断电源，然后排除故障。

(10) 作业后，应切断电源，卷好电缆线，清除夯机上的泥土，并妥善保管。

(11) 夯土机械 PE 线的连接点不得少于 2 处。

(12) 夯土机械的负荷线应采用耐气候型橡皮护套铜芯软电缆。

(13) 使用夯土机械必须按规定穿戴绝缘用品，使用过程应有专人调整电缆，电缆长度不应大于 50 m。电缆严禁缠绕、扭结和被夯土机械跨越。

(14) 夯土机械的操作扶手必须绝缘。

12. 振动冲击夯

(1) 振动冲击夯应适用于黏性土、砂及砾石等散状物料的压实，不得在水泥路面和其他坚硬地面作业。

(2) 作业前重点检查项目应符合下列要求：

① 各部件连接良好，无松动；

② 内燃冲击夯有足够的润滑油，油门控制器转动灵活；

③ 电动冲击夯有可靠的接零或接地，电缆线表面绝缘完好。

(3) 内燃冲击夯启动后，内燃机应怠速运转 3～5 min，然后逐渐加大油门，待夯机跳动稳定后，方可作业。

(4) 电动冲击夯在接通电源启动后，应检查电动机旋转方向，有错误时应倒换相线。

(5) 作业时应正确掌握夯机，不得倾斜，手把不宜握得过紧，能控制夯机前进速度即可。

(6) 正常作业时，不得使劲往下压手把，影响夯机跳起高度。在较松的填料上作业或上坡时，可将手把稍向下压，并应能增加夯机前进速度。

(7) 在需要增加密实度的地方，可通过手把控制夯机在原地反复夯实。

(8) 根据作业要求，内燃冲击夯应通过调整油门的大小，在一定范围内改变夯机振动频率。

(9) 内燃冲击夯不宜在高速条件下连续作业。在内燃机高速运转时不得突然停车。

(10) 电动冲击夯应装有漏电保护装置，操作人员必须戴绝缘手套、穿绝缘鞋。作业时，电缆线不应拉得过紧，应经常检查线头安装，不得松动及引起漏电。严禁冒雨作业。

(11) 作业中，当冲击夯有异常的响声，应立即停机检查。

(12) 当短距离转移时，应先将冲击夯手把稍向上抬起，将运转轮装入冲击夯的挂钩内，再压下手把，使重心后倾，方可推动手把转移冲击夯。

(13) 作业后，应清除夯板上的泥砂和附着物，保持夯机清洁，并妥善保管。

13. 风动凿岩机

(1) 风动凿岩机的使用条件：风压宜为 0.5～0.6 MPa，风压不得小于 0.4 MPa；水压应符合要求；压缩空气应干燥；水应用洁净的软水。

(2) 使用前，应检查风管、水管，不得有漏水、漏气现象，并应采用压缩空气吹出风管内的水分和杂物。

(3) 使用前，应向自动注油器注入润滑油，不得无油作业。

(4) 将钎尾插入凿岩机机头，用手顺时针应能够转动钎子，如有卡塞现象，应排除后开钻。

(5) 开钻前，应检查作业面，周围石质应无松动，场地应清理干净，不得遗留瞎炮。

(6) 在深坑、沟槽、井巷、隧道、洞室施工时，应根据地质和施工要求，设置支护安全措施，并应随时检查，严防冒顶塌方。

(7) 严禁在废炮眼上钻孔和骑马式操作，钻孔时，钻杆与钻孔中心线应保持一致。

(8) 风管、水管不得缠绕、打结，且不得受各种车辆碾压。不得用弯折风管的方法停止供气。

(9) 开钻时，应先开风、后开水；停钻后，应先关水、后关风；并应保持水压低于风压，不得让水倒流入凿岩机气缸内部。

(10) 开孔后,应慢速运转,不得用手、脚去挡钎头。应待孔深达 10～15 mm 后再逐渐转入全速运转。退钎时,应慢速徐徐拔出,若岩粉较多,应强力吹孔。

(11) 运转中,当遇卡钎或转速减慢时,应立即减少轴向推力;当钎杆仍不转时;应立即停机排除故障。

(12) 使用手持式凿岩机垂直向下作业时,体重不得全部压在凿岩机上,以防止钎杆断裂伤人。凿岩机向上方作业时,应保持作业方向并防止钎杆突然折断。且不得长时间全速空转。

(13) 当钻孔深度达 2 cm 以上时,应先采用短钎杆钻孔,待钻到 1.0～1.3 m 深度后,再换用长钎杆钻孔。

(14) 在距离地面 3 m 以上或在边坡上作业时,必须系好安全带。不得在坡面上拖拉风管,当需要拖拉时,应先通知坡下的作业人员撤离。

(15) 在巷道或洞室等通风条件差的作业面,必须采用湿式作业。在缺乏水源或不适合湿式作业的地方作业时,应采取防尘措施。

(16) 在装完炸药的炮眼 5 m 以内,严禁钻孔。

(17) 夜间或洞室内作业时,应有足够的照明。洞室施工应有良好的通风措施。

(18) 作业后,应关闭水管阀门,卸掉水管,进行空运转,吹净机内残存水滴,再关闭风管阀门。

14. 电动凿岩机

(1) 启动前,应检查全部机构及电气部分,并应重点检查漏电保护器,各控制器应处于零位;各部连接螺栓应紧固;各传动机构的摩擦面应润滑良好。确认正常后,方可通电。

(2) 通电后,钎头应顺时针方向旋转;当转向不对时,应倒相更正。

(3) 电缆线不得浸泡在水中或从金属管道上通过。施工现场应设标志,严禁机械、车辆等在电缆上通过。

(4) 空载运转正常后,应按规定程序装上钎杆、钎头,接通水管后,方可开眼钻孔。

(5) 钻机正转与反转、前进与后退,都应待主传动机或回转电动机完全停止后,方可换向。

(6) 钻孔时,当突然卡钎停钻或钎杆弯曲,应立即松开离合器,退回钻机。若遇局部坚硬岩层时,可操纵离合器缓慢推动,或变更转速和推进量。

(7) 钻孔时,应在推进结束前迅速拨开离合器,避免超过行程使钻机受损。

(8) 作业中,如发生异响,应立即停机检查。

(9) 移动钻孔机应有专人指挥。移动时,应把钻具提到一定高度并固定。移动后,机身应摆平,不得倾斜作业。

(10) 作业后,应擦净机身上的尘土、油污,并将钻机妥善保管在干燥地点,防止电动机受潮。

15. 通风机

(1) 通风机和管道的安装,应保证在高速运转情况下稳定牢固。不得露天安装,作业场地必须有防火设备。

(2) 风管接头应严密,口径不同的风管不得混合连接,风管转角处应做成大圆角。风管出风口距工作面宜为 6～10 m。风管安装不应妨碍人员行走及车辆通行;若架空安装,支点及吊挂应牢固可靠。隧道工作面附近的管道应采取保护措施，防止爆破砸坏。

(3) 启动前应检查并确认主机和管件的连接符合要求、风扇转动平稳、电器部分(包括电流过载继电保护装置)均齐全后，方可启动。

(4) 通风机及通风管应装有风压水柱表，并应随时检查通风压力情况。

(5) 运行中，运转应平稳无异响，当电动机温升超过铭牌规定时，应停机降温，如发现异常情况时，应立即停机检修。

(6) 运行中不得检修。对无逆止装置的通风机，应待风道回风消失后方可检修。

(7) 严禁在通风机和通风管上放置或悬挂任何物件。

(8) 作业后，应切断电源。长期停用时，应放置在干燥的室内。

四、水平和垂直运输机械

1. 一般要求

(1) 启动前应进行重点检查。灯光、喇叭、指示仪表等应齐全完整；燃油、润滑油、冷却水等应添加充足；各连接件不得松动；轮胎气压应符合要求，确认无误后，方可启动。燃油箱应加锁。

(2) 启动后，应观察各仪表指示值、检查内燃机运转情况、测试转向机构及制动器的性能，确认正常并待水温达到 40 ℃以上、制动气压达到安全压力以上时，方可低挡起步。起步前，车旁及车下应无障碍物及人员。

(3) 水温未达到 70 ℃时，不得高速行驶。行驶中，变速时应逐级增减，正确使用离合器，不得强推硬拉，使齿轮撞击发响。前进和后退交替时，应待车停稳后，方可换挡。

(4) 行驶中，应随时观察仪表的指示情况，当发现机油压力低于规定值，水温过高或有异响、异味等异常情况时，应立即停车检查，排除故障后，方可继续运行。

(5) 严禁超速行驶。应根据车速与前车保持适当的安全距离，选择较好路面行进，应避让石块、铁钉或其他尖锐铁器。遇有凹坑、明沟或穿越铁路时，应提前减速，缓慢通过。

(6) 上、下坡应提前换入低速挡，不得中途换挡。下坡时，应以内燃机阻力控制车速，必要时，可间歇轻踏制动器。严禁重踩离合器或空挡滑行。

(7) 在泥泞、冰雪道路上行驶时，应降低车速，宜沿前车辙迹前进，必要时应加装防滑链。

(8) 当车辆陷入泥坑、砂窝内时，不得采用猛松离合器踏板的方法来冲击起步。当使用差速器锁时，应低速直线行驶，不得转弯。

(9) 车辆涉水过河时，应先探明水深、流速和水底情况，水深不得超过排水管或曲轴皮带盘，并应低速直线行驶，不得在中途停车或换挡。涉水后，应缓行一段路程，轻踏制动器使浸水的制动蹄片上水分蒸发掉。

(10) 通过危险地区或狭窄便桥时，应先停车检查，确认可以通过后，应由有经验的人员指挥前进。

(11) 停放时，应将内燃机熄火，拉紧手制动器，关锁车门。

(12) 在坡道上停放时，下坡停放应挂上倒挡，上坡停放应挂上一挡，并应使用三角木楔等塞紧轮胎。

(13) 平头型驾驶室需前倾时，应清除驾驶室内物件，关紧车门，方可前倾并锁定。复位后，应确认驾驶室已锁定，方可启动。

(14) 在车底下进行保养、检修时，应将内燃机熄火，拉紧手制动器，将车轮揳牢并有专人监护。

(15) 车辆经修理后需要试车时，应由合格人员驾驶，车上不得载人、载物，当需在道路上试车时，应挂交通管理部门颁发的试车牌照。

2. 载重汽车

(1) 装载物品应捆绑牢固。轮式机具和圆筒形物件装运时应采取防止滚动的措施。

(2) 不得人货混装。因工作需要搭人时，人不得在货物之间或货物与前车厢板间隙内。严禁攀爬或坐卧在货物上面。

(3) 拖挂车时，应检查与挂车相连的制动气管、电气线路、牵引装置、灯光信号等，挂车的车轮制动器和制动灯、转向灯应配备齐全，并应与牵引车的制动器和灯光信号有联动作用。确认性能符合后方可运行。起步应缓慢并减速行驶，宜避免紧急制动。

(4) 运载易燃、有毒、强腐蚀等危险品时，其装载、包装、遮盖必须符合有关的安全规定，并应备有性能良好、在有效期内的灭火器。途中停放应避开火源、火种、居民区、建筑群等，炎热季节应选择阴凉处停放。装卸时严禁火星、火种。除必要的行车人员外，不得搭乘其他人员。严禁混装备用燃油。

(5) 装运易爆物资或器材时，车厢底面应垫有减轻货物振动的软垫层。装载质量不得超过额定装载质量的70%。装运炸药时，层数不得超过两层。

(6) 装运氧气瓶时，车厢板的油污应清除干净，严禁混装油料或盛油容器。

3. 自卸汽车

(1) 自卸汽车应保持顶升液压系统完好，工作平稳，操纵灵活，不得有卡阻现象。各节液压缸表面应保持清洁。

(2) 非顶升作业时，应将顶升操纵杆放在空挡位置。顶升前，应拔出车厢固定销。作业后，应插入车厢固定销。

(3) 配合挖装机械装料时，自卸汽车就位后拉紧手制动器，在铲斗确需越过驾驶室时，驾驶室内操作人员应撤离至安全地带。

(4) 卸料前，车厢上方应无电线或障碍物，四周应无人员来往。卸料时，应将车停稳，不得边卸边行驶。举升车厢时，应控制内燃机中速运转，当车厢升到顶点时，应降低内燃机转速，减少车厢振动。

(5) 向坑洼地区卸料时，应和坑边保持安全距离，防止塌方翻车。严禁在斜坡侧向倾卸。

(6) 卸料后，应及时使车厢复位，方可起步，不得在倾斜情况下行驶。严禁在车厢内载人。

(7) 车厢举升后需进行检修、润滑等作业时，应将车厢支撑牢靠后，方可进入车厢下面工作。

(8) 装运混凝土或黏性物料后，应将车厢放平复位后清洗，严禁车厢处于倾斜状态下上人清洗。

4. 平板拖车

(1) 行车前，应检查并确认拖挂装置、制动气管、电缆接头等连接良好，且轮胎气压符合规定。

(2) 运输超限物件时，必须向交通管理部门办理通行手续，在规定时间内按规定路线行驶。超限部分白天应插红旗，夜晚应挂红灯。超高物件应有专人照管，并应配有电工随身携带工具保护途中输电线路，保证运输安全。

(3) 拖车装卸机械时，应停放在平坦坚实的路面上，轮胎应制动并用三角木楔塞紧。

(4) 拖车搭设的跳板应坚实，与地面夹角：在装卸履带式起重机、挖掘机、压路机时，不应大于15°；装卸履带式推土机、拖拉机时，不应大于25°。

(5) 装卸能自行上下拖车的机械，应由熟练的驾驶人员操作，并应由专人统一指挥。指挥人员应熟悉其所指挥的拖车及装运机械的性能、特点。上、下车动作应缓慢平稳，不得在踏板上调整方向。

(6) 装运履带式起重机，其起重臂应折叠，使之不超过机棚最高点，起重臂向后，吊钩不得自由晃动。拖车转弯时应降低速度。

(7) 装运推土机时，当铲刀超过拖车宽度时，应拆除铲刀。

(8) 机械装车后，各制动器应制动住，各保险装置应锁牢，履带或车轮应揳紧，并应绑扎牢固。

(9) 雨、雪、霜冻天气装卸车时，应采取防滑措施。

(10) 上、下坡道时，应提前换低速挡，不得中途换挡和紧急制动。严禁下坡空挡滑行。

(11) 拖车停放地应坚实、平坦。长期停放或重车停放过夜时，应将平板支起，轮胎不应承压。

(12) 使用随车卷扬机装卸物件时，应有专人指挥，拖车应制动住，并应将车轮揳紧。

(13) 严寒地区停放过夜时，应将贮气筒中空气和积水放尽。

5. 油罐车

(1) 油罐车应配备专用灭火器，并应加装拖地铁链和避电杆。行驶时，拖地铁链应接触地面；加油或放油时，必须将避电杆插进潮湿地内。

(2) 油罐加油孔应密封严密，放油阀门、放油管无渗漏现象，油罐通气孔应畅通，油泵进油滤网应经常清洗，送油胶管用完后应立即装上两端接头盖，不得有脏物进入。

(3) 内燃机的汽化器和排气管不得有回火，排气管应安装在车辆前方。

(4) 油罐车工作人员不得穿有铁钉的鞋。严禁在油罐附近吸烟，并严禁烟火。

(5) 停放时，应远离火源，炎热季节应选择阴凉处停放。雷雨时，不得停放在大树或高压线下方。行驶中途停放时，应有专人看管。

(6) 在检修过程中，操作人员如需要进入油罐时，严禁携带火机，并必须有可靠的安全防护措施，罐外必须有专人监护。

(7) 车上所有电气装置，必须绝缘良好，严禁有火花产生。车用工作照明应为36 V以下的安全灯。

(8) 油罐沉淀槽冻结时，可用热水、蒸汽融化，或将车开进暖房解冻。严禁用火烤融。

6. 散装水泥车

(1) 装料前，应检查并清除罐体及出料管道内的积灰和结渣等物；各管道的阀门应启闭灵活，不得有堵塞、漏气等现象；各连接部件应牢固可靠，方可进行装料。

(2) 在打开装料口前，应先打开排气阀，排除罐内残余气压。

(3) 装料时,应打开料槽内料位器开关,待料位器发出满位声响信号时,应立即停止装料。

(4) 装料完毕,应将装料口边缘上堆积的水泥清扫干净,盖好进料口盖,并把插销插好锁紧。

(5) 卸料前,应将车辆停放在平坦的卸料场地,装好卸料管,关闭卸料管蝶阀和卸压管球阀,打开二次风管并接通压缩空气,保证空气压缩机在空载情况下启动。

(6) 在向罐内加压时,应确认卸料阀处于关闭状态。待罐内气压达到卸料压力时,应先稍开二次风嘴阀后再打开卸料阀,并通过调节二次风嘴阀的开度来调整空气与水泥的最佳比例。

(7) 卸料过程中,应观察压力表压力变化情况,如压力突然上升,而输气软管堵塞不再出料时,应停止送气并放出管内压气,然后清除堵塞。

(8) 卸料作业时,空气压缩机应有专人负责,其他人员不得擅自操作。在进行加压卸料时,不得改变内燃机转速。

(9) 卸料结束,应打开放气阀,放尽罐内余气,并关闭各部阀门。车辆行驶过程中,罐内不得有压力。

(10) 雨天不得在露天装卸水泥。应经常检查并确认进料口盖关闭严实,不得让水或湿空气进入罐内。

7. 带式输送机

(1) 固定式带式输送机应安装在坚固的基础上;移动式带式输送机在运转前,应将轮子对称揳紧。多机平行作业时,彼此间应留出 1 m 以上的通道。输送机四周无妨碍工作的堆积物。

(2) 启动前,应调整好输送带松紧度,带扣应牢固,轴承、齿轮、链条等传动部件应良好,托辊和防护装置应齐全,电气保护接零或接地应良好,输送带与滚筒宽度应一致。

(3) 启动时,应先空载运转,待运转正常后,方可均匀装料。不得先装料后启动。

(4) 数台输送机串联送料时,应从卸料一端开始按顺序启动,待全部运转正常后,方可装料。

(5) 加料时,应对准输送带中心并宜降低装料高度,减少落料对输送带、托辊的冲击。加料应保持均匀。

(6) 作业中,应随时观察机械运转情况,当发现输送带有松弛或走偏现象时,应停机进行调整。

(7) 作业时,严禁任何人从输送带上面和下面跨越穿过。输送带打滑时,严禁用手拉动。严禁运转时进行清理或检修作业。

(8) 输送大块物料时,输送带两侧应加装挡料板或栅栏等防护装置。

(9) 调节输送机的卸料高度,应在停车时进行。调节后,应将连接螺母拧紧,并应插上保险销。

(10) 运输中需要停机时,应先停止装料,待输送带上物料卸完后,方可停机。数台输送机串联作业停机时,应从上料端开始按顺序停机。

(11) 当电源中断或其他原因突然停电时,应立即切断电源,将输送带上的物料清除掉,待来电或排除故障后,方可再接通电源启动运转。

(12) 作业完毕后，应将电源断开，锁好电源开关箱，清除输送机上砂土，用防雨护罩将电动机盖好。

五、混凝土机械

1. 基本要求

(1) 搅拌机作业场地应有良好的排水条件，不得有积水。机棚应有良好的通风、采光及防雨、防冻设施。

(2) 固定式机械应有可靠的基础，移动式机械应在平整坚实的地坪上用方木或撑架架牢，并应保持水平稳定。

(3) 当气温降到5 ℃以下时，管道、水泵、机内均应采取防冻保温措施。

(4) 作业后，应及时将机内、水箱内、管道内的存料、积水放尽，并应清洁保养机械，清理工作场地，切断电源，锁好开关箱。

(5) 装有轮胎的拌和机械，转移时拖行速度不得超过15 km/h。

2. 混凝土搅拌机

(1) 固定式搅拌机，当固定时间较长时，应在基础上埋置地脚螺栓；当短期使用时，应在机座上铺设木枕并找平放稳。

(2) 固定式搅拌机的操纵台，应使操作人员能看到各部工作情况。电动搅拌机的操纵台，应垫上橡胶板或干燥木板。

(3) 移动式搅拌机就位后，应放下支腿将机架顶起达到水平位置，使轮胎离地，并用枕木将机架垫起支牢。当长期使用时，应将轮胎卸下妥善保管，轮轴端部用油布包扎好。

(4) 对需设置上料斗地坑的搅拌机，其坑口周围应垫高夯实，以防止地面水流入坑内。上料轨道架的底端支承面应夯实或铺混凝土，轨道架的后面应采用木料支承，防止作业时轨道变形。

(5) 料斗放到最低位置时，在料斗与地面之间，应加一层缓冲垫木。

(6) 作业前重点检查项目应符合下列要求：

① 电源电压升降幅度不超过额定值的5%；

② 电动机和电器元件的接线牢固，保护接零或接地电阻符合规定；

③ 各传动机构、工作装置、制动器等均紧固可靠，开式齿轮、皮带轮等均有防护罩；

④ 齿轮箱的油质、油量符合规定。

(7) 作业前，应先启动搅拌机空载运转，确认搅拌筒或叶片旋转方向与筒体上箭头所示方向一致。对反转出料的搅拌机，应使搅拌筒正、反转运转数分钟，且无冲击抖动现象和异常噪声。

(8) 作业前，应进行料斗提升试验，观察并确认离合器、制动器灵活可靠。

(9) 应检查并校正供水系统的指示水量与实际水量的一致性；当误差超过2%时，应检查管路的漏水点或校正节流阀。

(10) 应检查集料规格与搅拌机性能是否相符，超出许可范围的不得使用。

(11) 搅拌机启动后，应使搅拌筒达到正常转速后进行上料。上料时应及时加水。每次加入的拌和料不得超过搅拌机的额定容量并应减少物料黏罐现象，加料的顺序应为碎石→水泥→砂→水泥→碎石。

(12) 进料时，严禁将头或手伸入料斗与机架之间。运转中，严禁用手或工具伸入搅拌筒内扒料、出料。

(13) 搅拌机作业中，当料斗升起时，严禁任何人在料斗下停留或通过；当需要在料斗下检修或清理料坑时，应将料斗提升到顶后用铁链或插入销锁住。

(14) 向搅拌筒内加料应在运转中进行，添加新料应先将搅拌筒内原有的混凝土全部卸出后方可进行。

(15) 作业中，应观察机械运转情况，当有异常或轴承温升过高等现象时，应停机检查；当需检修时，应将搅拌筒内的混凝土清除干净，断电后再进行检修。检修时应有人监护。

(16) 加入强制式搅拌机的集料最大粒径不得超过允许值，并应防止卡料。每次搅拌时，加入搅拌筒的物料不应超过规定的进料容量。

(17) 强制式搅拌机的搅拌叶片与搅拌筒底及侧壁的间隙，应经常检查是否符合规定，当间隙超过标准时，应及时调整。当搅拌叶片磨损超过标准时，应及时修补或更换。

(18) 作业后，应对搅拌机进行全面清理；当操作人员需进入筒内作业时，必须切断电源或卸下熔断器，锁好开关箱，挂上“禁止合闸”标牌，并应有专人在外监护。

(19) 作业完成后，应将料斗降落到坑底；当需升起时，开起就位后应用链条或插销扣牢。

(20) 冬季作业完成后，应将水泵、放水开关、量水器中的积水排除干尽。

(21) 搅拌机在场内移动或远距离运输时，应将进料斗提升到上止点，用保险铁链或插销锁住。

3. 混凝土搅拌站

(1) 混凝土搅拌站的安装，应由专业人员按出厂说明书要求进行，并应在技术人员主持下组织调试，在各项技术性能指标全部符合要求并经验收合格后，方可投产使用。

(2) 作业前检查项目应符合下列要求：

① 搅拌筒内和各配套机构的传动、运动部位及仓门、斗门、轨道等均无异物卡住；

② 各润滑油箱的油面高度符合规定；

③ 打开阀门排放气路系统中气水分离器的过多积水，打开贮气筒排污螺塞放出油水混合物；

④ 提升斗或拉铲的钢丝绳安装、卷筒缠绕均正确，钢丝绳及滑轮符合规定，提升料斗及拉铲的制动器灵敏有效；

⑤ 各部螺栓已紧固，各进、排料阀门无超限磨损，各输送带的张紧度适当，不跑偏；

⑥ 称量装置的所有控制和显示部分工作正常，其精度符合规定；

⑦ 各电气装置能有效控制机械动作，各接触点和动、静触头无明显损伤。

(3) 应按搅拌站的技术性能准备合格的砂、石集料，粒径超出许可范围的不得使用。

(4) 机组各部分应逐步启动。启动后，各部件运转情况和各仪表指示情况正常，油、气、水的压力符合要求后，方可开始作业。

(5) 作业过程中，在贮料区内和提升斗下，严禁人员进入。

(6) 搅拌筒启动前应盖好仓盖。机械运转中，严禁将手、脚伸入料斗或搅拌筒探摸。

(7) 当拉铲被障碍物卡死时，不得强行起拉，不得用拉铲起吊重物，在拉料过程中，不得进行回转操作。

(8) 搅拌机满载搅拌时不得停机，当发生故障或停电时，应立即切断电源，锁好开关箱，将搅拌筒内的混凝土清除干净，在排除故障后接通电源恢复生产。

(9) 搅拌站各机械不得超载作业；搅拌中应检查电动机的运转情况，当发现运转声音异常或温升过高时，应立即停机检查；电压过低时不得强制运行。

(10) 搅拌机停机前，应先卸载，然后按顺序关闭各部开关和管路。螺旋管内的水泥应全部输送出来，管内不得残留任何物料。

(11) 作业后，应清理搅拌筒、出料门及出料斗，并用水冲洗，同时冲洗附加剂及其供给系统。称量系统的刀座、刀口应清洗干净，确保称量精度。

(12) 冰冻季节，应放尽水泵、外加剂泵、水箱及外加剂箱内的存水，并应启动水泵和外加剂泵运转 1～2 min。

(13) 当搅拌站转移或停用时，应将水箱、外加剂箱、称量斗，以及水泥、砂、石贮存料斗内的物料排净，并清洗干净。转移中，应将杠杆秤表头平衡砣及秤杆固定，传感器应卸载。

4. 混凝土搅拌输送车

(1) 混凝土搅拌输送车的燃油、润滑油、液压油、制动液、冷却水等应添加充足，质量应符合要求。

(2) 搅拌筒滑槽、搅拌筒机架缓冲件应无裂痕或损伤；滑槽止动器应无松弛和损坏；搅拌叶片磨损在允许范围内。

(3) 应检查动力输出装置并确认无螺栓松动及轴承漏油等现象。

(4) 搅拌输送车装料前，应先将搅拌筒反转，使筒内的积水和杂物排尽。

(5) 启动内燃机应进行预热运转，各仪表指示值正常，制动气压达到规定值，并应低速旋转搅拌筒 3～5 min，确认一切正常后，方可装料。

(6) 装料时，应将操纵杆放在“装料”位置，并调节搅拌筒转速，使进料顺利。

(7) 运输前，排料槽应锁止在“行驶”位置，不得自由摆动。搅拌运输时，混凝土的装载量不得超过额定容量。

(8) 运输中，搅拌筒应低速旋转，但不得停转，运送混凝土的时间不得超过规定的时间。搅拌装置连续运转时间不宜超过 8 h。

(9) 搅拌筒由正转变为反转时，应先将操作手柄放在中间位置，待搅拌筒停转后，再将操纵杆手柄放至反转位置。

(10) 行驶在不平路面或转弯处应降低车速至 15 km/h 及以下，并暂停搅拌筒旋转。通过桥、洞、门等设施时，不得超过其限制高度及宽度。

(11) 水箱的水位应保持正常。冬季停车时，应将水箱和供水系统的积水放净。

(12) 将搅拌输送车用于搅拌混凝土时，应在搅拌筒内先加入总需水量 2/3 的水，然后再加入集料和水泥按出厂说明书规定的转速和时间进行搅拌。

(13) 作业完成后，应先将内燃机熄火，然后对料槽、搅拌筒入口和托轮等处进行冲洗，清除混凝土结块。当需进入搅拌筒清除结块时，必须先取下内燃机电门钥匙，在筒外设监护人员。

5. 混凝土泵

(1) 混凝土泵应安放在平整、坚实的地面上，周围不得有障碍物，在放下支腿并调整后应使机身保持水平和稳定，轮胎应揳紧固定。

(2) 泵送管道的安设应符合下列要求：

① 水平泵送管道宜直线敷设；

② 垂直泵送管道不得直接装接在泵的输出口上，应在垂直管前端加装长度不小于20 m的水平管，并在水平管近泵处加装逆止阀；

③ 安设向下倾斜的管道时，应在输出口上加装一段水平管，其长度不应小于倾斜管高低差的5倍。当倾斜度较大时，应在坡度上端装设排气活阀；

④ 泵送管道应有支承固定，在管道和固定物之间应设置木垫作缓冲，不得直接与钢筋或模板相连，管道与管道间应连接牢靠；管道接头和卡箍应扣牢密封，不得漏浆；不得将已磨损管道装在后端高压区；

⑤ 泵送管道敷设后，应进行耐压试验，符合要求后，方可使用。

(3) 砂石粒径、水泥标号及配合比应符合配合比要求，并满足泵机可泵性的要求。

(4) 作业前应检查并确认泵机各部螺栓紧固，防护装置齐全可靠，各部位操纵开关、调整手柄、手轮、控制杆、旋塞等均在正确位置，液压系统正常无泄漏，液压油符合规定，搅拌斗内无杂物，上方的保护格网完好无损并盖严。

(5) 输送管道的管壁厚度应与泵送压力匹配，近泵处应选用优质管子。管道接头、密封圈及弯头等应完好无损。高温烈日下应采用湿麻袋或湿草袋遮盖管路，并应及时浇水降温，寒冷季节应采取保温措施。

(6) 应配备清洗管、清洗用品、接球器及有关装置。开泵前，无关人员应离开管道周围。

(7) 启动后，应空载运转，观察各仪表的指示值，检查泵和搅拌装置的运转情况，确认一切正常后，方可作业。泵送前应向料斗加入10 L清水和0.3 m^3的水泥砂浆润滑泵及管道。

(8) 泵送作业中，料斗中的混凝土平面应保持在搅拌轴线以上。料斗格网上不得堆满混凝土，应控制供料流量，及时清除超粒径的集料及异物，格网不得随意移动。

(9) 当进入料斗的混凝土有离析现象时应停止泵送，待搅拌均匀后再泵送。当集料分离严重，料斗内灰浆明显不足时，应剔除部分集料，另加砂浆重新搅拌。

(10) 泵送混凝土应连续作业；当因供料中断被迫暂停时，停机时间不得超过30 min。暂停时间内应每隔5～10 min(冬季3～5 min)做2～3个冲程反泵-正泵运动，再次投料泵送前应先将料搅拌均匀。当停泵时间超限时，应排空管道内的混凝土料。

(11) 垂直向上泵送中断后再次泵送时，应先进行反向推送，使分配阀内混凝土吸回料斗，经搅拌均匀后再正向泵送。

(12) 泵机运转时，严禁将手或铁锹伸入料斗或用手抓握分配阀。当需在料斗或分配阀上工作时，应先关闭电动机和消除蓄能器压力。

(13) 不得随意调整液压系统压力。当油温超过70 ℃时，应停止泵送，但仍应使搅拌叶片和风机运转，待降温后再继续运行。

(14) 水箱内应贮存满清水，当水质混浊并有较多砂石粒时，应及时进行处理。

(15) 泵送时，不得开启任何输送管道和液压管道；不得调整、修理正在运转的部件。

(16) 作业中，应对泵送设备和管路进行观察，发现隐患应及时处理。对磨损超过规定的管子、卡箍、密封圈等应及时更换。

(17) 应防止管道堵塞。泵送混凝土应搅拌均匀，控制好坍落度；在泵送过程中，不得中途停泵。

(18) 当出现输送管堵塞时,应进行反泵运转,使混凝土返回料斗;当反泵几次仍不能消除堵塞时,应在泵机卸载情况下,拆管排除堵塞。

(19) 作业后,应将料斗内和管道内的混凝土全部输出,然后对泵机、料斗、管道等进行冲洗。当用压缩空气冲洗管道时,进气阀不应立即开大,只有当混凝土顺利排出时,方可将进气阀开至最大。在管道出口端前方 10 m 内严禁站人;并应用金属网篮等收集冲出的清洗球和砂石粒。对凝固的混凝土,应采用刮刀清除。

(20) 清洗作业后,应将两侧活塞转到清洗室位置,并涂上润滑油。各部位操纵开关、调整手柄、手轮、控制杆、旋塞等均应复位,液压系统应卸载。

6. 混凝土泵车

(1) 混凝土泵车就位地点应平坦坚实,周围无障碍物,上空距高压输电线有符合要求的安全距离。泵车不得停放在斜坡上。

(2) 混凝土泵车就位后,应支起支腿并保持机身的水平稳定。当用布料杆送料时,机身倾斜度不得大于 3°。就位后,泵车应开停车灯,避免碰撞。

(3) 作业前检查项目应符合下列要求;

① 燃油、润滑油、液压油等添加充足,轮胎气压符合规定,照明和信号指示灯齐全、良好。

② 液压系统工作正常,管道无泄漏;清洗水泵及设备齐全、良好。

③ 搅拌斗内无杂物,料斗上保护格网完好并盖严。

④ 输送管路连接牢固,密封良好。

(4) 布料杆所用配管和软管应按出厂说明书的规定选用,不得使用超过规定直径的配管,装接的管应拴上防脱安全带。

(5) 伸展布料杆应按出厂说明书的顺序进行。布料杆升离支架后方可回转。严禁用布料杆起吊或拖拉物件。

(6) 当布料杆处于全伸状态时,不得移动车身。作业中需要移动车身时,应将上段布料杆折叠固定,移动速度不得超过 10 km/h。

(7) 不得在地面上拖拉布料杆前端软管;严禁延长布料配管和布料杆。当风力在六级及以上时,不得使用布料杆输送混凝土。

(8) 泵送前,当液压油温度低于 15 ℃时,应采用延长空运转时间的方法提高油温。

(9) 泵送时应检查泵和搅拌装置的运转情况,监视各仪表和指示灯,发现异常,应及时停机处理。

(10) 作业中,料斗中混凝土面应保持在搅拌轴中心线以上。不得随意取下料斗上的格网,并应及时清除不合格集料或杂物。

(11) 泵送中当发现压力表上升到最高值,运转声音发生变化时,应立即停止泵送,并应采用反向运转方法排除管道堵塞;无效时,应拆管清洗。

(12) 作业后,应将管道和料斗内的混凝土全部输出,然后对料斗、管道等进行冲洗。当采用压缩空气冲洗管道时,管道出口端前方 10 m 内严禁站人。

(13) 作业后,不得用压缩空气冲洗布料杆配管,布料杆的折叠收缩应按规定顺序进行。

(14) 清洗后,各部位操纵开关、调整手柄、手轮、控制杆、旋塞等均应复位,液压系统应卸荷,并应收回支腿,将车停放在安全地带,关闭门窗。冬季应放净存水。

7. 混凝土喷射机

(1) 喷射机的风源应是符合要求的稳压源，电源、水源、加料设备等均应配套。喷射机搅拌应按试验确定的配比，干料搅拌。

(2) 管道安装应正确，连接处应紧固密封。当管道通过道路时，应采取保护措施。

(3) 喷射机内部应保持干燥和清洁，加入的集料配合比及潮润程序，应符合喷射机性能要求，不得使用结块的水泥和未经筛分的砂石。

(4) 作业前重点检查项目应符合下列要求：

① 安全阀灵敏可靠；

② 电源线无破裂现象，接线牢靠；

③ 各部密封件密封良好，对橡胶结合板和旋转板出现的明显沟槽应及时修复；

④ 压力表指针在上、下限之间，应根据输送距离，调整上限压力的极限值；

⑤ 喷枪水环(包括双水环)的孔眼畅通。

(5) 启动前，应先接通风、水、电，开启进气阀逐步达到额定压力，再启动电动机空载运转，确认一切正常后，方可投料作业。

(6) 机械操作和喷射操作人员应有联系信号，送风、加料、停料、停风以及发生堵塞时，应及时联系，密切配合。

(7) 喷嘴前方严禁站人，操作人员应始终站在已喷射过的混凝土支护面以内。

(8) 作业中，当暂停时间超过 1 h 时，应将仓内及输料管内的干混合料全部喷出。

(9) 发生堵管时，应先停止喂料，对堵塞部位进行敲击，迫使物料松散，然后用压缩空气将管道吹通。此时，操作人员应紧握喷嘴，严禁甩动管道伤人。当管道中有压力时，不得拆卸管道接头。

(10) 转移作业面时，供风、供水系统液压随之移动，输送软管不得随地拖拉和折弯。

(11) 停机时，应先停止加料，将输料管中的混合料全部喷出后，再关闭电动机和停送压缩空气。

(12) 作业后，应将料仓内和输料软管内的混合料全部喷出，并应将喷嘴拆下清洗干净，清除机身内外黏附的混凝土料及杂物。同时应清理输料管，并应使密封件处于放松状态。

8. 插入式振动器

(1) 插入式振动器的电动机电源上，应安装漏电保护装置，接地或接零应安全可靠。

(2) 操作人员应经过安全用电教育，作业时应穿戴绝缘胶鞋和绝缘手套。

(3) 电缆线应满足操作所需的长度。电缆线上不得堆压混凝土或让车辆挤压，严禁用电缆线拖拉或吊挂振动器。

(4) 使用前，应检查各部性能并确认机电完好及连接牢固，且旋转方向正确。

(5) 插入式振动器不得在初凝的混凝土、地板、脚手架和干硬的地面上进行试振。在检修或作业间断时，应断开电源。

(6) 作业时，振动棒软管的弯曲半径不得小于 500 mm，并不得多于两个弯，操作时应将振动棒垂直地插入混凝土，不得用力硬插、斜推或让钢筋夹住棒头，插入深度不应超过棒长的 3/4，不得全部插入混凝土中，不宜触及钢筋、芯管及预埋件。

(7) 振动棒软管不得出现断裂，当软管使用过久使软管松弛时，应及时修复或更换。

(8) 作业停止需移动振动器时，应先关闭电动机，再切断电源。不得用软管拖拉电动机。

(9) 作业完毕,应将电动机、软管、振动棒清理干净,并应按规定要求进行保养。振动器存放时,不得堆压软管,应平直放好,并应对电动机采取防潮措施。

9. 附着式、平板式振动器

(1) 附着式、平板式振动器轴承不应承受轴向力,使用时,电动机轴应保持水平状态。

(2) 在一个模板上同时使用多台附着式振动器时,应选用同频率的振动器。振动作业时,各振动器的频率应保持一致,相互对面的振动器应错开安装。

(3) 安装前,应对附着式振动器进行检查和试振。试振不得在干硬土或硬质物体上进行。安装在搅拌站料仓上的振动器,应安置橡胶垫。

(4) 安装时,振动器底板安装螺孔的位置应正确,应防止底脚螺栓安装扭斜从而使机壳受损。底脚螺栓应紧固,各螺栓的紧固程度应一致。

(5) 装置附着式振动器的构件模板应坚固牢靠,其面积应与振动器额定振动面积相适应。

(6) 使用时,引出电缆线不得拉得过紧,更不得断裂。作业时,应随时观察电气设备的漏电保护器和接地或接零装置是否符合要求,不符合要求应查明原因,停机检修。

(7) 附着式振动器安装在混凝土模板上时,每次振动时间不应超过 1 min,当混凝土在模内泛浆流动或呈水平状即可停振,不得在混凝土处于初凝状态时再振。

(8) 作业完毕,对附着振动器应拆除,并进行保养,入库存放。

(9) 平板式振动器作业时,应使平板与混凝土保持接触,使振波有效地振实混凝土,待表面出浆且不再下沉后,即可缓慢向前移动,移动速度应能保证混凝土振实出浆。正在工作的振动器,不得搁置在已凝或初凝的混凝土上。作业完成后,应对振动器进行清洗、保养,并入库存放。

10. 混凝土振动台

(1) 振动台应安装在牢固的基础上,地脚螺栓应拧紧。基础中间应留有能用于调整或检修的地下坑道。

(2) 使用前,应检查并确认电动机和传动装置完好,特别是轴承螺栓、偏心块螺栓、电动机和齿轮箱螺栓等紧固件紧固牢靠。

(3) 振动台不宜长时间空载运转,振动台上应安置牢固可靠的模板并锁紧夹具,并应保证模板混凝土和台面一起振动。

(4) 齿轮箱的油面应保持在规定的平面上,作业时油温不得超过 70 ℃。

(5) 应经常检查各部轴承,定期拆洗并更换润滑油,作业中应重点检查轴承温升,当发现过热时应停机检修。

(6) 电动机接地应良好,电缆线与电缆线接头应绝缘良好,不得有破损漏电现象。

(7) 振动台台面应经常保持清洁、平整,使其与模板接触良好。发现裂损应及时修补。

11. 混凝土真空吸水泵

(1) 真空室内过滤网应完整,集水室通向真空吸水泵的回水管上的旋塞开启应灵活,指示仪表应正确,进出水管应按出厂说明书要求连接。

(2) 启动后,应检查并确认电动旋转方向与罩壳上箭头指向一致,然后应堵住进水口,检查泵机空载真空度,表值不应小于 96 kPa。当不符合上述要求时,应检查泵组、管道及工作装置的密封情况。有损坏时，应及时修理或更换。

(3) 作业开始即应计时量水，观察机组真空表，并应随时做好记录。

(4) 作业后，应冲洗水箱及滤网的泥砂，并应放尽水箱内存水。

(5) 冬季施工或存放不用时，应把真空泵内的冷却水放尽。

六、钢筋加工机械

1. 基本要求

(1) 机械的安装应稳固，保持水平位置。固定式机械应有坚实、可靠的基础；移动式机械作业时应揳紧行走轮。

(2) 室外作业应设置有消防设施的机棚，机棚应有堆放原料、半成品的场地。

(3) 加工较长的钢筋时，应有专人帮扶，并听从操作人员指挥，不得任意推拉。

(4) 作业后，应堆放好成品，清理场地，切断电源，锁好开关箱，做好机械保养润滑工作。

2. 钢筋调直切断机

(1) 料架、料槽应安装平直，并应对准导向筒、调直筒和下切刀孔的中心线。

(2) 应用手转动飞轮，检查传动机构和工作装置，调整间隙，紧固螺栓，确认正常后，启动空载运转，在轴承无异响、齿轮啮合良好、运转正常后，方可作业。

(3) 应按调直钢筋的直径，选用适当的调直块及传动速度。调直块的孔径应比钢筋直径大 2～5 mm，传动速度应根据钢筋直径选用，直径大的钢筋宜选用慢速，经调试合格，方可送料。

(4) 在调直块未固定、防护罩未盖好前不得送料。作业中严禁打开各部防护罩并调整间隙。

(5) 当钢筋送入后，手与轮应保持一定的距离，不得接近。

(6) 送料前，应将不直的钢筋端头切除。导向筒前应安装一根长 1 m 的钢管，钢筋应先穿过钢管再送入调直前端的导孔内。

(7) 经过调直后的钢筋如仍有慢弯，可逐渐加大调直块的偏移量，直到调直为止。

(8) 切断 3～4 根钢筋后，应停机检查其长度，当超过允许偏差时，应调整限位开关或定尺板。

3. 钢筋切断机

(1) 接送料的工作台面应和切刀下部保持水平，工作台的长度可根据加工材料长度确定。

(2) 启动前，应检查并确认切刀无裂损，刀架螺栓紧固，防护罩牢靠。然后用手转动皮带轮，检查齿轮啮合间隙，调整切刀间隙。

(3) 启动后，应先空载运转，检查并确认各传动部分及轴承运转正常后，方可作业。

(4) 机械未达到正常转速时，不得切料。切料时，应使用切刀的中、下部位，紧握钢筋对准刃口迅速切入，操作者应站在固定刀片一侧用力压住钢筋，防止钢筋末端弹出伤人。严禁用两手分别在刀片两边握住钢筋俯身送料。

(5) 不得剪切直径和强度超过机械铭牌规定的钢筋和烧红的钢筋。一次切断多根钢筋时，其总截面面积应在规定范围内。

(6) 剪切低合金钢筋时，应更换高硬度切刀，剪切直径应符合机械铭牌规定。

(7) 切断短料时，手和切刀之间的距离应保持在 150 mm 以上，如手握端小于 400 mm 时，应采用套管或夹具将钢筋端头压住或夹牢。

(8) 运转中，严禁用手直接清除切刀附近的断头和杂物。钢筋摆动范围和切刀周围，不得停留非操作人员。

(9) 当发现机械运转不正常、有异常响声或切刀歪斜时，应立即停机检修。

(10) 作业后，应切断电源，用钢刷清除切刀间的杂物，进行整机清洁润滑。

(11) 液压传动式切断机作业前，应检查并确认液压油位及电动机旋转方向符合要求。启动后，应空载运转，松开放油阀，排净液压缸体内的空气，方可进行切筋。

(12) 手动液压式切断机使用前，应将放油阀按顺时针方向旋紧，切割完毕后，应立即按逆时针方向旋松。作业中，手应持稳切断机，并戴好绝缘手套。

4. 钢筋弯曲机

(1) 工作台和弯曲机台面应保持水平，作业前应准备好各种芯轴及工具。

(2) 应按加工钢筋的直径和弯曲半径的要求，装好相应规格的芯轴和成型轴、挡铁轴。芯轴直径应为钢筋直径的 2.5 倍。挡铁轴应有轴套。

(3) 挡铁轴的直径和强度不得小于被弯曲钢筋的直径和强度。不直的钢筋，不得在弯曲机上弯曲。

(4) 应检查并确认芯轴、挡铁轴、转盘等无裂纹和损伤，防护罩坚固、可靠，空载运转正常后，方可作业。

(5) 作业时，应将钢筋需弯曲一端插入转盘固定销的间隙内，另一端紧靠机身固定销，并用手压紧；检查机身固定销并确认安放在挡住钢筋的一侧，方可开动。

(6) 作业中，严禁更换轴芯、销子和变换角度以及调速，也不得进行清扫和加油。

(7) 对超过机械铭牌规定直径的钢筋严禁进行弯曲。在弯曲未经冷拉或带有锈皮的钢筋时，应戴防护镜。

(8) 弯曲高强度或低合金钢筋时，应按机械铭牌规定换算最大允许直径并应调换相应的芯轴。

(9) 在弯曲钢筋的作业半径内和机身未设固定销的一侧严禁站人。弯曲好的半成品，应堆放整齐，弯钩不得朝上。

(10) 转盘换向时，应待停稳后进行。

(11) 作业后，应及时清除转盘及插入座孔内的铁锈、杂物等。

5. 钢筋冷拉机

(1) 应根据冷拉钢筋的直径，合理选用卷扬机。卷扬钢丝绳应经封闭式导向滑轮并与被拉钢筋水平方向成直角。卷扬机设置的位置应使操作人员能见到全部冷拉场地，卷扬机与冷拉中线距离不得少于 5 m。

(2) 冷拉场地应在两端地锚外侧设置警戒区，并应安装防护栏及警示标志。操作人员在作业时必须离开钢筋 2 m 以外。无关人员不得在冷拉场地停留。

(3) 用配重控制的设备应与滑轮匹配，并应有指示起落的记号，没有指示记号时应有专人指挥。配重框提起时高度应限制在离地面 300 mm 以内，配重架四周应有栏杆及警示标志。

(4) 作业前，应检查冷拉夹具，夹齿应完好，滑轮、拖拉小车应灵活，拉钩、地锚及防护装置均应齐全、牢固。确认机具良好后，方可作业。

(5) 卷扬机操作人员必须看到指挥人员发出信号，并待所有人员离开危险区后方可作业。冷拉应缓慢、均匀。当有停车信号或见到有人进入危险区时，应立即停拉，并稍稍放松卷扬钢丝绳。

(6) 用延伸率控制的拉伸装置，应装设明显的限位标志，并应有专人负责指挥。

(7) 夜间作业的照明设施，应装设在张拉危险区外。当需要装设在场地上空时，其高度应超过 5 m。灯泡应加防护罩，导线严禁采用裸线。

(8) 作业后，应放松卷扬钢丝绳，落下配重，切断电源，锁好开关箱。

6. 预应力钢丝拉伸设备

(1) 作业场地两端外侧应设有防护栏杆和警告标志。

(2) 作业前，应检查被拉钢丝两端的镦头，当有裂纹或损伤时，应及时更换。

(3) 固定钢丝镦头的端钢板上圆孔直径应较所拉钢丝的直径大 0.2 mm。

(4) 高压油泵启动前，应将各油路调节阀松开，然后开动油泵，待空载运转正常后，再紧闭回油阀，逐渐拧开进油阀，待压力表指示值达到要求、油路无泄漏、确认正常后，方可作业。

(5) 作业中，操作应平稳、均匀。张拉时，两端不得站人。拉伸机在有压力的情况下，严禁拆卸液压系统的任何零件。

(6) 高压油泵不得超载作业，安全阀应按设备额定油压调整，严禁任意调整。

(7) 在测量钢丝的伸长时，应先停止拉伸，操作人员必须站在侧面操作。

(8) 用电热张拉法带电操作时，应穿绝缘胶鞋和戴绝缘手套。

(9) 张拉时，不得用手摸或脚踩钢丝。

(10) 高压油泵停止作业时，应先断开电源，再将回油阀缓慢松开，待压力表退回至零位时，方可卸开通往千斤顶的油管接头，使千斤顶全部卸荷。

7. 冷镦机

(1) 应根据钢筋直径，配换相应夹具。

(2) 应检查并确认模具、中心冲头无裂纹，并应校正上、下模具与中心冲头的同心度，紧固各部螺栓，做好安全防护。

(3) 启动后应先空载运转，调整上、下模具紧度，对准冲头模进行镦头校对，确认正常后，方可作业。

(4) 机械未达到正常转速时，不得镦头。当镦出的头大小不匀时，应及时调整冲头与夹具的间隙。冲头导向块应保持足够的润滑度。

8. 钢筋冷拔机

(1) 应检查并确认机械各连接件牢固，模具无裂纹，轧头和模具的规格配套，然后启动主机空载运转，确认正常后，方可作业。

(2) 在冷拔钢筋时，每道工序的冷拔直径应按机械出厂说明书规定进行，不得超量缩减模具孔径，无资料时，可按每次缩减孔径 0.5～1.0 mm 进行。

(3) 轧头时，应先使钢筋的一端穿过模具长度达 100～150 mm，再用夹具夹牢。

(4) 作业时，操作人员的手和轧辊应保持 300～500 mm 的距离。不得用手直接接触钢筋和滚筒。

(5) 冷拔模架中应随时加足润滑剂，润滑剂应采用石灰和肥皂水调和晒干后的粉末。

钢筋通过冷拔模前，应抹少量润滑脂。

(6) 当钢筋的末端通过冷拔模后，应立即脱开离合器，同时用手闸挡住钢筋末端。

(7) 拔丝过程中，当出现断丝或钢筋打结乱盘时，应立即停机；在处理完毕后，方可开机。

9. 钢筋冷挤压连接机

(1) 有下列情况之一时，应对挤压机的挤压力进行标定：

① 新挤压设备使用前；

② 旧挤压设备大修后；

③ 油压表受损或强烈振动后；

④ 套筒压痕异常且查不出其他原因时；

⑤ 挤压设备使用超过一年；

⑥ 挤压的接头数超过 5 000 个。

(2) 设备使用前后的拆装过程中，超高压油管两端的接头及压接钳、换向阀的进出油接头，应保持清洁，并应及时用专用防尘帽封好。超高压油管的弯曲半径不得小于 250 mm，扣压接头处不得扭转，且不得有死弯。

(3) 挤压机液压系统的高压胶管不得荷重拖拉、弯折和受到尖利物体刻划。

(4) 压模、套筒与钢筋应相互配套使用，压模上应有相对应的连接钢筋规格标记。

(5) 挤压前的准备工作应符合下列要求：

① 钢筋端头的锈、泥砂、油污等杂物应清理干净。

② 钢筋与套筒应先进行试套，当钢筋有马蹄、弯折或纵肋尺寸过大时，应预先进行矫正或用砂轮打磨；不同直径钢筋的套筒不得串用。

③ 钢筋端部应划出定位标记与检查标记，定位标记与钢筋端头的距离应为套筒长度的一半，检查标记与定位标记的距离宜为 20 mm。

④ 检查挤压设备情况时应进行试压，符合要求后方可作业。

(6) 挤压操作应符合下列要求：

① 钢筋挤压连接宜先在地面上挤压一端套筒，在施工作业区插入待接钢筋后再挤压另一端套筒；

② 压接钳就位时，应对准套筒压痕位置的标记，并应与钢筋轴线保持垂直；

③ 挤压顺序宜从套筒中部开始，并逐渐向端部挤压；

④ 挤压作业人员不得随意改变挤压力、压接道数或挤压顺序。

(7) 作业后，应收拾好成品、套筒和压模，清理场地，切断电源，锁好开关箱，最后将挤压机和挤压钳放到指定地点。

10. 除锈机

(1) 操作时，应戴口罩和手套。带钩的钢筋严禁上机除锈。

(2) 除锈应在基本调直后进行。操作时要放平握紧，站在钢丝刷侧面。

七、焊接机械设备

1. 一般要求

(1) 焊接操作及配合人员必须按规定穿戴劳动防护用品。并必须采取防止触电、高空坠落、中毒和火灾等事故的安全措施。

(2) 现场使用的电焊机，应设有防雨、防潮、防晒的措施，并应装设相应的消防器材。

(3) 施焊现场 10 m 范围内，不得堆放油类、木材、氧气瓶、乙炔发生器等易燃、易爆物品。

(4) 当长期停用的电焊机恢复使用时，其绝缘电阻不得小于 0.5 MΩ，接线部分不得有腐蚀和受潮现象。

(5) 电焊机导线应具有良好的绝缘性能，绝缘电阻不得小于 1 MΩ，不得将电焊机导线放在高温物体附近。电焊机导线和接地线不得搭在易燃、易爆和带有热源的物品上，接地线不得接在金属管道、机械设备和金属构架上，接地电阻不得大于 4 Ω。严禁利用他金属物体搭接形成焊接回路。

(6) 电焊钳握柄应有良好的绝缘和隔热能力。握柄与导线连接应牢靠，连接处应采用绝缘布包好不得外露。操作人员不得用胳膊夹持电焊钳。

(7) 电焊导线长度不宜大于 30 m。当需要加长导线时，应相应增加导线的截面面积。当导线通过道路时，必须穿入防护管内埋设在地下；当导线绝缘受损或断股时，应立即更换。

(8) 对承压状态的压力容器及管道、带电设备、承载结构的受力部位和装有易燃、易爆物品的容器未经处理严禁进行焊接和切割。

(9) 当需施焊受压容器、密封容器、油桶、管道、沾有可燃气体和溶液的工件时，应先清除容器及管道内压力，排除可燃气体和溶液，然后冲洗有毒、有害、易燃物质；对存有残余油脂的容器，应先打开盖口，用蒸汽、碱水冲洗，确认容器清洗干净后，再灌满清水方可进行焊接。在容器内焊接应采取防止触电、中毒和窒息的措施。焊、割密封容器应留出气孔，必要时在进气口和出气口处装设通风设备；容器内照明电压不得超过 12 V，焊工与焊件间应绝缘；容器外应设专人监护。严禁在已喷涂过油漆和塑料的容器内焊接。

(10) 焊接铜、铝、锌、锡等有色金属时，应通风良好，焊接人员应戴防毒面罩、呼吸滤清器或采取其他防毒措施。

(11) 当焊接预热焊件温度达 150～700 ℃时，应设挡板隔离焊件发出的辐射热，焊接人员应穿戴隔热的石棉服装和鞋、帽等劳保用品。

(12) 高空焊接或切割时，必须系好安全带，焊接周围和下方应采取防火措施，并应有专人监护。

(13) 雨天不得在露天进行电焊。在潮湿地带作业时，操作人员应站在铺有绝缘物品的地方，并应穿绝缘鞋。

(14) 应按电焊机额定焊接电流和荷载率操作，严禁过载。在有载运行中，应经常检查电焊机的温升，当温升超过 A 级 60 ℃、B 级 80 ℃时，必须停止运转并采取降温措施。

(15) 当清除焊缝焊渣时，应戴防护眼镜，头部应避开敲击焊渣飞溅方向。

2. 交流电焊机

(1) 使用前，应检查并确认初级、次级线接线正确，输入电压符合电焊机的铭牌规定；接通电源后，严禁接触初级线路的带电部分。

(2) 次级抽头连接铜板应压紧，接线桩应有垫圈。合闸前，应详细检查接线螺帽、螺栓及其他部件并确认完好齐全、无松动或损坏。

(3) 多台电焊机集中使用时，应分接在三相电源网络上，使三相负载平衡。多台焊机的接地装置,应分别由接地极处引接,不得串联。

(4) 移动电焊机时,应切断电源,不得用拖拉电缆的方法移动焊机。当焊接中突然停电时,应立即切断电源。

3. 旋转式直流电焊机

(1) 新机使用前,应将换向器上的污物擦干净,换向器与电刷接触应良好。

(2) 启动时,应检查并确认转子的旋转方向符合焊机标志的箭头方向。

(3) 启动后,应检查电刷和换向器,当有大量火花时,应停机查明原因,排除故障后方可使用。

(4) 当数台焊机在同一场地作业时,应逐台启动。

(5) 运行中,当需调节焊接电流和极性开关时,不得在负荷时进行。调节不得过快、过猛。

4. 硅整流直流焊机

(1) 焊机应在出厂说明书要求的条件下作业。

(2) 使用前,应检查并确认硅整流元件与散热片连接紧固,各接线端头紧固。

(3) 使用时,应先开启风扇电机,电压表指示值应正常,风扇电机无异响。

(4) 硅整流直流电焊机主变压器的次级线圈和控制变压器的次级线圈严禁用摇表测试。

(5) 硅整流元件应进行保护和冷却。当发现整流元件损坏时,应查明原因,排除故障后,方可更换新件。

(6) 整流元件和有关电子线路应保持清洁和干燥。启用长期停用的焊机时,应空载通电一定时间进行干燥处理。

(7) 搬运由高导磁材料制成的磁放大铁芯时,应防止强烈震击引起磁能恶化。

(8) 停机后,应清洁硅整流器及其他部件。

5. 氩弧焊机

(1) 应检查并确认电源、电压符合要求,接地装置安全可靠。

(2) 应检查并确认气管、水管不受外压和无外漏现象。

(3) 应根据材质的性能、尺寸、形状先确定极性,再确定电压、电流和氩气的流量。

(4) 安装的氩气减压阀、管接头不得沾有油脂。安装后,应进行试验并确认无障碍和漏气现象。

(5) 冷却水应保持清洁。水冷型焊机在焊接过程中,冷却水的流量应正常,不得断水施焊。

(6) 高频引弧焊机,其高频防护装置应良好,亦可通过降低频率进行防护;不得发生短路,振荡器电源线路中的联锁开关严禁分接。

(7) 使用氩弧焊时,操作人员应戴防毒面罩,钍钨棒的打磨应设有抽风装置,贮存时宜放在铅盒内。钨极粗细应根据焊接厚度确定。更换钨极时,必须切断电源。磨削钨极端头时,操作人员必须戴手套和口罩,磨削下来的粉尘,应及时清除,钍、铈、钨极不得随身携带。

(8) 焊机作业范围附近不宜设置有震动的其他机械设备,不得放置易燃、易爆物品。工作场所应有良好的通风措施。

(9) 氮气瓶和氩气瓶与焊接地点不应靠得太近,并应直立固定放置,不得倒放。

(10) 作业后,应切断电源,关闭水源和气源。焊接人员必须及时脱去工作服、清洗手脸和外露的皮肤。

6. 二氧化碳气体保护焊

(1) 作业前,二氧化碳气体应先预热 15 min。开气时,操作人员必须站在瓶嘴的侧面。

(2) 作业前,应检查并确认焊丝的进给机构、电线的连接部分、二氧化碳气体的供应系统及冷却水循环系统符合要求,焊枪冷却水系统不得漏水。

(3) 二氧化碳气体瓶宜放在阴凉处,其最高温度不得超过 30 ℃,并应放置牢靠,不得靠近热源。

(4) 二氧化碳气体预热器端的电压不得大于 36 V,作业后,应切断电源。

7. 等离子切割机

(1) 应检查并确认电源、气源、水源无漏电、漏气、漏水现象,接地或接零安全可靠。

(2) 小车、工件应放在适当位置,并应使工件和切割电路正极接通,切割工作面下应设有熔渣坑。

(3) 应根据工件材质、种类和厚度选定喷嘴孔径,调整切割电焊、气体流量和电极的内缩量。

(4) 自动切割小车应经空车运转,并选定切割速度。

(5) 操作人员必须戴好防护面罩、电焊手套、帽子、滤膜防尘口罩和隔音耳罩。不戴防护镜的人员严禁直接观察等离子弧,裸露的皮肤严禁接近等离子弧。

(6) 切割时,操作人员应站在上风处操作。可从工作台下部抽风,并宜缩小操作台上的敞开面积。

(7) 切割时,当空载电压过高时,应检查电器接地、接零和割锯手把绝缘情况,应将工作台与地面绝缘,或在电气控制系统安装空载断路继电器。

(8) 高频发生器应设有屏蔽护罩,用高频引弧后,应立即切断高频电路。

(9) 作业后,应切断电源,关闭气源和水源。

8. 埋弧焊机

(1) 作业前,应检查并确认各部分导线连接良好,控制箱的外壳和接线板上的罩壳盖好。

(2) 应检查并确认送丝滚轮的沟槽及齿纹完好,滚轮、导电嘴(块)磨损或接触不良时应更换。

(3) 作业前,应检查减速箱油槽中的润滑油,不足时应添加。

(4) 软管式送丝机构的软管槽孔应保持清洁,并定期吹洗。

(5) 作业时,应及时排走焊接中产生的有害气体,在通风不良的舱室或容器内作业时,应安装通风设备。

9. 竖向钢筋电渣压力焊机

(1) 应根据施焊钢筋直径选择具有足够输出电流的电焊机。电源电缆和控制电缆连接应正确、牢固。控制箱的外壳应牢靠接地。

(2) 施焊前,应检查供电电压并确认正常,当一次电压降大于 8%时,不宜焊接。焊接导线长度不得大于 30 m,截面面积不得小于 50 mm^2。

(3) 施焊前应检查并确认电源及控制电路正常,定时准确,误差不大于 5%,机具的传动系统、夹装系统及焊钳的转动部分灵活自如，焊剂已干燥，所需附件齐全。

(4) 施焊前，应按所焊钢筋的直径，根据参数表，标定好所需的电源和时间。

(5) 起弧前，上、下钢筋应对齐，钢筋端头应接触良好。对锈蚀且黏有水泥的钢筋，应要用钢丝刷清除，并保证其导电良好。

(6) 施焊过程中，应随时检查焊接质量。当发现倾斜、偏心、未熔合、有气孔等现象时，应重新施焊。

(7) 每个接头焊完后，应停留 5～6 min 保温；寒冷季节应适当延长。当拆下机具时，应扶住钢筋，过热的接头不得过于受力。焊渣应待接头完全冷却后清除。

10. 对焊机

(1) 对焊机应安置在室内，并应有可靠的接地或接零。当多台对焊机并列安装时，相互间距不得小于 3 m，应分别接在不同相位的电网上，并应分别有各自的开关。导线的截面面积不应小于表 8-19 的规定。

表 8-19　对焊机导线截面面积表

对焊机的额定功率/(kV·A)	25	50	75	100	150	200	500
一次电压为 220 V 时导线截面面积/mm^2	10	25	35	45	—	—	—
一次电压为 380 V 时导线截面面积/mm^2	6	16	25	35	50	70	150

(2) 焊接前，应检查并确认对焊机的压力机构灵活，夹具牢固，气压、液压系统无泄漏现象，一切正常后，方可施焊。

(3) 焊接前，应根据所焊接钢筋截面面积，调整二次电压，不得焊接超过对焊机规定直径的钢筋。

(4) 断路器的接触点、电极应定期磨光，二次电路全部连接螺栓应定期紧固。冷却水温度不得超过 40 ℃；排水量应根据温度调节。

(5) 焊接较长钢筋时，应设置托架，搬运钢筋的操作人员应与施焊人员相互配合，在焊接时应防止火花烫伤。

(6) 闪光区应设挡板，与焊接无关的人员不得入内。

(7) 冬季施焊时，室内温度不应低于 8 ℃。作业后，应放尽机内冷却水。

11. 点焊机

(1) 作业前，应清除上、下两电极的油污。通电后，机体外壳应无漏电现象。

(2) 启动前，应先接通控制线路的转向开关和焊接电流的小开关，调整好极数，再接通水源、气源，最后接通电源。

(3) 焊机通电后，应检查电气设备、操作机构、冷却系统、气路系统及机体外壳有无漏电现象，有漏电现象时，应立即更换。电极触头应保持光洁。

(4) 作业时，气路、水冷系统应畅通。气体应保持干燥。排水温度不得超过 40 ℃，排水量可根据气温调节。

(5) 严禁在引燃管电路中加大熔断器。当负载过小使引燃管内电弧不能发生时，不得闭合控制箱的引燃电路。

(6) 当控制箱长期停用时，每月应通电加热 30 min。更换闸流管时应预热 30 min。正常工作的控制箱的预热时间不得小于 5 min。

12. 焊接机械设备

(1) 电焊机械应放置在防雨、干燥和通风良好的地方。焊接现场不得有易燃、易爆物品。

(2) 交流弧焊机变压器的一次侧电源线长度不应大于 5 m,其电源进线处必须设置防护罩。发电机式直流电焊机的换向器应经常检查和维护,应消除可能产生的异常电火花。

(3) 电焊机械开关箱中的漏电保护器必须符合要求,交流电焊机械应配装防二次侧触电保护器。

(4) 电焊机械的二次线应采用防水橡皮护套铜芯软电缆,电缆长度不应大于 30 m,不得采用金属构件或结构钢筋代替二次线的地线。

(5) 使用电焊机械焊接时必须穿戴防护用品。严禁露天冒雨从事电焊作业。

第八节　竣工验收前的维护管理

(1) 工程竣工后,应组织人员编制竣工资料,尽快办理竣工验收手续。

(2) 竣工验收前,应根据工程规模、特点,选派人员对施工完成的工程设施进行维护管理,保持设施完好。

(3) 维护管理期间,应对施工范围内的工程设施进行巡视检查,保持道路及其附属构筑物完好,井盖完整、有效,发现丢失或损坏应立即采取保护措施,并及时补齐或修理。

(4) 维修中,凡涉及社会交通和行人的地方,应尽快完成,并根据现场情况采取防护措施,并设安全标志,阴暗时和夜间尚须加设警示灯,必要时,应设专人疏导交通,保证交通和施工安全。施工完成后应拆除临时设施,恢复原地貌。

(5) 竣工验收阶段整修工作,涉及的各工序施工应遵守有关安全技术规定。

参考文献

[1] 陈希哲.土力学地基基础[M].4版.北京:清华大学出版社,2010.
[2] 邓学钧.路基路面工程[M].北京:人民交通出版社,2000.
[3] 方福森.路面工程[M].北京:人民交通出版社,1987.
[4] 方左英.路基工程[M].北京:人民交通出版社,1987.
[5] 郭耿新.沪宁高速公路软基处理方法优选[J].地基处理,1996(1):23-28.
[6] 李柏松.加筋碎石在城市道路软土路基处理中的运用[J].化工中间体,2015(11):40-41.
[7] 李海庆,刘意.城市道路工程施工安全管理探讨[J].技术与市场,2011(9):294.
[8] 李丽华,李芳芳.施工技术工作程序和质量安全控制在城市道路的应用[J].山东工业技术,2017,20(11):138.
[9] 李作山.粉喷桩在高速公路上的应用[J].东北公路,2001(4):14-15,91.
[10] 林晓贤,廖勇德.关于道路工程施工安全管理的若干思考[J].中国新技术新产品,2012(14):251.
[11] 林锈贤.柔性路面结构设计方法[M].北京:人民交通出版社,1988.
[12] 刘飞.城市道路安全管理政策及其建议[J].黑龙江交通科技,2015(5):149-150.
[13] 刘如民,刘祖德.道路交通安全技术[M].武汉:中国地质大学出版社,2006.
[14] 陆鼎中,程家驹.路基路面工程[M].上海:同济大学出版社,1992.
[15] 陆化普,周钱,徐薇.道路交通安全管理规划理论与应用研究[J].中南公路工程,2006,31(3):67-70,101.
[16] 苗青春.道路工程施工的安全管理[J].信息化建设,2016(3):133.
[17] 任福田,刘小明.论道路交通安全[M].北京:人民交通出版社,2001.
[18] 任心欣,等.海绵城市建设规划与管理[M].北京:中国建筑工业出版社,2017.
[19] 沙庆林.高等级公路半刚性基层沥青路面[M].北京:人民交通出版社,1998.
[20] 谭罗荣,孔令伟.膨胀土膨胀特性的变化规律研究[J].岩土力学,2004(10):1555-1559.
[21] 王国体,方诗圣,潘恒芳.复合地基理论与其工程应用[J].合肥工业大学学报(自然科学版),2000(6):1009-1013.
[22] 王向颖.浅谈市政道路工程施工质量与安全管理[J].科技创新与应用,2012(20):176.
[23] 邢园园.城市高架桥工程施工的安全管理标准化分析[J].住宅与房地产,2017(30):154.
[24] 曾国熙,卢肇钧,蒋国澄,等.地基处理手册[M].北京:中国建筑工业出版社,1988.
[25] 张诚厚,袁文明,戴济群.高速公路软基处理[M].北京:中国建筑工业出版社,1997.
[26] 中华人民共和国住房和城乡建设部.海绵城市建设技术指南——低影响开发雨水系统

构建(试行)[M].北京:中国建筑工业出版社,2015.
[27] 周艳.道路工程施工新技术[M].徐州:中国矿业大学出版社,2013.
[28] 朱刚龙.市政道路施工质量控制与管理[J].科技情报开发与经济,2010(21):201-203.
[29] 朱红峰.市政道路施工质量管理探讨[J].安徽建筑,2010(2):192-193.
[30] 朱照宏,王秉纲,郭大智.路面力学计算[M].北京:人民交通出版社,1985.
[31] GVL 怡境国际设计集团,闾邱杰.海绵城市设计图解[M].南京:江苏凤凰科学技术出版社,2017.